사죄 없는
사과사회

조직의 운명을 바꾸는 진짜 사과와 거짓 사과

사죄없는 사과사회

The Apology Impulse

숀 오마라Sean O'Meara 케리 쿠퍼Cary Cooper 지음

엄창호 옮김

사과의 본질에 관한 모든 것을 대단히 흥미롭게 연구한 책이다. 한 슈퍼마켓이 왜 하루에 50번이나 사과해야 했는지에서부터 사과를 거부한 회사가 어떻게 나흘 만에 100만 파운드를 벌어들였는지에 이르기까지 모두 망라되어 있다.

　　　－ 리처드 쇼튼(행동과학자이자 《어떻게 팔지 답답할 때 읽는 마케팅 책The Choice Factory》의 저자)

나는 이 책을 보고 만세를 외쳤지만, 이에 대해 사과하지는 않겠다. 마침내 비즈니스와 정치, 일상생활에서 진정한 사과와 거짓 사과를 구분해낸 사람이 나타났다.

　　　　－ 비브 그로스콥(《이제 우리의 이야기를 할 때입니다How to Own the Room》의 저자)

이 책은 거짓 사과와 분노 자본주의가 판치는 세상을 멋지게 조망하고 있으며, 적절한 사과 방법에 관한 통찰과 함께 오판으로 빚어진 끔찍한 대응 결과도 소개하고 있다. 이 책을 읽고 나는 흐뭇한 마음으로 뉘우침의 범위를 곰곰이 생각하게 됐지만, 조직은 위기 상황에 대처하는 방법을 (틀림없이) 바꾸게 될 것이다.

― 닐 멀라키(코미디 스토어 플레이어의 공동 설립자이자 임프루브 유어비즈의 대표)

대단히 시의적절하고 중요한 책이다. 위트와 지혜가 넘친다.

― 줄리아 홉스봄(대영제국훈장 수훈자,
영국 카스 경영대학원의 직장 및 사회 건강 분야 명예 객원교수)

기업의 행동과 발언은 매우 중요하다. 이 책은 기업이 어떻게 그 두 가지를 더욱 잘할 수 있는지 설명하는 책으로, 그 방법에 정통한 저자들이 쓴 야심작이다.

― 크리스 루이스(루이스의 설립자이자 대표,
《생각보다 빠른 세상Too Fast To Think》의 저자이며 《리더십 랩Leadership Lab》의 공저자)

사과의 의미가
상실되어가는 시대

1951년 3월, 영국 버밍엄의 남쪽 킹스히스에 사는 호스킹에게 매우 난감한 일이 일어났다. 결혼식 날짜에 맞춰 시간을 넉넉히 두고 예복을 주문했는데 결혼식 당일까지 예복이 도착하지 않은 것이다. 그는 어쩔 수 없이 예비 장인에게 예복을 빌려 입고 결혼식장으로 출발했다. 그런데 이런 일이 그에게만 일어난 것은 아니었다. 그해에 결혼식 예복을 제때 받지 못한 신랑은 매우 많았다고 한다.

호스킹이 결혼하기 1년 전인 1950년, 영국 노동당 정부는 세법을 개정하여 영국의 회계연도가 끝나는 4월 이전에 결혼하는 예비부부에게 세금 혜택을 제공하기로 했다.[1] 새로운 법 제정으로 인한 혜택이 워낙 컸던 까닭에, 3월은 순식간에 8월을 제치고 영국에서 결혼식이 가장 많이 열리는 달이 됐다.[2] 결혼을 앞둔 남녀가 새로운 법의 혜택을 누릴 수 있는 첫해인 1951년 3월의 결혼 인구는 지난해보다 두 배 정도 증가했다. 약 8만 쌍이 비슷한 시기에 결혼식을 올리면서 몰려든 수요는 결혼 관련 용품 시장이 수용할 수 있는 한계치를 넘어섰고, 바로 이 때문에 제때 예복을 받지 못하는 등 결혼식을 진행하는 과정에 문제가 생긴 것이다.

전례 없는 결혼의 급증에 많은 사람이 놀랐다. 결혼식 당일 당황스러운 일을 경험했던 개인뿐만 아니라 예복 업체에도 불운한 일이었다. 빌린 예복을 입고 결혼식을 치른 지 몇 주 후, 호스킹은 예복 업체로부터 편지 한 통을 받았다.

친애하는 고객님께

고객님을 실망시킨 저의 미숙한 일 처리에 대해 어떤 말로 사과를 드려야 할지 모르겠습니다. 이는 제가 회사를 창업한 이래 처음 벌어진 일로 주문이 폭주하여 불가피했던 사정을 헤아려주시기를 바랄 뿐입니다. 저의 실수 때문에 몹시 불쾌하셨을 텐데도 친절하게 대응해주신 고객님께 감사드립니다. 또한 계약 위반에 대해 고객님께서 요구하신 비용은 너무 적어 적절하지 않다고 판단하여 다시 책정한 추가 비용을 동봉합니다. 아울러 고객님께 사과의 의미로 수제 와인을 보내드리려 하니 받아주시기 바랍니다. 그래야 저의 실수를 조금이나마 보상할 수 있을 듯합니다. 이 모든 일에 대해 진심으로 사과드립니다.

그럼 안녕히 계십시오.

총지배인 H. N. 모스 드림

런던 중심지에 있는 모스브로스앤코Moss Bros & Co의 총지배인이었던³ 모스는 사과 편지와 함께 두 장의 수표를 동봉했다. 하나는 회사 차원에서 지급한 환불금이고, 다른 하나는 자신의 개인 계좌에서 발행한 수표로 현재 가치로는 수백 파운드짜리였다. 그로부터 67년이 지난 2018년 11월 호스킹의 아들 패트릭은 트위터에 그 편지를 공유했다. 그는 '격조 높은 굴복magnificent grovel'이라는 표현을 인용해가며, 왜 오늘날의 기업들은 이처럼 제대로 사과하지 않는지 의문을 표했다. 이는 요즘 들어 많은 사람이 궁금해하는 부분이기도 하다.

당연하게도 모스의 사과 편지는 공개를 목적으로 작성된 것이 아니라 고객에게 진심 어린 양심의 가책을 표현하고 사태를 수습하려는 편지였다. 이 편지는 자신을 낮춰 겸손하게 작성된 문체도 인상적이었지만, 의도와 구조 측면에서도 거의 완벽했다. 현재의 기준에서 봐도 명문이라고 할 수 있을 정도다. 진술한 데다가 적절한 보상을 제공하고 있으며, 얼버무리기나 핑계 대기가 전혀 없이 산뜻하기 때문이다. 게다가 이 편지는 조직이 아니라 오로지 호스킹이라는 사람에 초점을 맞추고 있다. 최근 몇 년간 접한 그 어떤 사과문이라도 좋으니 이 편지 내용과 비교해보라. 요즘의 대다수 조직은 다소 뻔뻔스럽다는 사실이 대번에 드러날 것이다.

무엇이 잘못됐을까?

–

2018년은 공개 사과의 현황을 파악하기에 좋은 한 해였다. 페이스북과 스타벅스가 그 첫 테이프를 끊었고, 델사와 우버가 공개 사과로 이목을 집중시키며 그해를 마무리했다. 많은 조직이 사과문을 발표했다는 점에서 2019년도 비슷했다. 그러나 그중 극소수만이 진심으로 사과했다.

이 책의 저자인 우리 두 사람은 세간의 이목을 끈 공개 사과들을 2년 넘게 꼼꼼히 살펴봤다. 그릇된 사과에 얼마나 많은 공이 들어갔으며, 유명 인사와 유명 조직이 난처한 상황에서 벗어나기 위해 상황을 왜곡하고 재구성하여 사실상 거짓에 가까운 진술을 꾸며내는 데 얼마나 능숙해졌는지를 알고 매우 놀랐다. 더구나 최근 여러 조직이 발표한 사과문 내용이 알고 보면 진실된 사과와 거리가 멀다는 사실을 목격하고 강한 충격을 받았다. 그들에게 진정한 사과를 기대하는 것은 불가능한 것일지도 모른다. 노회한 기업들은 사과하지 않으려고 말재주를 부린다. 사과하는 것처럼 보이기만 해도 사과한 것과 똑같은 인상을 남기기 때문이다. 과거 몇 년간 세간의 이목을 온통 집중시켰으며 사람들이 가장 간절하게 기다렸던 사과는 진실되지 못하고 소극적이며 자만심에 가득 찬, 그리고 어쩌면 가장 용서할 수 없는 형태였다. 진짜 사과와는 거리가 멀어도 한참 멀었다.

사람들은 이미 오래 전부터 사과하는 방법을 알았다. 성경과 쿠란에는 사과와 용서에 관한 정보가 가득하고 유대인들은 유대교 최고의 휴일인 속죄일Yom Kippur 내내 거의 사과하며 보낸다. 조직이나 유명 인사가 어떻게 사과해야 하는지를 몰라서 현재와 같은 상황이 벌어진 것이 아니란 이야기다. 또한 세상에는 적절히 사과하는 방법에 관한 조언이 넘쳐난다. 신뢰 개발, 중재, 갈등 관리 등에 대해 연구하는 로이 르위키Roy J. Lewicki 교수는 2016년 755명을 대상으로 연구한 두 편의 논문에서 '후회, 해명, 책임에 대한 인식, 뉘우침, 보상 제시, 용서 구하기'라는 사과의 여섯 가지 핵심 요소를 소개했다.[4] 구글의 학술 데이터베이스에는 사과에 관한 연구논문들이 1,500편 이상 올라와 있다. 심지어 '심리적으로 안정된 쇼핑객'에게 사과하는 방법에 관한 희귀한 논문도 한 편 있다.[5]

엉망진창인 현재 상황은 공급과 수요의 문제에서 비롯됐다. 사과에 따르는 적절한 보상이 없기 때문이다. 소비자는 책임을 요구하지만 조직은 책임을 회피하기 일쑤다. 소비자가 원하는 진정한 사과는 없이, 조잡한 가짜들만이 시장에 마구 넘쳐나고 있다. 유나이티드 항공과 페이스북 같은 기업이 보여준 블록버스터급 악어의 눈물은 진실을 호도했고, 전 세계 트위터와 페이스북 그리고 언론사에서 대량으로 쏟아내는 사과문에서는 악취가 진동했다.

유명인이나 세계의 지도자, 유튜버와 같은 개인뿐만 아니라 거대 단체나 기업들도 언뜻 고상해 보이지만 실상은 저급한 사과를 놀라운 속도로 부지런히 생산해내고 있다. 버진 그룹, H&M, 유튜브, ASDA(영국의 소매업체 - 옮긴이), 《데일리 메일》, 블라디미르 푸틴, 심지어 프란치스코 교황도 공개 사과를 했다. 신문 기사를 꼼꼼히 들여

다보면 생각보다 많은 신문에 기업들이 사과문을 게재하는 전용 지면이 준비되어 있음을 알 수 있다. 또한 정부 공청회에 참석하는 페이스북 경영진 중에는 극소수 분노한 트위터 사용자를 달래는 역할을 맡은 소셜미디어 담당 임원이 꼭 있다. 이렇듯 모두가 사과하고 있지만, 아무도 진정으로 미안하다고 말하지 않는다.

"왜 제대로 사과하는 조직이 없을까?"라는 질문에 대해 바로 필자와 같은 PR 전문가, 위기관리 컨설턴트, 소셜미디어 관리자들에게 책임이 있다고 답하고자 한다. 민간 조직이나 공공기관, 유명인 등의 의뢰를 받아 소통하며 먹고사는 사람들 말이다. 이 책의 저자로서 이들을 대신하여 진심으로 사과드린다.

그런데 이처럼 진정성을 담지 않고, "우리는 우리의 서비스가 평소의 높은 수준에 미치지 못했음을 안타깝게 생각한다"라는 식의 두루뭉술하고 고상한 말투로 사과한다면 어떨까? 문제는 이것이 부적절하다고 생각하는 사람이 생각보다 많지 않다는 점이다. 2019년 유고브YouGov(영국의 국제 인터넷 기반 시장조사 및 데이터 분석 회사-옮긴이)가 발표한 연구 자료에 따르면, 이런 식의 사과 표현을 들은 사람 중 49퍼센트만이 부적절하다고 생각한다는 사실이 밝혀졌다.

사과는 기업을 홍보하는 PR 활동이 되어버렸고, 소비자들은 그 내용을 곧이듣는다. 의뢰인을 대신하여 사과하는 홍보 전문가들과 커뮤니케이션 전략가들에게는 오로지 미안하다고 말하지 않겠다는 일념으로 사과문을 쓰는 못된 습성이 있는 듯하다. 원한다면 누구에게라도 흔쾌히 사과문을 내놓으면서 진심으로 미안해하지는 않는다.

유나이티드항공의 CEO가 비행기에서 끌려나간 승객에게 마지못해 사과한 사건을 떠올려보자. 그리고 유나이티드항공의 경쟁사인 사우스웨스트항공도 이와 비슷한 상황이 벌어지자 사과문에 "우리는 이 상황이 공개된 방식을 매우 안타깝게 생각한다"라고 표현했다. 이렇듯 판에 박힌 표현을 진정한 뉘우침으로 착각해서는 안 된다. 유명인이나 정치인이든 또는 대기업이든, 아니면 평범한 블로거들도 사과를 밥 먹듯이 하지만 특별한 의미를 두지는 않는다. 다음 장에서 이와 관련된 내용들을 명쾌하게 보여줄 예정이다. 따지고 보면 '사과'라는 말은 '방어'라는 뜻의 그리스어 아폴로기아apologia에서 왔으며 후회와는 관계가 없다.

조직과 유명인이 명백히 나쁜 짓을 했으면서도 진심으로 미안하다고 하지 못하는 사태는 새로운 현상이 아니다. 게다가 이 현상은 갈수록 널리 퍼지며 두드러지고 있다. 그런데 이와 매우 비슷하면서 똑같이 해로운 현상이 새롭게 나타나고 있다. 일부 조직과 유명인들이 필요도, 의무도 없는데 미안하다고 말하려는 필사적인 열망을 드러내는 것이다. 이를 '사과 충동Apology Impulse'이라고 한다.

이 책을 쓰는 이유

–

이 책에서 우리는 사과 충동을 부추기는 심리를 살펴볼 것이다. 요즘 소셜미디어를 통해 뉴스를 바이러스처럼 퍼뜨리는 사람이 늘어나고 있다. 이들이 쏟아내는 아주 사소한 비난에 대해서도 대중은 엄청난 반감과 과민 반응을 보이며 본능적으로 두려워한다. 그 때문에 대다수가 아주 하찮은 일에 곧잘 사과한다. 그러나 담대하고 진정한 사과가 실제로 필요할 때는 회피하는 이유도 살펴볼 것이다. 그리고 미안하다고 말하려는 간절한 열망과 원하는 사람이 있다면 누구에게든 사과문을 내놓게 되는 요인들도 따져보고자 한다. 아울러 역사적으로 유명한 몇 가지 사과도 살펴보고 꼭 필요한 사과가 이뤄지지 않으면 어떤 일이 벌어지는지 깊숙이 들여다볼 것이다.

다음과 같은 질문들에 대해서도 살펴볼 것이다. 왜 여성이 남성보다 사과하기에 더 알맞은 것처럼 여겨지는가? 왜 스페인은 멕시코에 사과하기를 거부했는가? 왜 한 슈퍼마켓이 하루에 50번이나 사과하게 됐는가? 영국의 한 회사는 사과하지 않았다는 이유로 어떻게 1주일 만에 100만 파운드를 벌었는가? 왜 역사적으로 손꼽히는 사과에 합법적 권리 포기 각서가 포함되어 있는가? 왜 한 맥주 브랜드는 상당한 비용을 들였는데도 불구하고 용서받지 못했는가? 아무리 봐도 얼간이라고밖에 설명할 수 없는 인물에게 사과한 CEO는 어떻게 회사의 주가를 수십억 달러나 오르게 했는가?

왜 지금 사과에 대해 이야기하는가

–

사과는 그 의미를 상실할 수도 있는 심각한 위험에 처해 있다. 사과를 위기에서 구해내고 '미안하다'를 귀하고 소중한 단어로 원상 복귀시키려면 계획이 필요하다. 그것은 필자와 같은 전문 커뮤니케이터가 해야 할 일이라고 생각한다. 상당수의 전문 커뮤니케이터들은 대규모 플랫폼에 접근할 특권을 가지고 있어서 '미안하다(죄송하다)'라는 단어의 남용을 멈추고 사과의 신뢰도를 회복시킬 수 있다. 필자가 이 책임을 다하려면 사과할 때 어떻게 말할 것인지 심사숙고해야 하며, 이제부터 살펴볼 나쁜 습성을 버리기 위해 최선을 다해야 한다.

차 례

CHAPTER 1

사과할 사람과
받을 사람이 분명 있다

사과의 주체와 대상

> 만일 저희의 트윗 글로 귀하의 기분이 상하셨다면,
> 대단히 죄송하게 생각하며 진심으로 사과드린다는 점을 알려드립니다.
> 저희가 제공하는 자료를 찾아보면 아시겠지만, 저희는 대개 바다와 관련된
> 유명한 밈meme을 참고해왔습니다. 그러나 이번에 활용된 밈의 경우, 저희도
> 지금껏 몰랐던 함축적인 의미connotation가 들어 있었던 것 같습니다.
>
> — 2019년 12월 몬터레이 베이 수족관에서 올린 트윗 글

독일의 작가이자 사회 비평가인 토마스 만은 다음과 같이 말했다. "작가는 다른 사람보다 자신을 위해서 글 쓰는 일을 더 어렵게 생각하는 사람이다." 사과하기도 이와 비슷하다. 직업상 사과를 요청받는 사람들(잘못을 저지른 CEO, 홍보 담당 부서 책임자, 익명의 대변인 등 대체로 대중 앞에 나와서 사과해야 하는 사람들)은 대개 제대로 사과하는 법을 잘 모른다. 누구나 개인적으로 사과하는 방법은 잘 알고 있다. 하

지만 막상 업무의 하나로 사과하려면 적절한 표현을 찾기가 매우 어려운 법이다.

앞에 나서서 사과해야 할 사람은 누구일까?

–

한 조직이 사과 전달의 주체를 정하는 것은 골치 아픈 일이다. 그래서 종종 익명으로 사과문을 내기도 한다. 익명의 사과는 조직이 위기 국면에 있지 않다는 뜻이다. 언론 보도자료를 통해 전달되든, 기자들에게 전화로 들려주든, 소셜미디어에 공유되든 다 마찬가지다. 익명의 사과에는 사안이 조용히 사그라들었으면 하는 바람이 담겨 있다. 《데일리 메일》에 광고를 실어 비난받은) 문구 체인 업체 페이퍼체이스, (광고가 논란을 일으킨) 부동산 사이트 주플라, (트윗 글이 문제가 된) 유니버시티 칼리지 런던UCL 등이 익명의 사과를 통해 조직의 명예가 걸린 갖가지 시빗거리에 대처한 바 있다.

조직의 리더가 흔쾌히 사과하는 경우는 대개 다음 두 가지 중 하나일 가능성이 높다. 첫째는 리더가 어리석은 행동을 한 경우다. (인종 차별 발언을 해가며 KFC 설립자 커널 샌더스를 비난한) 파파존스의 CEO와 (월가의 애널리스트들을 따분하다고 비난한) 테슬라의 CEO, (여성은 자기 회사에서 일할 수 없다고 주장한) 카타르항공의 CEO가 바로 여기에 해당한다.[1] 둘째는 리더가 최근에 비난받을 만한 일을 한 적이 없는 경우다. 이 경우 리더들은 흔쾌히 사과함으로써 조직을 심각한 위기에서 재빨리 벗어나게 할 수 있다. 멀린 엔터테인먼트(앨튼타워의 롤러코스터 사건), 폭스바겐(배기가스 스캔들), 유나이티드항공(간단히 설명하기엔 너무 많음)은 모두 적절한 사과가 필요했을 때 CEO를 무대 중앙에 올렸다.[2]

가령 "우리는 이것을 심각하게 받아들이고 있습니다. 여기 우리를 대표하는 CEO가 (……)"라고 말할 경우, 사과의 주체도 메시지의 한 부분이 될 수 있다. 멀린 엔터테인먼트의 CEO 닉 바니Nick Varney는 앨튼타워의 롤러코스터 오작동 사고 직후 뉴스 화면에 등장함으로써 회사가 상황의 심각성을 제대로 인지하고 있음을 보여줬다. 그는 TV 출연에서부터 희생자 방문에 이르기까지 위기 대응에 필요한 공개 활동을 빠짐없이 수행했다. 《PR 위크》는 그가 '위기를 다루는 방법을 제대로 보여주는 교과서적인 사례'라고 찬사를 보냈다.[3]

사과는 책임 있는 주체가 해야 한다. 조직이 사과를 표명한다고 해도 위기 상황에서 리더가 나타나지 않으면 진심으로 사과하고 있지 않다는 사실이 금방 들통난다. 2018년 내내 구글과 모회사 알파벳이 성적 학대와 선거 방해, 성차별 논란 등 갖가지 스캔들로 곤욕을 치르는 동안 구글 공동 창업자이자 알파벳 CEO 래리 페이지Larry Page는 언론에 한 번도 등장하지 않아 눈총을 받았다.[4,5,6] 언론들은 다음과 같은 질문을 던졌다. "래리 페이지는 어디 있는가?"

CNBC는 알파벳의 '리더십 공백'을 언급했으며[7] 《월스트리트저널》의 칼럼니스트 앤디 케슬러는 "구글의 창업자 래리 페이지를 본 사람이 있는가? 난 못 봤다"[8]라며 그의 리더십을 대놓고 의

심했다. 앨튼타워 사건에서 닉 바니가 등장하면서 멀린의 위기 대응과 사과의 진정성에 힘을 실어줬다면 페이지의 두문불출은 그와 반대되는 상황이었다. 래리 페이지는 공식적인 자리에 거의 모습을 드러내지 않았는데 이는 미국 선거에 대한 외교적 방해 문제를 놓고 2018년 9월 상원 정보위원회에서 열린 청문회에서도 마찬가지였다.⁹ 의원들의 질문에 답하기 위해 참석한 트위터의 CEO 잭 도시 Jack Dorsey 와 페이스북의 최고운영책임자인 셰릴 샌드버그 Sheryl Sandberg 사이에는 빈 가죽 의자만이 자리를 지켰다. 바로 래리 페이지의 자리였다.¹⁰ 상원은 사람들에게 그가 오지 않았음을 보여주고 그의 부재를 부각하기 위해 빈자리를 그대로 둔 것이다.

그런데 트위터는 왜 청문회 발언대에 CEO를 보냈고 페이스북은 CEO인 마크 저커버그 대신 COO인 셰릴 샌드버그를 보냈을까? 잭 도시는 누가 봐도 트위터를 대표하는 '얼굴'이지만, 샌드버그는 인상적인 성과를 많이 남겼고 대중적 인지도가 높다고 해도 페이스북을 대표하는 '얼굴'은 아니었다. 소비자들이 자신의 거듭된 사과에 식상해할 것을 걱정한 저커버그의 계획이었을까? 아니면 샌드버그가 여성이라는 사실을 이용하려는 술책이었을까?

2017년 《경영 윤리 저널 Journal of Business Ethics》에 발표된 논문 〈남성 대 여성: 사과하는 사람의 성별이 소비자의 용서에 어떤 영향을 미치는가〉에 따르면, 사회적으로 지탄받는 행위를 한 조직은 사과할 사람의 성별을 신중하게 고려해야 한다.¹¹ 이 논문은 소비자들이 사과하는 주체와 사과 내용에 따라 다르게 반응한다는 사실을 밝혀냈다. 논문의 핵심은 진부한 성별 지각력gender perceptions이다. 소비자들은 여성을 '더 따뜻한 사람'으로 남성을 '더 유능한 사람'으로 인식한다고 한다. 게다가 소비자들은 이미 케임브리지 애널리티카Cambridge Analytica 스캔들(2018년 초 케임브리지 애널리티카가 수백만 페이스북 가입자의 프로필을 동의 없이 수거해서 사용한 사건 – 옮긴이)에 대한 저커버그의 대응을 보고 그의 유능함을 의심하고 있을 가능성이 높다. 그보다 샌드버그를 더 호감 있고 믿을 수 있는 대변자로 여겼을 것이다. 이전에 저커버그는 자신이 페이스북에서 벌어지는 일을 해명할 최적의 인물이 아닐 수 있다고 말한 적도 있다.[12]

조직의 사과법

–

사과할 일과 사과하지 않을 일을 구분하는 것뿐만 아니라 사과하는 방법도 중요하다. 모든 조직의 사과는 우선 해명해야 하는 내용과 현상황에 대한 우려가 조합된 독특한 형식으로 구성된다. 그 내용과 표현은 잘못한 일 이상의 내용을 드러내게 되어 있다. 사과를 통해 소비자들에게 조직이 어떻게 인식되기를 바라는지 전할 뿐만 아니라 조직을 대변하는 사과 주체의 가치관까지 보여준다는 의미다.

커뮤니케이션 산업은 위기관리 계획 및 전략과 진정성, 그리고 투명성에 많은 가치를 부여한다. 그러나 비난의 영향력을 예상하고 대응하는 리더를 찾기란 쉽지 않다. 따라서 훈련과 경험을 아무리 많이 쌓은 리더라 하더라도 인터넷에서 무지막지하게 퍼붓는 비난에 전문적으로 대처할 수 있는 커뮤니케이터의 도움을 받아야 하는 것이다. 그러지 않았기 때문에 페이퍼체이스는《데일리 메일》에 사과 광고를 실어야 했으며, 트위터의 CEO는 동성애를 공개적으로 반대한 식당 칙필레를 방문한 것에 대해 사과해야 했다. 몬터레이 베이 수족관도 살찐 수달을 두고 농담한 것에 대해 사과해야 했으며, 블루밍데일백화점도 티셔츠에 '가짜 뉴스'라는 글자를 넣은 것을 사과하고 판매를 중단해야 했다.[13, 14]

언뜻 보기에는 비난받거나 미움받을 이유가 없어 보이는 사소한 문제로 조직이 사과해야 하는 경우도 있다. 실리콘밸리 스타트업 기업 보데가Bodega의 창업자는 사소한 문제라고 치부하다가 결국 기업의 존재 자체를 사과해야 했다.[15] 다수의 언론 보도에 따르면 세계에서 가장 미움을 받는 보데가는 실리콘밸리의 경기가 바닥일 때 출범했다.[16] 문제는 시기 선택이 나빴다는 데 있었다. 소비자들은 새로운 기회를 잡고 기존의 질서를 파괴하려는 아이비리그 출신의 예비 억만장자들에게 싫증이 나 있었다. 최신 기술을 장착한 무인 자동판매기를 출시한 보데가는 스페인어로 구멍가게를 뜻한다. 새로운 기술에 이민자들의 삶의 터전이었던 구멍가게라는 이름을 붙이고 그들의 삶을 파괴하려 한다는 악의적인 보도를 접한 보데가의 창업자 폴 맥도널드는 블로그에 즉각 다음과 같은 글을 올렸다. "구멍가게를 뜻하는 보데가라는 이름은 일종의 오마주로 우리는 이민자들의 삶을 존경하며 찬사를 보낸 것이지만, 오늘 아침 기사를 보니 본의 아니게 상처를 준 부분이 있음을 인정하며 이에 사과합니다."[17]

　물론 그들이 내놓은 상품에는 문제가 없었다. 무인 자동판매기는 이전에도 출시된 적이 있었기 때문이다. 다만 그들에게 잘못이 있다면 소비자가 원하지 않았던 타이밍에 좋아하지 않는 상품을 내놓았다는 것이다. 사실 이것을 이유로 사과할 필요는 없지만 결국 그들은 사과해야 했다.

　오늘날은 사기업이든 공기업이든 상관없이 조직이라면 갖가지 미디어에 속속들이 노출되어 있어 아주 사소한 실수가 풍선처럼 부풀려지기도 하고, 실체를 확인할 수 없을 정도로 왜곡되기도 하는 시대다. 따라서 잘못을 저지른 조직의 구성원은 불안하고 초조해지며, 비난을 두려워하게 된다. 또한 당연하게도 증오의 대상이 되고 싶지 않기 때문에 마지못해 사과하는 경우가 많다. 그 여파로 소비자들은 어딘지 미심쩍은 사과를 잔뜩 받게 된다.

기업의 거짓 사과를 위한 스타터 팩

–

사과에는 다양한 형태가 있다. 각 형태에는 저마다의 고유한 기능이 있으며 형태별로 극히 일부에만 진심이 담겨 있다. 나머지를 거짓 사과라고 말하는 이유는 대개 전달 방법이 잘못됐기 때문이다. 잘못된 방법 때문에 오히려 상황이 악화되는 경우도 상당히 많다. 조직이 사과를 망치는 가장 흔한 형태를 몇 가지 소개해보려 한다.

미안하다면서도 결백을 주장하는 사과(슈뢰딩거식 사과)

기업이 해킹을 당하기도 전에 앞서서 '우리는 소비자 데이터 보호를 매우 중요하게 생각한다'고 말하는 것을 들어본 적이 있는가? 마찬가지로 운송 업체가 시간을 지키지 못한 것에 대해 사과할 마음이 없음에도 불구하고 '시간을 엄수하기 위해 최선을 다하겠다'고 약속하는 것을 본 적이 있는가? 또는 특정 정당이 비난받을 상황에 놓이지도 않았는데 '우리는 인종차별이나 성차별, 따돌림에 대한 의견을 모두 받아들이며, 모든 차별 행위를 해소하기 위해 전력을 다하고 있다'는 때아닌 해명을 들어본 적이 있는가?

이 같은 수사적 속임수는 고양이가 죽어 있는 동시에 살아 있다는 슈뢰딩거(양자역학 분야에 큰 업적을 남긴 오스트리아의 물리학자-옮긴이)의 유명한 가설처럼 미안하다면서도 결백을 주장하는 사과의 기반이 된다. 만일 어떤 조직이 고객의 데이터를 주의 깊게 보호하고 있지만 그래도 비밀번호를 바꾸는 것이 좋겠다고 말한다면, 그것이 바로 미안하다면서도 결백을 주장하는 사과다. 이 말은 곧 "우리는 아무 잘못도 하지 않았지만, 이렇게 바로잡으려 한다"라는 말을 달리 표현한 것이다. 이러한 방어적인 수사법은 잘못에 대한 비난에서 벗어나게 하고, 조직의 치부를 일부 가려주기도 하지만, 모든 것을 해결하지는 못한다.

전문용어로 된 사과

사과해야 할 일이 발생했을 때 조직은 대중과 소통하는 방법을 고민하면서 변호사들과 많은 이야기를 나누게 된다. 실제로 2019년 4월 테슬라의 CEO 일론 머스크는 미국 증권거래위원회로부터 특정한 주제에 관한 트윗 글을 올리기 전에 변호사와 먼저 상의한 후 실행에 옮기라고 지적받기도 했다.[18] 사과문에 사실이라고 써야 할지 진실이라고 써야 할지 헷갈릴 때, 변호사는 전문용어를 사용해서 그러한 사소한 문제들을 능숙하게 해결해준다. 이처럼 세심한 법적 두뇌가 필요한 이유는 조직이 법적책임을 피하기 위해 언어적 탄력성을 충분히 확보해야 하기 때문이다. 따라서 전문용어로 된 사과는 거부와 수용이 적절히 섞인 혼합물이며, 각각의 비율은 그때그때 다르다. 그럴듯한 표현과 합해져서 사과가 완성된다. 가장 우수한 사례에는 대개 완곡한 표현과 입에 발린 거짓말이 모여 있기 마련이다.

전문용어를 사용하면 '바가지요금'은 '가격책정 문제'가 된다 (홀푸드).[19] '폭발'은 '화염에 의한 과잉 가압'이 되고(아케마), 철로 위에 뛰어든 소는 '우과牛科의 급습'이 된다(사우스웨스트 철로 회사). 이런 접근법은 의도적으로 문제의 핵심을 흐리고, 읽는 사람을 혼란스럽게 만들어 사과하는 사람이 원하는 의미를 부여할 수 있다. 전문용어는 초점이 흐린 카메라 렌즈처럼 불쾌감을 없애고 부드러운 이미지를 제공함으로써 호의적인 반응을 유도한다. 이러한 사과가 더 발전하면 대개 거짓 사과가 된다.

책임 회피형 사과
잘못을 조금이라도 인정하든 부정하든, 비난을 처음 접했을 때 누구나 본능적으로 거부 반응을 보이게 된다. 이는 당연한 일이다. 만일 단호하게 부정할 수 없다면, 자신의 행위가 사람들의 생각만큼 나쁘지 않음을 입증하는 방법을 찾아야 한다. 이때 가장 효과적인 방법은 잠재적 희생양을 찾아 책임을 떠넘기는 것이다.

"당신이 그렇게 느낀 것에 대해 미안하게 생각합니다"라거나 "만약 누구든 기분이 상했다면 미안합니다"라는 표현은 흔히 사용되는 책임 회피형 사과의 예다. 대부분의 책임 회피형 사과는 "죄송합니다. 그러나 (······)"의 형식을 따른다. 사람들이 보다 오래 기억하기 바란다면 "만약 그렇다면 (······)"의 형식으로 바꿀 수도 있다.

폭스바겐의 CEO 헤르베르트 디스Herbert Diess는 내부 회의에서 나치 용어를 원용한 일로 비난이 쏟아지자 책임 회피형 사과를 내뱉었다. 문제가 된 발언은 "영업이익이 당신을 자유롭게 한다Ebit macht frei"라는 말이었다. 이는 제2차 세계대전 당시 나치 점령지였던 폴란드의 아우슈비츠 강제수용소의 정문에 새겨진 "노동이 당신을 자유롭게 한다Arbeit macht frei라는 악명 높은 문장과 소름 끼칠 정도로 비슷하다. 몇몇 사람들이 그의 발언에 문제가 있다고 지적했으며, 디스도 결국 이에 동의했다.

그는 사과문에서 폭스바겐의 '특별한 역사적 책임(폭스바겐은 히틀러 정권 당시 독일의 노동조합을 대체한 나치의 노동조직인 독일노동전선이 설립한 회사다)'을 깨달았다고 밝히면서 다음과 같이 말을 이었다. "의도한 것은 아니지만 많은 분들의 기분을 상하게 만들었다면 진심으로 죄송하게 생각합니다. 진심으로 사과드립니다."[20] 그의 사과문은 전형적인 책임 회피형 사과였지만 겉보기에 제법 그럴듯했다. 그가 책임의 영역에서 완전히 발을 뺀 사과문은 이렇게 끝난다. "이 사과문이 잘못된 맥락으로 받아들여지지 않기 바랍니다."[21] 디스는 사과문을 통해 중요한 것은 표현 그 자체보다 표현이 놓여 있는 맥락임을 주장하면서 책임을 회피하고 싶었던 모양이다.

전시용 사과

"○○ 철도는 이로 인한 연착과 불편에 사과드리며 (……)" 사람들은 날이면 날마다 이런 종류의 사과를 듣거나 읽는다. 이것은 유감의 뜻을 전하는 전시용 사과로, 사과의 형식은 갖췄으나 의미는 빠져 있다. 여기에는 특정한 수취인이 없고, 조직이 실패했을 때 불특정 다수에게 가능하면 가장 애매한 용어로 사과해야 한다는 내부 규정을 만족시키기 위해서만 공표된다. 이러한 사과를 어디서나 볼 수 있다는 것은 사실 아무 의미가 없다는 뜻과도 같다.

전시용 사과를 가장 많이 볼 수 있는 곳은 대중교통 부문이다. 그들이 발표하는 수많은 전시용 사과들을 보고 있노라면 대중교통은 마치 일부러 고객의 기대를 저버리고 실망감을 안겨주기 위해 노력하는 산업처럼 보이기도 한다. 영국에는 대중교통의 수많은 전시용 사과 때문에 생겨난 웹사이트(www.sorryfortheinconvenience.co.uk)도 있다. 이 사이트는 전시용 사과를 추적하는 사이트로 맨체스터에서 활동하는 웹 개발자 오미드 카샨이 개설했다. 그는 맨체스터 전철 당국의 사과 횟수가 지나치게 많다는 사실을 알고 사이트를 만들었다고 한다. 이 사이트의 개설 취지는 다음과 같다.

> 최초 아이디어는 맨체스터 메트로링크 전철을 기다리는 동안 떠올랐
> 다. 그날 나는 장내 아나운서가 연착이나 취소에 대해 도대체 몇 번이
> 나 사과했을지 궁금해졌다. 나중에 그날 메트로링크가 올린 트윗 글을
> 찾아봤으며, 상당히 많은 수의 사과 글을 발견하고 깜짝 놀랐다.

오미드의 사이트는 시작과 동시에 언론에 자주 소개되면서 사
과하기를 밥 먹듯이 하는 몇몇 조직에 영향을 미치기도 했다. 오미
드는 "사이트가 출범한 지 며칠 만에 메트로링크 트위터에 올라오는
사과의 횟수가 확연히 줄었다"라고 설명했다. 전시용 사과는 사람들
이 주목하자마자 사라질 만큼 쓸모가 없었던 것일까?

허수아비 사과

미안해하는 것처럼 보이지만 실제로는 잘못을 부정하는 또 하나의
그럴듯한 방법은 허수아비를 내세워 사과의 대상을 바꾸는 것이다.
'허수아비 공격의 오류'와 똑같은 논리를 활용해서 사과의 주체는 자
신이 마땅히 미안해해야 하는 사안 대신 훨씬 더 만만한 사안을 내
세워 사과한다. 허수아비 공격의 오류란 논란이 된 사람이 자신에
게 제기된 주장이 아니라 엉뚱한 주장을 반박하는 속임수를 말한다.
2017년 유나이티드항공은 한 승객이 항공기 밖으로 끌려나간 장면
이 찍힌 동영상이 소셜네트워크를 타고 퍼졌을 때 이 방법을 사용했

다. 승객이 피를 흘리고 절규하며 끌려갔다는 사실에 대해 반성하고 사과하는 대신, 그 상황 속의 지엽적인 부분에서 허수아비를 찾아서 내세운 것이다. 유나이티드항공의 CEO 오스카 무뇨스Oscar Munoz는 사건의 본질을 외면하고 "정원을 초과해서 예약을 받은 것에 대해 사과합니다"라고 말했는데, 이는 앞으로 벌어질 사태를 전혀 예측하지 못한 무책임한 발언이었다.[22]

'초과 예약'은 그가 내세운 첫 번째 허수아비였지만 매우 허술한 핑곗거리였다. 나중에 유나이티드항공은 초과 예약을 받지 않았다는 사실을 시인했기 때문이다.[23] 이 접근법이 효과가 없다는 생각이 들자 그는 다른 방법을 시도했다. "이 사건은 유나이티드항공의 모든 임직원에게도 당황스러운 사건이었습니다. 그 고객을 재배치할 수밖에 없었던 점에 대해 사과드립니다." 승객의 '좌석 재배치'는 두 번째 허수아비였다. 그래도 사람들은 유나이티드항공의 항공권을 사지 않았다. 유나이티드항공은 또다시 그럴듯한 표현을 찾아서 세 번째 허수아비를 내세우려 했지만, 이미 주가는 곤두박질쳤고 정부는 조사에 들어갔다.

정치인, CEO, 저널리스트뿐만 아니라 요즘 떠오르는 소셜미디어 인플루언서 등 세간의 주목을 한 몸에 받는 유명인들은 대체로 이런 유형의 언어적 속임수를 잘 알고 있다. 이들은 사과를 요청받은 사안의 일부에 관해서만 반응을 내놓는 데 선수들이다. 비판을 받는 것이 자신이 말한 내용 그 자체일 때는 '단어 선택'에 대해 사과하거나, 사람들을 혼란스럽게 한 것이 메시지의 전달 방법이 아니라 내용

그 자체일 때는 '효과적으로 소통하는 데 실패'한 것에 대해 사과하는 식이다. 그러나 소비자와 비평가들이 대번에 알아보는 허수아비 사과를 거리낌 없이 하는 조직은 혼란에서 벗어나기 어려울 것이다.

소극적인 사과

"실수했으며", "위법행위가 일어났을 수도 있으며", "교훈을 얻어야 하며", "심심한 사과를 드리며" 등과 같은 표현을 사용하는 소극적인 사과도 너무 흔해서 많은 설명이 필요없을 정도다. 조직이 실수를 감당할 용기가 없을 때 사과의 강도를 누그러뜨리기 위해 이 같은 소극적인 목소리를 낸다. 하지만 소비자들은 이러한 사과가 신뢰하기 어렵다는 것을 잘 알고 있다.

사과를 그르치는 데는 많은 방법이 있겠지만, 대체로 지금까지 언급한 여섯 가지 형태 중 하나일 가능성이 크다. 조직이 잘못을 저질렀을 때 사태를 안이하게 파악하여 저지르는 몇 가지 속임수와 습성을 확인함으로써 우리는 상당수의 조직들이 사과를 마치 게임처럼 즐기고 있다는 사실을 알게 됐다(그런 경우가 많음을 보여주는 증거들은 충분하다). 혹시 모든 커뮤니케이션 산업이 조직의 책임 회피를 부추기고, 닳고 닳은 각본을 제시하는 것처럼 보이지 않을까 걱정스럽다. 그러나 지금까지 언급한 거짓 사과의 대표적인 형태와는 달리 매우 모범적인 사과의 형태를 보여주는 사례들도 많다. 이 책에서는 그러한 사례들도 충분히 살펴볼 것이다.

CHAPTER 2

사과에는 이유가 있다

조직이 사과하는 여섯 가지 이유와
사과하지 않는 한 가지 이유

우리는 빙 씨를 비방하는 허위 기사를 실었고,
독자들에게 전화하도록 부당한 압력을 가했으며, 부정확한 기록에
근거한 경멸적인 발언으로 심려를 끼쳐드렸습니다. 이에 대해
진심으로 사과드릴 기회를 얻고자 합니다.
– 2002년 10월 《데일리미러》의 공개 사과문

최고의 공개 사과를 본격적으로 살펴보기 전에 조직이 사과하는 방
법과 이유, 시기에 영향을 미치는 다양한 요인을 이해하는 일이 무엇
보다 중요하다. 이 장에서는 사과를 표명하는 측과 사과를 요구하는
측이 사용하는 기법과 속임수를 살펴보려 한다. 이를 위해 조직이 미
안한 감정을 가진다는 것의 근본적인 의미부터 따져봐야 한다.

기업의 사과가 대부분 임원 회의실이나 PR 자문 회사에서 숙고
끝에 나온다면, 개인 관계에서 '미안하다'라는 말은 상대방의 처지

에 공감하기만 하면 자연스럽게 나온다. 예를 들어 결혼식장에 늦게 도착한 신랑이 할 수 있는 사과의 표현은 "늦어서 미안해"에서부터 "우리 결혼을 망쳐서 미안해"에 이르기까지 공감의 강도에 따라 다양하다. 사과의 말은 어색한 인간관계를 부드럽게 해주는 사회적 윤활유 역할을 할 때도 있다. 가령 "죄송하지만, 이 전철이 공항으로 가나요?"라는 표현이 그렇다. 이는 낯선 사람에게 사소하나마 부담을 주는 것에 사과하고, 자신을 상대적으로 낮추는 표현이다.

인간의 상호작용에 관해 많은 책을 낸 가이 윈치Guy Winch 박사는 사과를 '죄책감의 해독제the antidote to guilt'라고 부른다.[1] 사람들이 미안하다고 말하며 서로에게 사과하는 이유는 그러지 않으면 정서적으로 고통스러울 뿐만 아니라 생존에 필요한 관계가 악화될 수도 있기 때문이다. 사과를 받아들이는 이유도 마찬가지다. 사람은 누구나 실수할 수 있고 나쁜 사람이라서가 아니라 의도치 않게 나쁜 짓을 할 수도 있다. 이런 이유에서 미안하다고 말하는 것은 근본적으로 사과와 용서를 주고받는 거래의 성격을 띤다. 사람이 사람에게 사과한다는 것은 결국 용서한다는 뜻이다.

그러나 조직은 다르다. 조직은 아무리 공감 능력이 높은 사람들로 채워져 있더라도 인간적인 감정을 모아놓은 곳이 아니다. 조직의 사과 충동은 순수한 공감에 따라 움직이지 않는다. 패스트푸드점의 계산대 직원이 "기다리게 해서 죄송합니다"라고 말할 수 있지만, 이는 구매 과정의 일환으로 거래를 원활하게 하려는 윤활유일 뿐이다. 모든 고객에게 똑같이 진정으로 공감하는 듯한 태도를 보이는 그 직원의 말이 진심으로 용서를 구하는 사과가 아니라는 사실을 소비자들은 충분히 이해하고 있다.

그렇다면 조직은 언제 사과하는가? 실패가 드러난 후에야 비로소 사과한다. 조직이 고객들의 비밀을 지키지 못했음을 털어놓는 시점은 보통 그 행위가 언론에 폭로된 다음이다. 내부고발자와 규제 담당자, 그리고 불만을 품은 고객과 기자는 조직의 양심을 지켜주는 대리인 역할을 한다. 사람들은 조직이 특정 기준에 따라 유지되며 때때로 그 수준에 못 미칠 때도 있다는 점을 받아들인다. 조직은 사람들이 그러한 실패를 알아챈 다음에야 사과하는 것이다.

조직이 실패하는 방식

–

조직의 사과로 이어지는 실패에는 두 가지 유형이 있다. 운영상의 실패와 문화적인 실패다. 불량품, 배달 착오, 지연과 같은 일상적인 실수를 지칭하는 운영상의 실패는 이해하기 쉽고, 터무니없는 결과가 아니라면 이와 관련된 사과는 대체로 받아들이기도 쉽다. 운영상의 실패에 대한 소비자 반응을 연구한 1992년의 한 논문에 따르면, '절차적 공정성'이라는 인상을 강화할 수 있다면 운영상의 실패를 범한 조직에 대한 소비자의 인식은 온전히 회복될 수 있다고 한다.[2] 가령 조직이 사태를 적절히 수습했다고 (그리고 반드시 금전적으로 보상할 필요가 없다고) 고객이 느낀다면, 회사의 이미지는 이전만큼 긍정적으로 남거나 때로는 그보다 더 좋아지기도 한다.

문화적 실패는 이보다 더 복잡하다. 모욕적이거나 불쾌한 광고, 비합리적인 임원진 구성, 사내 따돌림, 고객의 소리를 외면하는 소셜 미디어 게시물과 같은 정서적인 문제는 제품과 서비스를 제공하는 조직의 역량보다는 조직의 핵심 가치와 관련이 있기 때문이다. 따라서 오늘날 문화적 실패는 그 어느 때보다 큰 문제로 여겨진다. 문화적 실패에 대한 사과는 그만큼 더 어렵다. 과거에 저지른 행위에 대해 사과하는 것이 조직의 이상이나 목표에 대해 사과하는 것보다 훨씬 쉬운 편이다.

2018년 영국의 대형 유통 기업인 아르카디아 그룹Arcadia Group의 회장 필립 그린Philip Green은 성희롱 혐의로 기소됐다는 사실을 숨기려고 법원으로부터 보도 금지 명령을 받아냈다. 하지만 이 사실이 영국 의회에서 밝혀지면서 큰 파장이 일었고, 어마어마한 문화적 실패로 이어졌다. 필립 그린의 기소 은폐 사건이 소비자들에게 알려지자마자 그 여파는 아르카디아 그룹 전체에 퍼졌다. 소비자 조사 기관 유고브에 따르면, 뉴스가 보도된 후 아르카디아 의류 브랜드 탑샵의 매출이 급락했다고 한다.[3] 유고브의 CEO 스티븐 셰익스피어는 이에 대해 이렇게 설명했다. "며칠 만에 탑샵에 대한 대중의 인상 척도 수치는 +7에서 +2로 떨어졌고, 18세에서 34세 사이 여성의 인상 척도 수치는 +25에서 +20으로 떨어졌다."[4] 아르카디아 제품의 품질이 변하지 않았고 가격도 오르지 않았으며 매장에는 여전히 친절하고 부지런한 직원들이 근무했지만, 소비자들의 애정은 순식간에 식었다. 필립 그린은 의회의 폭로로 사업적 피해를 크게 봤다고 시인했다.[5] 기업문화에 대한 소비자의 인식은 중요하다. 소비자는 자신이 선택한 기업에 대해 좋은 느낌을 간직하고 싶어 하기 때문이다.

이처럼 기업문화는 정신적인 문제이기 때문에 이 부분에서 실망한 소비자에게 물질로 보상하기란 거의 불가능하다. 아무것도 하지 않는 것보다는 낫겠지만, 물질적 보상은 확실하지 않은 거래가 될 가능성이 높다. 성희롱으로 기소된 사람이 CEO로 있는 기업으로부터 어느 정도의 보상을 받아야 그 기업에 대한 인식을 되돌릴 수 있겠는가? 게다가 필립 그린에 대한 폭로가 있기 며칠 전, 탑샵은 이미 문화적 실패를 겪은 바 있다. 런던 본점에 페미니즘 도서를 진열하지 못하도록 막은 일로 비난이 쏟아진 것이다. 그때 탑샵 측은 이를 수습하기 위해 사과했으며, 성평등 관련 단체에 일정 금액을 기부하기까지 했다.[6] 사건 직후 소셜미디어의 반응은 극도로 부정적이었으나 (소셜미디어를 현실 소비자 만족도의 기준으로 삼는 것은 위험하다.) 탑샵에 대한 인식은 빠르게 회복됐다. 하지만 필립 그린의 성희롱 사건 이후에는 상품 공급이 중단될지언정 그만큼 추락할까 싶을 정도로 사정이 심각했다.

기업은 본능적으로 기업문화와 기업 운영을 분리하려고 하지만, 두 가지는 연관될 수밖에 없다. 운영상의 실패는 그 심층에 있는 문화적 실패의 징후이며 그 역도 성립한다. 따라서 심각한 문화적 실패는 먼저 운영상의 실패로 나타난다. 16명이 다치고 2명이 사망한 2015년 앨튼타워 롤러코스터 사고는 사람의 실수, 즉 운영상의 실패였다. 하지만 그와 같은 실수는 직원이 안전 수칙을 어기고 안전 시스템을 수동으로 변경하는 과정에서 벌어졌다.[7] 이는 조직에 내재되어 있던 문화적 실패와 관련이 있다.

탑샵 측은 '생산과 창조적 관점'에서 페미니즘 옹호 도서 진열을 중단하기로 했다고 말했다. 이는 운영상 실패. 그러나 중단하라고 요구한 사람이 CEO인 필립 그린이라는 사실이 나중에 밝혀졌을 때, 이는 문화적 실패가 됐다. 이때 그린은 (공교롭게도) 여성 임원 한 명을 영입함으로써 상황을 반전시켰다. 사과하는 사람의 성별이 소비자 반응에 어떤 영향을 미치는지를 주제로 2017년 발표한 웨이와 란의 논문에 따르면, 소비자는 '서비스에 관한' (운영상의) 실패에 대해서는 남성이 사과했을 때 더 잘 받아들이는 데 반해 '가치'와 관련된 (문화적) 실패에 대해서는 여성이 사과했을 때 더 호의적으로 반응한다고 한다.

KFC 치킨 품절 사태는 전형적인 운영상의 실패였지만, 사과를 담은 광고 캠페인이 오히려 밈meme으로 유행하며 분위기를 전환할 계기가 됐다. 2018년 2월 치킨이 품절돼 런던 KFC 매장의 절반 이상이 예고 없이 문을 닫으면서 저녁 식사로 KFC 치킨을 즐기려던 사람들이 난감해졌다. 한 고객은 드라이브스루에서 15분이나 기다렸다고 항의했지만, 치킨이 없다는 말 외에 다른 이야기는 들을 수 없었다. 게다가 그곳을 빠져나가는 데는 더 오랜 시간이 걸렸다. 수많은 사람이 경찰에 전화를 걸어 치킨이 없다고 신고했으며, 경찰은 급기야 이 문제로 전화하지 말라는 내용의 트윗 글을 올리기도 했다.[8]

소비자들은 이 상황을 유쾌하게 받아들이지는 않았으나 실수라고 이해했다. 아무도 창업자인 커넬 샌더스Colonel Sanders의 처신을 비난하거나 KFC의 조직문화에 문제가 있다고 의심하지 않았다. KFC는 다만 잠시 닭고기 공급에 차질을 빚었을 뿐이었다. 이후 KFC는 간단명료한 사과문을 냈으며 바로 회복의 길로 들어섰다. 텅 빈 치킨 바구니가 등장하는 신문광고에서 KFC 브랜드를 'FCK'로 바꿔서 "FCK, we're sorry"라고 유머러스하게 표현했으며, 이 광고를 본 소비자들은 다시 큰 신뢰를 보냈다(KFC를 fuck의 약어로 읽히게 한 이 광고에서 KFC는 물류회사를 탓하지 않고 모든 잘못을 자신의 책임으로 돌렸으며, 직원들과 프랜차이즈 업자를 격려했다-옮긴이). KFC는 운영상의 실패를 인정하고 극복했으며, 사과 광고를 통해 충분한 호의를 끌어냄으로써 이를 새로운 광고 캠페인을 펼칠 도약의 기회로 활용했다.[9]

조직이 사과하는 이유

–

조직은 뻔질나게 실패하지만, 매번 사과하지는 않는다. 실패는 사과해야 할 충분한 이유가 되지 못하며, 사과할 때는 조직에 도움이 되는 무언가를 얻을 수 있어야 한다. 조직은 사과를 통해 입 다물고 있을 때보다 더 나은 결과를 얻고자 하는 것이다. 예를 들어 명성이 회복되거나, 소셜미디어의 반발이 누그러지거나, 아니면 소송을 방지할 수 있어야 한다는 것이다.

소비자들은 조직으로부터 사과를 받을 수 있지만, 이것이 용서한다는 뜻은 아니다. 소비자와 조직 사이에는 인간적인 용서를 가능하게 하는 연결고리가 존재하지 않는다. 사람들은 대부분 가족이나 친구가 있고, 이들과 오랫동안 관계를 맺는다. 하지만 자주 이용하는 슈퍼마켓이나 항공사 또는 인터넷 사이트 같은 것은 원하기만 하면 수시로 바꿀 수 있다. 사람들은 가족이나 친구 등 특정인과 갈등이 생길 경우 사회적 관계를 유지하기 위해 되도록 화해하려 하겠지만, 특정 슈퍼마켓이나 항공사, 인터넷 사이트와는 굳이 화해할 필요를 느끼지 않는다.

따라서 소비자는 조직에 용서를 앞세우지 않는다. 다만 조직의 실패가 지나치게 거슬리기 전에 스스로 이를 받아들일지 말지를 결정할 뿐이다. 이 때문에 불매운동을 벌이기도 하고 벌이지 않기도 한다. 사람들은 운영상의 실패와 문화적 실패를 거래의 일환으로 받아들인다. 그래서 사람들은 구매하지 말아야 할 명백한 이유가 있어도 여전히 독일 패션 브랜드 보스의 제품을 입고 폭스바겐 자동차를 몰고 다닌다(휴고 보스는 아돌프 히틀러 앞에서 나치당에 가입했고, 폭스바겐은 유대인 대학살 기간 중 유대인 강제 노동을 통해 자동차를 생산했다).[10, 11] 소비자는 티셔츠를 사고 비행기를 탈 때마다 도덕적으로 그리고 정서적으로 타협한다. 물론 아무 생각 없이 상품을 사는 소비자도 있겠지만 말이다. 언제나 양심에 따라 쇼핑할 수 있는 소비자는 아주 특별한 사람들뿐이다. 그리고 조직은 이것을 안다.

매우 심각한 문제가 발생하여 운영상으로나 문화적으로 실패했는데도 불구하고 사과하지 않고 계속해서 사업이 번창한 가장 극단적인 예를 들어보겠다. 악명 높은 진정제 탈리도마이드Thalidomide의 제조사인 그뤼넨탈Grünenthal은 여전히 많은 고객을 보유하고 있다. 이 회사는 탈리도마이드 부작용으로 심각한 논란이 있었지만 아무런 사과 없이 수십 년간 살아남았다. 그들이 만든 약 때문에 수천 명의 임산부가 태아를 유산했고 기형아를 출산했다. 소비자들이 그 사실을 알게 된 것은 탈리도마이드가 시판되고 몇 년이 지난 후였다. 이후 그뤼넨탈이 공식적으로 사과하기까지는 50년이 걸렸지만, 그동안 그 회사는 쉬지 않고 약을 만들었고 계속해서 돈을 벌었다(그뤼넨탈이 탈리도마이드를 시판한 시기는 1957년, 부작용이 알려진 것은 1962년, 사과한 시기는 2012년이다 - 옮긴이). 이처럼 기업이 사과하지 않고도 살아남아 번창할 수 있다면 사과할 이유가 어디에 있겠는가? 기업이 사과하는 이유에는 여섯 가지가 있지만 사과하지 않는 이유는 단 한 가지뿐이다.

조직이 사과하는 이유 1: 고객 불만과 처리비용

나탈리 님, 안녕하세요? '초콜릿'이 적게 들어간 다이제스티브 비스킷을 판매한 점에 대해 사과드립니다. 제품 바코드와 고객님의 이메일 주소를 보내주시면 유통업자를 통해 다시 보내드리겠습니다.[12]

사람들은 대개 고객 불만에 대한 사과를 건성으로 넘긴다. 그런데 이는 기업의 입장에서는 잘된 일이기도 하다. 판에 박힌 듯한 내용에 진정성이라고는 눈곱만큼도 없는 이런 사과는 하나 마나 한 전시용 사과에 해당한다. 하지만 관심이 있다면 애용하는 소매업체의 트위터 댓글을 한번 훑어보기 바란다. 그 업체의 소셜미디어 팀이 대부분의 업무시간을 사과하느라 보낸다는 사실을 알게 될 것이다.

사과한 후에는 하나같이 환불, 교환, 보상 아니면 최소한 자체적인 추가 조사가 이어졌다. 이는 조직의 대고객 커뮤니케이션 지침에 따른 사과 절차다. 여기서 흥미로운 점은 고객 불만이 사소할 때는 사과를 하든지 안 하든지 별 차이가 없다는 점이다. 어쩌면 그 정도 불만은 신경 쓰지 않는 편이 더 나을지도 모른다. 사소한 운영상의 실패가 벌어졌을 때 중요한 것은 일단 사과하지 않는 것이다. 사과는 보통 보상으로 이어지며 "우리가 불만을 인정하고 받아들였다"라는 표시이기 때문이다. 실제로 사과하는 바람에 상황이 더 나빠진 경우도 있다. 우버의 고객 150만 명을 조사한 한 논문에 따르면 "가장 효과적인 사과는 사과문을 덧붙이든 말든 5달러짜리 상품권을 제공하는 것이었다"라고 한다. 또한 "상품권을 제공하지 않고 사과하면, 향후 소비에서 암암리에 부정적인 효과가 나타났다"고도 했다.[13]

다행스럽게도 소비자는 자신의 기대를 조절하는 데 능숙하다. 기업은 물론 소비자도 상거래에서 즐겨 사용되는 용어 '부수적 피해'를 완곡하게 표현한 '허용 손실'을 받아들인다. 소매업체는 도난당할 수 있음을 알면서도 사람들의 구매 욕구를 자극하기 위해 값비싼 물품을 전시하며, 일부 도난당하는 물품은 허용 손실로 여긴다. 소비자들도 소비할 때 발생하는 허용 손실을 각오한다. 그래서 간혹 기대에 못 미치는 일이 생길 수도 있다는 점을 감안하여 구매를 결정한다. 교통사고를 피하는 확실한 방법은 자동차를 타지 않는 것이며, 상한 딸기를 피하는 확실한 방법은 딸기를 사지 않는 것이다. 그러나 아무것도 하지 않고 살 수는 없으니 소비자들은 거래가 만족스럽지 못할 수 있다는 허용 손실을 받아들인다.

결과적으로 사소한 운영상의 실패가 기업의 명성에 입히는 손실은 매우 적다. 소비자들은 이미 운영상의 실패를 감안하고 있으며, 기업이 완벽할 것을 기대하지 않는다. 그러니 문제가 생기더라도 절차적 공정성이 어느 정도 마련된다면, 조직의 명성은 유지될 가능성이 높은 것이다. 가령 대다수의 소비자들은 구입한 딸기가 싱싱하지 않아도 크게 문제 삼지 않고 대수롭지 않게 넘어간다.

물론 운영상의 실패를 저지른 조직에 소비자가 크게 실망하여 조직의 이미지가 심각하게 손상될 수도 있는데, 바로 다음과 같은 두 가지 경우다. (불편 사항이든 실망이든 금적적 부담이든) 손실의 정도가 눈덩이처럼 불어나거나 (샐러드에서 벌레가 나오거나 포테이토 칩에서 유리 조각이 나올 때처럼) 운영상의 실패에 구설에 오를 만한 자극적인 요소가 있을 때다. 대부분의 사소한 운영상의 실수는 눈에 잘 띄지 않는다. 그런데 문화적 실패는 다르다. 어떤 소비자가 상한 딸기를 샀다고 해서 사람들이 크게 동요하거나 분노하지 않겠지만, 점원에게서 부당한 대우를 받았다면 상황은 달라지는 것이다.

조직이 사과하는 이유 2: 공감보다 문제해결과 서비스 복원

항공사가 승객의 짐을 잃어버렸거나 수도관 파열로 물이 나오지 않을 경우, 항공사의 담당 직원이나 시청의 담당 공무원이 피해 당사자만큼 그 상황에 공감하지는 못할 것이다. 또한 공감한다고 해도 짐이 없거나 수돗물이 안 나와서 겪는 불편이 사라지지 않는다. 당장 불편함과 손해를 겪고 있는 소비자는 사실 누군가가 얼마나 미안해하고 있는지에 관심이 없다.

심각한 운영상의 실패가 발생할 때, 소비자들은 문제를 해결하는 조직의 능력에 주목한다. 대부분의 소비자들은 선택할 수 있다면 공감 능력이 있는 덜렁이보다 퉁명스러운 실용주의자와 상대하고 싶을 것이다. 고객의 반응을 촬영한 동영상을 분석하여 항공사의 공항 서비스와 관련된 운영상의 실패를 연구한 논문에 따르면, 고객은 항공사 직원이 자신의 상황에 공감할 때보다 문제해결을 위해 조직의 역량과 창의성을 발휘했을 때 더 긍정적으로 반응했다고 한다. 고객들은 공항 서비스 담당 직원들의 친밀한 태도를 경험한 후, 뜻밖에도 그들의 업무처리 능력이 낮다고 평가했다. 이는 사과의 성별 인식에 관한 논문 내용과도 일치한다. 사람들은 여성의 친밀한 태도가 상대적으로 낮은 역량을 의미한다고 느낀다는 것이다.[14, 15]

연구의 책임자인 자그딥 싱Jagdip Singh은 서비스 회복 시나리오에서 사과는 부정적인 영향을 미칠 수 있다고 말한다. "고객 불편 사항이 발생했을 때 '이 문제로 불편을 드려 죄송합니다. 제 여동생도 똑같은 일을 겪은 적이 있었답니다'라고 말하면, 고객은 그 직원이 문제에 진심으로 대응하지 않고 주의를 딴 데로 돌리려 한다고 여깁니다."[16] 운영상의 실패가 중대하고 광범위해질수록 고객은 문제를 해결하는 역량에 더 많은 관심을 보인다.

조직이 사과하는 이유 3: 고객 유지, 신뢰 회복, 사과 배당금

조직은 고객을 잃지 않기 위해 사과해야 할 때도 있다. 이와 같은 고객 유지용 사과는 대체로 보통 이상의 심각한 운영상의 실패와 관련이 있다. 예를 들어 일관성이 없는 조직행태 때문에 사람들이 엄청난 대가를 치르고 있음이 알려진다면, 이는 '허용할 수 없는 손실'이다. 따라서 이 문제를 제대로 처리하지 못하면 고객의 신뢰가 깨질 수도 있다. 고객 유지용 사과를 움직이는 동력은 서비스 복원용 사과를 움직이는 동력과 다르다. 서비스 복원용 사과의 목적은 상품 거래 도중에 생기는 문제를 해결하는 일이지만, 고객 유지용 사과는 온라인 결제 포기부터 제품 리콜까지 고객의 라이프사이클 중 어느 단계에서나 이뤄질 수 있다. 또한 고객 유지용 사과는 적절한 시기를 골라 실행하는 것이 중요하다.

　운영상의 위기가 발생하면 조직은 고객에게 관계를 계속 이어나가도 문제없다는 사실을 설득해야 한다. 이를 위한 가장 좋은 방법은 운영상의 실패를 파악해 설명하고, 고객이 절차적 공정성을 받아들이게끔 확실한 방안을 보여주는 것이다. 흥미롭게도 고객 유지용 사과가 적절하게 진행될 경우 때로는 조직의 명성이 원래 수준보다 더 높아지는 '사과 배당금'을 챙길 수 있다.

2018년 장난감 소매업체 빌드어베어 워크숍이 "나이만큼 내세요pay your age "라는 할인 이벤트를 진행했다. 그러나 이 이벤트는 품절 사태와 안전사고가 속출하면서 완전히 실패했다. 일부 지역에서는 7시간 이상 줄을 서야 했고, 혼란스러운 상황에 대한 불만이 소셜 미디어를 통해 빠르게 퍼져나갔다.[17] 매장에서 폭행 사건이 발생한 일부 지역에서는 경찰이 출동하기도 했다. 빌드어베어 측은 미흡한 안전 대책, 행사 조기 마감, 점포 폐쇄 등으로 수천 명의 어린이들을 실망시켰으며 부모들을 화나게 했다. 다음날, 빌드어베어의 CEO 샤론 프라이스 존은 NBC의 〈투데이〉에 출연하여 실망한 고객들에게 사과했다. 흠잡을 데 없이 훌륭한 사과였다. 그녀는 무엇이 잘못됐으며 빌드어베어가 이를 어떻게 바로잡으려 하는지 설명했다. 효과는 바로 나타났다. 할인 이벤트를 시작한 날 7.8달러였던 회사의 주가는 CEO가 방송을 통해 사과한 후 8.15달러로 상승했다.[18] 마케팅이 실패했음을 고려하면 나쁘지 않은 결과였다.

KFC도 적절한 사과 광고를 통해 이득을 봤다. 모기업 얌브랜드YUM! Brands의 주가는 사과 광고가 실린 당일 약간 오른 정도에 그쳤지만, 중요한 것은 이로 인해 기업의 고유한 문화적 자산이 만들어졌다는 점이다. 당시 KFC의 사과 광고는 은퇴한 창업자 커넬 샌더스의 복귀를 추진할 만큼 긍정적인 효과를 가져왔다.

미국 정부 또한 역사적인 사건에 대해 적절히 사과함으로써 긍정적인 반응을 이끌어냈다. 터스키기 매독 생체실험Tuskegee Study of Untreated Syphilis은 미국 역사상 가장 논란이 많았던 의학 실험이다.

1932년 당시 연구진은 아프리카계 미국인 매독 환자들을 대상으로 매독 관련 임상실험을 진행했는데, 환자들에게 진단 내용을 전하지 않았고 처방에 대해서도 설명해주지 않아 심각한 문제를 일으켰다. 이후 수십 년이 지난 2007년에서야 미국 빌 클린턴 대통령은 그 연구가 "크게, 심각하게, 도덕적으로 잘못됐다"라며 인정하고 사과했다.[19] 2008년의 한 연구에 따르면, 터스키기 실험 내용과 대통령의 사과에 대해 모두 알고 있는 아프리카계 미국인은 터스키기 실험은 알고 있었으나 사과에 관해서는 몰랐던 아프리카계 미국인보다 의학 연구를 한층 더 신뢰한다고 한다.[20, 21]

조직이 사과하는 이유 4: 조직 차원의 공포, 스트레스, 피로

요즘처럼 소셜미디어가 활성화되기 전에는 조직이 단기간에 고객의 생각을 정확히 알기 힘들었다. 따라서 매출 감소를 감추고 부정적인 언론 보도에 전전긍긍하다가 초점 집단 분석 자료 등을 통해 고객의 불만을 접한 후에야 비로소 적극적인 대책을 세울 수 있었다. 그러나 인터넷의 보급으로 상황은 완전히 변화했다.

조직은 소셜미디어는 물론이고 논평 웹사이트와 블로그를 통해 사람들의 반응을 실시간으로 확인할 수 있게 됐다. 물론 이것이 언제나 기분 좋은 경험은 아닐 것이다. 특히 기대하지 않은 비판적 반응이 대부분 문화적 실패에서 촉발된다는 사실이 알려진 다음부터는 단연코 그랬다. 이는 앞으로 살펴볼 H&M, 프라다, 톱맨, 마크스앤드스펜서M&S의 사례에서 확인할 수 있다. 더구나 반발이 일어나는 데까지는 많은 시간이 걸리지 않는다.

고객 반응의 규모와 속도가 워낙 가파르게 상승하고 있기 때문에 조직은 이렇다 할 해결책을 마련하지 못한 채로 혹독한 비난을 견뎌야 할 수도 있다. 특히 소셜미디어 관리자나 PR 담당자와 같은 최전선에 있는 사람들에게는 엄청난 스트레스다. 만약 조직이 비난을 관리하는 확실한 계획을 마련하지 않는다면, 사태는 극심한 공포를 일으켜 성급한 결론으로 이어질 수 있다. 자신의 회사가 너무나도 형편없어 불매운동의 대상이 돼야 한다는 비난을 즐기는 사람은 아무도 없을 것이다. 이러한 상황에서는 평소 탄력적으로 운영되던 조직도 올바른 의사결정을 내리기 힘들어지며, 예측력이 매우 뛰어났던 커뮤니케이션 팀도 어떻게 해야 할지 갈피를 잡지 못하게 된다. 더군다나 이 모든 사태에 대처할 방법이 '사과한다'는 말밖에 없을 때 모든 것이 위기처럼 보이기 시작한다. 조직은 비난을 퍼붓는 소비자들만큼이나 스스로를 탓하게 되며, 불편한 상황에서 빠져나올 유일한 방법은 사과하는 일밖에 없는 것처럼 느껴진다. 그래서 조직은 (아무리 크고 강력하더라도) 그냥 사과해버리고 만다.

페이퍼체이스, UCL, 소피텔, 테스코, 소니 픽처스 등은 문화적 실패에 대해 사과하여 문제를 해결한 수많은 기업들 중 극히 일부일 뿐이다. 이들은 그저 사과를 요구받았다는 이유만으로 순순히 이에 응했다. 팔로워가 많은 기업용 트위터는 사과를 표명하기에 좋은 소셜미디어다.

조직이 사과하는 이유 5: 법과 규제 준수

2018년 5월 유럽 전역에 일반개인정보보호법GDPR이 발효되기 직전, 고객들의 이메일 주소 정보를 대량으로 보유하고 있던 마케팅 업체들은 고객들에게 개인정보 보호에 유의하겠으니 계속 마케팅 관련 이메일을 보내도 괜찮은지 확인하는 이메일을 보냈다. 당연하게도 이 이메일은 마케팅 산업이 개인정보와 관련하여 집단적 자기 성찰을 거친 끝에 보낸 것이 아니라 순전히 규제 준수를 위한 것이다.

많은 기업들이 하는 사과는 알고 보면 같은 이유로 이뤄진다. 겉으로는 아무리 진실해 보여도 결국 정부 규제 기관의 압력에 따라 표명된 사과들이다. 이러한 사과는 대개 '정정 광고'의 형태로 나타난다. 미국 연방통상위원회와 영국 공정거래청 등 전 세계 무역 규제 기관은 규정을 위반한 조직에 정정을 요구할 수 있는 권한을 가지고 있다. 이들 규제 기관은 대개 조직에 일정한 비용을 들여 일정한 크기의 광고를 게재하라고 요구한다. 그러므로 규제 기관의 명령에 따라 조직이 광고를 내야 한다면, 이를 최대한 활용하는 편이 좋다.

2018년 웰스 파고 은행은 '재도약' 캠페인을 시작했다. 미국 전역에서 다양한 시장을 겨냥해 '사과와 변화'를 주제로 갖가지 형태의 예술적인 광고를 만들어 캠페인을 펼쳤다. 웰스 파고는 대놓고 사과한다고 말하지는 않았으나 깊이 뉘우치고 있음을 알게 하는 광고로 대중에게 진심으로 용서받기를 원한다는 느낌을 줬다. 광고 캠페인을 통해 웰스 파고는 '인정미 넘치는 신용'이라는 창립 이념을 떠올리게 했으며, 소비자들에게 (금융 활동을 할 때) 웰스 파고를 다시 받아들여달라고 간절히 호소했다.

2016년 웰스 파고는 직원들이 고객 몰래 유령계좌를 만들어 실적을 채웠다는 사실이 밝혀진 다음 1억 8,500만 달러에 달하는 소송을 당한 바 있다. 은행이 실적 달성 목표를 지나치게 높게 설정함으로써 직원들은 그러한 범죄행위를 저지를 수밖에 없는 압박을 받았기 때문이다.[22] 냉소적인 사람이라면 기업이 사건을 덮기 위해 광고를 활용한다고 생각할 수 있다. 그리고 그 생각이 옳을지도 모른다. 웰스 파고는 의회와 규제 기관으로부터 비참할 정도로 짓밟히고 망신을 당한 후 광고 캠페인을 진행했다. 사실 그들의 사과 대상은 고객이 아니라 규제 기관이었던 것이다.

법원에서 강제하는 사과에는 두 가지 유형이 있다. 하나는 대개 명예훼손에 대한 법적 합의의 일환으로 등장하는 사과이고, 다른 하나는 회복적 사법제도(범죄자의 처벌 대신 피해자의 회복을 중시하는 사법제도 – 옮긴이)의 일환으로 법원의 명령에 따른 사과다. 모두 진실된 후회와 보상과는 근본적으로 거리가 멀지만, 형식적으로 필요한 절차라는 의미는 있다. 2002년 10월, 4천만 달러짜리 소송을 당한《더 미러》의 편집장 피어스 모건Piers Morgan은 미국의 부동산 재벌인 스티브 빙Steve Bing을 상대로 매우 끔찍한 사과문을 게재했다.[23, 24] 소송 때문에 궁지에 몰린 모건은 지나치게 굽신거리는 듯한, 입에 발린 어조로 사과문을 작성했다. 누가 봐도 진지하게 받아들일 수 없는 거짓 사과였다. 한술 더 떠서 사과문의 반대편 페이지에는 미국인들이 해학을 이해할 줄 알아야 한다는 기사가 실려 있었다.

조직이 사과하는 이유 6: 진심으로 미안해서

조직이 소비자에게 진심으로 미안하고 그것이 마땅한 도리라서 사과할 때도 있다. 이 유형은 매우 드물지만 진실되고 확실한 사과다. 커뮤니케이션 팀은 사과를 전달할 때 깊이 뉘우치는 태도와 자제력 있는 태도를 동시에 보여야 하며, 이것이 회사의 가치를 결정하게 된다. 또한 그 균형을 잘 맞춰야 소비자들이 기업의 진정성을 의심하지 않고 용서할 수 있다.

2014년 제너럴모터스GM 점화 스위치 리콜 스캔들이 터졌고, GM은 자동차 결함으로 발생한 124명의 사망자에게 보상해야 했다.[25] GM에게는 엄청난 위기였다. 이 위기를 헤쳐나가기 위해 CEO 메리 바라Mary Barra는 아주 인상적이고 진실된 사과문을 발표했다. 바라의 대응은 진정성과 단호한 태도로 찬사를 받았다. 2014년 바라는 의회에서 다음과 같이 말했다. "이번 리콜로 충격을 받은 모든 분들에게, 특히 생명을 잃었거나 피해를 입은 분들의 가족과 친지들에게 진심으로 사과드립니다. 정말 죄송합니다."

《포춘》은 바라의 사과에 최고의 찬사를 아끼지 않으면서 리콜 문제가 터지고 한 달 만에 GM의 지휘를 맡은 바라가 어떻게 부상했는지 주목했다. "그녀는 문제를 해결하기 위해 기존의 GM 모형을 무시했다. 리콜 사태의 파장을 최소화한 다음 해결에 나서서 원인을 속속들이 파악한 후 상황을 진정시켰다." 또한 그녀는 단순히 사과만 하지 않았다. 《포춘》은 바라가 GM의 타운홀에 모인 직원들을 향해 "나는 이 사태를 결코 숨기고 싶지 않습니다"라고 말하며 GM의 기업문화를 환골탈태할 원동력으로 리콜 사태를 활용했다고 강조했다.

미안한 마음을 진심 어린 사과로 표현한 또 다른 조직으로 영국의 테마파크 앨튼타워를 소유한 멀린 엔터테인먼트가 있다. 이 회사는 그야말로 초유의 위기를 경험했다. 2015년 발생한 롤러코스터 사건은 회사의 이름에 큰 오점을 남겼으며, 멀린은 이에 전적으로 책임져야 했다. 이후 멀린 엔터테인먼드는 건강 및 안전법을 위반한 사실이 밝혀져 이듬해에 500만 파운드의 벌금을 내기도 했다.[26] 사태가 워낙 심각하다 보니 CEO인 닉 바니가 해야 할 일은 오히려 더 분명해졌다. 머리를 조아려 사과하는 일 이외에 그가 할 수 있는 일이 없었던 것이다. 사태를 수습하는 과정에서 바니가 모든 절차를 완벽하게 수행했다고 말할 수는 없다. 하지만 CEO를 최전선에 내세워 사과한 이 회사의 첫 번째 결정은 분위기 전환에 중대한 역할을 했다. 바니가 커뮤니케이션 팀의 지원을 받았으리라는 사실에는 의심의 여지가 없지만, CEO가 변호사의 손을 거친 발표문 뒤에 숨지 않고 몸소 나선 일은 상징적이고 중요한 행위였다.

특히 바니가 스카이 뉴스에 출연해서 진행자와 긴장된 대화를 주고받은 일은 큰 반향을 불러일으켰다. 진행자는 당시 상황을 밝히는 일보다 자극적인 뉴스 제목을 뽑아내는 일에 더 관심을 가진 듯 공격적으로 인터뷰를 진행했다. 그러나 진행자의 질문에 대응하는 바니의 단어 선택은 신중하고 훌륭했다. 그는 진지한 태도로 그 상황을 '비극적 사건'이라고 언급한 후 앞으로 이 문제를 어떻게 처리하려 하는지 분명하게 밝혔다. 그는 망설임 없이 단호하게 희생자 가족을 돕고 사고 원인을 확인할 것임을 설명했다. 바니는 자신에게 허용된 시간 안에 내용을 과장하거나 허세를 부리고 싶은 유혹을 참아내면서 전문용어를 피하고 되도록 일상적인 용어로 말했다. 또한 그 사건이 매우 끔찍한 일이며, 멀린 엔터테인먼트가 "깊이, 깊이 사과드린다"라는 말을 되풀이하고는 이렇게 덧붙였다. "변명하지 않겠습니다. 저희는 사고를 냈고, 이는 끔찍한 사고였으며, 분명한 것은 저희가 제대로 수습해야 한다는 사실입니다."

공감을 불러일으키는 바니의 인터뷰는 단연 돋보였지만 완벽하지는 않았다. 진행자가 공격적으로 질문하는 생방송 인터뷰의 특성상 궁지에 몰리자, 바니는 회사가 추구하는 '높은 기준'을 언급함으로써 위험천만하게도 슈뢰딩거식 사과 근처까지 간 것이다. 진행자가 제대로 지적했듯이 문제는 기준이 그리 높지 않았다는 점이다. 이후 실수를 깨달은 바니는 회사의 안전 척도가 "분명히 적합하지 않았다"라고 정정했다. 이것은 공개적으로 문제를 인정했다는 점에서 매우 용감한 발언이었다. 그 말은 그의 입술을 떠나자마자 순식간에 화면 밑바닥에 자막으로 바뀌어 주요 뉴스로 퍼졌다. 여러 언론사와 이뤄진 인터뷰에서 바니가 한 말 중에서 최고로 꼽히는 것은 BBC의 〈투데이〉에서 한 발언이다. 그 사고가 멀린 엔터테인먼트의 주가에 영향을 미칠 것인지에 관한 질문에 바니는 이렇게 말했다. "죄송하지만, 저는 현재 정말로 주가에 관심이 없습니다."

바니가 주가에 관심이 없었을지는 몰라도 그의 처신은 주가에 영향을 미친 듯했다. 2015년에 발표된 한 논문에 따르면, 시장은 누가 봐도 뉘우친다는 표정을 지은 채 사과하는 CEO에게 더 호의적으로 반응한다고 한다.[27] 위기 커뮤니케이션에 있어서 닉 바니에게 배울 점이 많다. 그는 노련한 커뮤니케이터로서 심하다 싶을 정도로 진실을 말하고 머리를 조아리며 거친 질문도 피하지 않는 보기 드문 전략을 선호했다. 인터뷰하는 사람에게 압박을 받으면서도 핵심을 놓치지 않는 그의 능력도 두드러졌다.

이 모든 과정에서 가장 강력한 메시지는 멀린 엔터테인먼트와 바니가 진심으로 미안해한다는 사실이다. 대중은 이 사실을 확인했다. 수많은 조직이 위기에 관련된 부분에 대해서뿐만 아니라 그 위기를 처리하는 과정에서 잘못 처신한 것에 대해서도 추가로 사과한 사례는 너무 많다. 바니는 그렇게 할 필요가 없었다.

사고가 일어난 그해 앨튼타워의 방문객 수는 눈에 띄게 줄었지만, 놀랍게도 그 이후부터 해마다 증가했다.[28] 더욱 흥미로운 일은 온라인 통계와 시장조사 기관 스타티스타에 따르면 영국 성인의 69.3퍼센트가 자신들이 테마파크에 찾아갈 가능성은 앨튼타워 사고의 영향을 받지 않았다고 말했다는 사실이다.[29] 이 조사 결과에는 많은 의미가 담겨 있다. 만약 위기에 잘못 대응했다면 업계 전체에 악영향을 미칠 수도 있었다는 것이다. 닉 바니 개인에 대한 지지도 높았다. 그는 뛰어난 위기 대응으로 찬사를 받았으며, 소비자들도 이에 주목했다. 당시 바니를 가혹하게 대한 TV 프로그램 진행자를 파면하라는 청원에 약 5만 8천 명이 서명했다.[30]

조직이 사과하지 않으려는 이유

–

"왜 사과하려 하지 않는가?"라고 질문했을 때 누구나 공감하지만 좀처럼 듣기 어려운 대답은 아마도 "변호사가 하지 말라고 했다"일 것이다. 사과를 한다는 것은 실제로 문제가 있을 수도 있음을 인정하는 의미로 받아들여지므로, 기업은 사과하지 않는 것을 선택하는 것이다. 이는 이상한 이분법을 낳는다. 조직은 소송의 위험이 전혀 없는 사소한 것에 대해서는 즉각 사과하고 고분고분해지는 데 반해, 정작 진짜 사과해야 할 상황에는 잘못을 인정하지 않으려 한다. 이는 매우 잘못된 처사다. 사과는 오히려 소송을 줄이는 결과를 가져온다. 예를 들어 의료사고가 일어났을 때 사과 없이 넘어가려고 할 경우 환자가 매우 분노하여 소송할 가능성이 더 높아지는 것이다. 미국의 의료사고 소송에 관한 여러 연구 결과에서 이러한 사실이 확인됐다.[31]

조직이 사과하지 않으려는 데는 또 다른 이유가 있다. 조직은 어떤 사안이 잘못인지 쉽사리 알지 못한다. 2018년 8월 이탈리아 제노바에서 발생한 모란디 교량 붕괴 참사로 43명이 사망했다. 이후 교량을 책임지고 있는 이탈리아의 유료도로 사업체 오토스트레이드 퍼 이탈리아Autostrade per l'Italia는 유감을 표시했지만, 공식적으로 명쾌하게 사과하지 않고 머뭇거렸다. 이 회사는 기자회견에서 이렇게 말했다. "사과와 책임은 서로 연결된 것입니다. 누구든 자신이 책임을 느낄 때 사과해야 합니다."[32] 이러한 접근법은 일견 냉정해 보일 수 있지만, 적어도 위선적이지 않은 정직한 태도라고 볼 수 있다. 또한 상황을 정확하게 파악한 후 하게 될지도 모를 진실된 사과를 보호한다는 의미도 지닌다.

물론 조직 입장에서 미안한 마음이 들지 않는 경우도 있을 것이다. 당연한 일이다. 하지만 보여주기식 보상과 온라인 캔슬 컬처cancel culture(자신의 가치관에 어긋나는 발언을 하는 사람을 끊어내는 온라인상의 왕따 문화 - 옮긴이) 시대에 미안한 마음이 들지 않는다고 사과하지 못할 이유는 없다. 따지고 보면 단지 비난을 가라앉히려고 사과하는 조직도 많을 것이다.

CHAPTER 3

'미안하다'의 의미가
업계마다 다른 이유

문화, 가치, 소비자 기대

> "저희는 기사분들에게 충분히 보상하고,
> 서로 다투기보다 배려하는 현장 분위기를 조성하기 위해
> 문화적 가치를 재정비하고 있습니다."
>
> − 2017년 7월 우버가 고객에게 보낸 이메일

사회는 건강과 안전, 공정거래, 환경오염, 차별과 같은 문제를 지켜주는 법과 규정을 마련해서 비즈니스의 중요한 원칙들을 철저히 관리하고 있다. 또한 조직은 직원의 행복을 지켜주고 사회정의를 실현하며 업계의 모범이 되고 다양성을 존중하는 등 법과 규정에서 보호하지 않는 문화적 요소를 지키기 위해 노력한다. 암묵적으로 이러한 조직과 사회적 계약을 맺는 소비자는 자신이 거래하는 조직에 특별히 기대함으로써 그 계약을 이행한다.

문제는 문화적 기대치가 업종에 따라 굉장히 다르다는 점이다. 예를 들어 패션, 화장품, 게임, 유아용 장난감, 음악, 커피숍 그리고 시내 중심가 소매업 등 몇몇 업종에 대한 문화적 기대치는 금융, 보험, 의료, 법률 서비스 업종에 대한 문화적 기대치보다 훨씬 높다.

실제로 조직의 실패를 분류했던 것처럼 조직에 대한 소비자의 기대도 문화적 기대와 운영상의 기대로 분류할 수 있다. 사람들은 자신이 애용하는 패션 브랜드와 카페 체인점이 모범적이고 다양성을 존중하며 고객에게 친절하기를 바란다. 자신이 주목하는 실리콘밸리 스타트업이 높은 이상을 추구하면서도 분명한 목표를 세우고 사회 정의를 실천하기를 바란다. 자신이 찾는 식품 브랜드가 공정무역에 따른 친환경적인 원료를 사용하기를 바란다. 이런 것들이 바로 문화적 기대다. 하지만 은행이나 행정기관, 휴대전화 판매업체, 보험회사 등에는 대다수 소비자가 높은 가성비와 준법 의식 정도만을 바란다. 이것이 바로 운영상의 기대다.

소비자의 기대는 점점 높아지고 있으며 문화적 기준이 적용되는 조직이 그에 대해 더 많은 부담을 진다. 물론 조직도 여러 가지 문화적 기대에 부응하면서 이익을 얻는다. 예를 들어 다양성이나 자기 몸 긍정주의body positivity(획일화된 미의 기준에서 벗어나 자신의 몸을 있는 그대로 사랑하는 것 - 옮긴이)를 주창하며 직원의 행복을 중시하는 조직은 자신들이 문화적 기대를 충족시키고 있다고 마케팅할 수 있다. 도브나 더바디샵 같은 브랜드들이 진보적인 이념을 옹호함으로써 큰 사랑을 받고 있다.

그러나 이러한 조직이 끊임없이 진화하는 소비자의 문화적 기대를 계속해서 만족시키는 것은 매우 어려운 일이다. 아무리 다양한 광고 캠페인을 벌여도 그 조직의 문화가 다양하다고 말하기에는 부족하고, 아무리 목소리를 높여도 그 조직의 문화적 수준이 높다고 말하기에는 부족하다. 결국 조직이 높아지는 문화적 기대에 미치지 못하면 상황은 순식간에 극도로 나빠진다. 문화적으로 문제가 있는 식당에서 식사한 트위터의 CEO 잭 도시가 논란의 중심에 선 것처럼, 보통 사람이라면 전혀 걱정할 일 없는 사소한 잘못에도 그가 머리를 조아려 사과해야 하는 이유가 바로 여기에 있다.

반면 문화적인 기대에 부응하지 못했다는 이유로 지탄받는 은행이나 금융기관은 거의 없다. 물론 금융기관도 사과할 때가 있다. 하지만 십중팔구 운영상의 실패에 대해서다. 소비자는 주로 이용하는 은행이나 금융기관이 자신의 문화적 성향까지 충족해주기를 기대하지는 않는다(아직은 그렇다).

사람들은 조직이 자신들의 특별한 염원과 갈망을 진실로 배려한다고 착각하며 위로받기 때문에 이를 방해하는 문화적 실패를 여간해서는 용서하지 않는다. 이에 반해 운영상의 실패는 눈감아주기도 비교적 쉽고, 어떻게 보면 용서해줄 부분이나 재미있는 요소도 제법 있다. 예를 들어 앞서 언급한 KFC의 치킨 품절 사태를 사람들은 웃어넘긴다. KFC는 치킨 판매가 그야말로 거의 유일한 업무인데도 말이다. 하지만 운영상의 실패에도 한계는 있다. 사생활이나 안전에 영향을 미칠 수도 있다는 생각이 들면 사람들은 냉정해진다. 따라서 운영상의 실패에 대한 사과는 실패 그 자체가 아니라 그로 인한 결과에 따라 달라진다. 약사가 고객에게 약을 잘못 주면(업계에서 '조제 실수' 또는 '선택 실수'라고 지칭하는 행위) 그 결과는 구강청정제를 잘못 줬을 때보다 훨씬 더 심각하다. 같은 운영상의 실패라도 소비자에게 미치는 영향이 매우 다른 것이다. 구강청정제는 사소한 불편을 일으키지만, 조제 실수는 의료사고로 이어질 수 있는 심각한 운영상의 실패이므로 완전히 다르게 대응해야 한다.

다른 업계에 비해 중대한 운영상의 실패를 저지르기가 훨씬 쉬운 업계도 있다. 항공업계가 아주 좋은 예다. 항공업계에는 '작은 문제'라고 할 만한 것이 없다. 항공사 고객은 항공기의 특성상 부득이하게 불안감이 고조돼 있다. 그래서 사소한 차질이나 실수나 결례(중요하지 않은 운영상의 실패를 언론에서 에둘러 표현한 단어들)도 매우 민감하게 반응하게 된다. 수화물 관리자의 사소한 '선택 실수'로도 많은 불편이 따르는데, 조종사의 실수는 그야말로 톱뉴스가 될 테니 말이다. 바로 이러한 특성 탓에 항공사들은 사과를 밥 먹듯이 하는 듯하다. 2014년 소셜미디어 분석 업체 언메트릭Unmetric 의 연구에 따르면, 글로벌 항공사 중 15개가 3개월 남짓한 기간 동안 소셜미디어에 올린 사과문은 5만 2,239건이었다고 한다.[1]

구매 습관이 사과에 미치는 영향

–

조직의 사과 태도와 횟수에 가장 크게 영향을 미치는 요소는 무엇일까? 놀랍게도 사과를 유발한 행동과는 별 관계가 없다. 그보다 해당 조직을 애용하는 소비자, 그리고 그들이 소비활동을 벌이는 시장 조건과 훨씬 더 큰 관계가 있다. 이미지가 좋은 패션 브랜드와 카페 체인점은 이미지가 나쁜 은행과 보험회사보다 사과할 일이 더 많다. 왜 그럴까? 이는 시장 마찰market friction과 관련이 있다.

시장 마찰은 소비자가 한 브랜드에서 경쟁 브랜드로 이동하기 쉬운 정도를 알려주는 개념이다. 즉, 마찰이 강한 시장에서는 이동이 어렵고 마찰이 약한 시장에서는 이동이 쉽다. (브랜드를 바꿔서 생길 정신적 만족보다 브랜드를 바꾸는 번거로움이 더 크다고 생각되는) 교회, 은행, 휴대전화 판매업체, 프로축구 클럽 등은 모두 자신이 속한 시장에서 벌어지는 치열한 마찰을 통해 이익을 얻는다. 이렇게 마찰이 강한 시장의 제품과 서비스를 애용하는 소비자가 자신의 선택을 바꾸기는 매우 어렵고 불편하다. 이 분야에 속한 조직들은 이를 잘 알고 있기 때문에 비난을 받아도 덜 불안해한다. 고객이 줄어들 가능성이 별로 없기 때문이다. 따라서 이들은 되도록 사과하지 않는다.

교황이 여러 가지 문제들에 대해 일일이 사과하지 않았다고 해서 가톨릭 신도들이 불교로 개종할지도 모른다는 걱정을 할 필요는 없다. 또한 은행은 긴급구제 자금을 지나치게 많이 풀거나 무기 회사에 대규모 투자를 하더라도 사람들이 주거래 은행을 쉽게 바꾸지 않을 것을 알고 있다. 그 과정은 매우 골치가 아프기 때문이다.² 세계 금융위기 이후에도 당좌예금 고객의 약 6퍼센트만 거래 은행을 바꿨다고 한다.³ 은행을 바꾸는 것이 이혼할 가능성보다 낮은 것이다.

마찰이 약한 시장은 이와 반대로 작동한다. 이 시장에 속한 조직들은 진중하게 행동할 필요가 있다. 이들의 성공은 소비자의 인식에 달려 있다. 그들은 마찰이 강한 시장에 속한 조직보다 고객 변동의 위험이 더 높기 때문에 고객 유지를 위해 적극적으로 나서야 한다. 패션, 패스트푸드, 커피 전문점, 화장품 등 마찰이 약하고 브랜드 교체가 비교적 쉬운 업종은 사소한 잘못이 치욕적인 사과로 이어지기도 한다. 스타벅스 직원이 불친절해서 사과를 요구했는데 사과하지 않고 버티거나 나가줬으면 하고 은근히 눈치를 준다면 북미 사람들은 던킨도너츠로 가면 되고 영국 사람들은 코스타 커피를 이용하면 된다. 피자헛 때문에 기분 상하는 일이 있었다면 바로 도미노피자에 주문한 다음, 피자헛의 사과 트윗 글을 기다리면 된다.

마찰이 약한 산업에 속한 조직은 고객이 경쟁업체로 옮겨가는 일이 얼마나 쉬운지 알기 때문에, 사과를 요청받으면 기를 쓰고 사과한다. 반면에 마찰이 강한 산업에 속한 조직은 사과하지만, 구체적인 보상에 대해서는 다소 머뭇거리는 경향이 있다. 은행은 기술적인 문제에 대해 하루 종일 사과하라면 하지만, 명백한 실패에 대한 보상 문제에서만큼은 소극적인 태도를 보인다. 이들은 마찰이 약한 산업에 속한 조직들이 늘상 사과하는 문화, 가치, 사명 등에 대해서는 입도 벙긋하지 않을 것이다.

시장 마찰이 우버의 양심에 미치는 영향

–

2017년 7월 우버는 '엑스라이더스ex-riders'라는 동호회에 사과 메일을 보냈다.[4] 이 동호회 사람들은 승차 공유 앱의 사용량이 심각하게 줄어들기 이전 우버의 우수 고객들이었다. 이메일에서 우버는 '몇 가지 곤란한 진실'을 접했으며, '부족한 점'에 대해 가볍게 양해를 구했다. 사과 메일의 내용은 다음과 같았다. "저희는 기사분들에게 충분히 보상하고, 서로 다투기보다 배려하는 현장 분위기를 조성하기 위해 문화적 가치를 재정비하고 있습니다." 당시 우버는 성희롱 사건과 성차별 문제로 전 세계의 이목을 끌며 곤란을 겪고 있었다.[5,6]

우버의 문화적 실패는 우버가 진출한 70개국 모두에 적용되는 문제였음에도 사과 이메일을 뉴욕 주에 사는 고객에게만 보냈다. 세계 곳곳에서 운행되고 있는 우버가 미국의 뉴욕 주에 사는 사용자에게만 집중해서 사과한 이유는 뉴욕에 경쟁사인 리프트Lyft가 있기 때문이다. 우버는 70개국 중 미국을 제외한 69개국에서 승차 공유 사업을 거의 독점했다. 영국에서 우버 불매운동을 벌이면 더 이상 승차 공유 서비스를 받을 수 없게 되고, 대안은 블랙캡(영국의 전통적인 택시 – 옮긴이)이나 개인택시밖에 없다. 그러나 미국은 상황이 달랐다. 우버는 JFK 공항에서 택시 시위가 벌어지는 와중에 이용 요금을 인하하는 정책으로 뉴욕의 수많은 고객을 실망시킨 전력이 있었다. 또한 뉴욕에는 리프트라는 대안이 있어 우버 입장에서 시장 마찰이 약한 곳이었다. 그래서 우버는 뉴욕의 고객들에게만 사과한 것이다.

그러나 고객이 우버를 떠나는 흐름을 막을 수는 없었다. 우버의 성희롱 문제를 고발한 내부고발자 수잔 파울러에 따르면, 우버는 오만한 태도로 일관했기 때문에 고객들에게 용서받지 못했다고 한다. 우버의 CEO 트래비스 캘러닉Travis Kalanick은 사과 이메일을 보낸 후 며칠 만에 사임했다.[7]

우버의 선택적 사과는 중요한 논점을 제시한다. 사과는 무엇보다도 시간이 걸리고, 굴욕적이며, 스트레스가 많은 일이다. 조직은 갖가지 품격과 성실성을 담아 사과를 표명하지만, 효과적인 사과에는 사과의 방법과 시점을 결정하는 조직 자체의 양심은 물론이고 무수히 많은 요인이 들어 있다. 한 조직이 비난에 직면할 때 스스로에게 두 가지 질문을 던져야 한다. '우리는 얼마나 심하게 시장 질서를 어지럽혔는가?'와 '이에 대해 사람들은 무엇을 할 수 있는가?'라는 질문이다. 만약 그에 대한 대답이 '대단히 심하게'와 '우리를 당장 내친다'라면, 사람들이 그 조직의 사과를 유심히 지켜볼 가능성이 크다.

CHAPTER 4

그 사과는
왜 외면당했나

대중이 사과에 고개 돌리는 이유

친애하는 제트블루항공 고객 여러분, 죄송하고 당혹스럽습니다.
하지만 우리는 무엇보다도 깊이 반성하고 있습니다.

– 2007년 2월 제트블루항공의 설립자이자 CEO 데이비드 닐먼

데이비드 닐먼David Neeleman은 허브 켈러허Herb Kelleher가 자신을 해고하자 좌절했다.[1] 사우스웨스트항공의 설립자인 허브 켈러허가 1992년 닐먼이 설립한 소규모 전세 항공사 모리스항공을 사들인 지 꼭 다섯 달 만이었다. 켈러허는 닐먼의 우상이었다. 1993년 닐먼은 켈러허와 함께 일할 기회를 얻기 위해 모리스항공을 사우스웨스트항공에 팔았다고 털어놓을 정도였다.

지금은 상상하기 힘들지만 한때는 비행기를 타는 것이 극소수만 누릴 수 있는 사치였다. 오늘날에는 저가 항공사를 이용하면 비교

적 저렴한 비용으로 전 세계를 여행할 수 있다. 이는 인류의 진보가 가져온 성과이며, 저가 항공사의 원조 격인 사우스웨스트항공이 상당히 많은 기여를 했다고 볼 수 있다. 미국 텍사스 주에 본사를 둔 사우스웨스트항공은 1970년대 초 15달러 이하의 항공료로 텍사스 주 달라스의 러브필드 공항에서 서비스를 시작해 노프릴no-frills(꼭 필요한 요소만 있다는 뜻-옮긴이) 저가 항공 여행이라는 개념을 처음으로 도입했다.[2]

《뉴욕타임스》 기사에 따르면, 허브 켈러허는 '잘 놀고, 줄담배를 피우고, 과음하는' 유형의 CEO였다.[3] 고개를 절레절레할 만큼 편협한 방식으로 항공사를 경영하는 사람이기도 했다. 그는《기운 내라. 받아들여라. 그리고 망쳤을 땐 돌아오라: 전략 회의실에서 배우는 12가지 승리의 비법》이라는 책에서 사우스웨스트의 신조를 다음과 같이 간단히 설명했다.

나는 여러분에게 이 항공사를 경영하는 비법을 30초 만에 알려줄 수 있습니다. 그것은 바로 우리가 다름 아닌 저가 항공사라는 사실입니다. 당신이 이 점을 이해한다면, 내가 했던 것처럼 이 회사의 미래에 대해 무엇이든지 결정할 수 있을 것입니다.[4]

사우스웨스트는 예전에도 그랬지만 지금도 최저가를 지향하고 있다. 최고의 항공사, 가장 빠른 항공사, 고객을 가장 행복하게 하는 항공사가 되기보다는 항공료가 가장 낮은 항공사이기를 바란다는 것이다. 그들이 내리는 모든 결정은 이를 실현하는 데 맞춰져 있다. 사우스웨스트가 툭하면 사과하는 이유도 바로 이 때문인지 모른다. 소셜미디어 분석 업체 언메트릭이 온라인 거래 관련 잡지《디지데이》에 발표한 조사 결과에 따르면, 사우스웨스트 트윗 글의 64퍼센트는 고객 사과와 관련돼 있다.[5] 또한 사우스웨스트는 전체 소셜미디어 게시물 중 사과가 차지하는 비율이 항공업계에서 가장 높다. 사과 횟수로 치면 델타항공, 버진항공, 아메리칸항공, 유나이티드항공 등이 사우스웨스트항공보다 더 많지만 이들 항공사는 소셜미디어를 사과문 게재 이외의 다양한 용도로 활용하기 때문에 비율 면에서 아무도 사우스웨스트를 이기지 못한다.

그렇다면 이렇게 사과를 많이 하는 사우스웨스트가 미국의 시장조사 업체인 제이디파워^{JD Power} 고객만족도조사에서 꾸준히 상위권을 차지한다는 사실이 이상하지 않은가? 사우스웨스트의 사과는 고객 서비스 기능과 더불어 항공사 경영에 관한 운영상의 마찰에서 윤활유 역할을 한다. 그들은 툭하면 사과하지만, 실은 미안해하지 않는다. 그저 고객 서비스를 할 뿐이다. 사우스웨스트의 항공료는 여전히 저렴하며, 그들에겐 그것만이 중요하다.

사우스웨스트와 최고의 저가 항공사 자리를 놓고 다투는 최대 경쟁사 중 하나로 제트블루를 꼽을 수 있다. 사우스웨스트에서 해고된 모리스항공의 데이비드 닐먼이 1998년에 설립한 항공사다. 닐먼의 항공사 경영 원칙은 켈러허와는 조금 달랐다. '우리가 최저가 항공사'라는 신조를 고수하는 사우스웨스트와 달리 제트블루는 항공

여행에 인간애를 되찾아준다는 행동 규범을 기반으로 설립됐다. 즉 고객 서비스를 중시하는 항공사다. 제트블루와 사우스웨스트는 제이디파워 고객만족도조사에서 저가 항공사 정상 자리를 놓고 경쟁하고 있지만, 이들의 특성은 극단적으로 대비된다. 두 항공사 모두 이용객들에게 인기 있다는 점은 같으나 그 이유는 전혀 다르다.

제트블루는 언메트릭의 가장 자주 사과하는 항공사 목록에 등장하지 않지만, 가장 완벽한 기업 사과의 모형을 제공한 바 있다. 올바르게 사과하는 방법은 따로 있다. 또한 사과를 많이 하는 것과 잘하는 것은 같지 않다. 앞서 조직이 고객에게 사과하는 방법을 다양하게 살펴봤듯이 이제부터는 각 기업의 서로 다른 원칙에 따라 분야별로 위기 커뮤니케이션이 어떻게 달라지는지 살펴보려 한다. 제트블루와 사우스웨스트는 같은 저가 항공사지만 고객 불만에 접근하는 방법이 매우 다르다는 점을 우선 알아둬야 한다.

발렌타인 데이의 위기

–

2007년 2월 14일, 북미의 대서양 연안에는 진눈깨비가 몰아치고 있었다. 이날 제트블루에 어마어마한 운영상의 실패가 발생했다. 기상악화로 닷새 동안 천 편 이상의 항공기 운항이 취소되면서 13만 명이 넘는 고객의 발이 묶인 것이다. 제트블루는 대규모 결항에 대한 대비책을 마련하지 못했고, 고객과 적절히 소통하는 데도 실패했다.

제트블루의 세 가지 설립 기조 중 하나는 '고객에게 정직하라'였다.[6] 고객 서비스 중심의 항공사라는 제트블루의 주장이 사실이라면 그 것을 보여줘야 할 순간이었다. 그리고 이어진 제트블루의 행보는 현 대 기업 사과의 모범이 됐다.

제트블루의 사과는 세 단계에 걸쳐 파장을 일으켰다. 첫 번째 파장은 제트블루 홈페이지와 언론에 공개된 CEO 데이비드 닐먼의 편지에서 비롯됐다. 아직까지도 제트블루항공 홈페이지에 공개돼 있 는 그 편지는 이렇게 시작한다. "친애하는 제트블루항공 고객 여러 분, 죄송하고 당혹스럽습니다. 하지만 우리는 무엇보다도 깊이 반성 하고 있습니다." 고객의 불만에 온전히 대응하는 데 있어 이보다 더 적절한 표현을 고르기는 어려웠을 것이다. 이 편지에서 데이비드 닐 먼이 보여준 위기관리의 특징은 정직과 겸손이었다.

편지를 읽은 사람 중에는 기업 사과에 빠지지 않는 대표적인 몇 몇 상투어, 가령 '도전적인 환경'이나 '통제할 수 없는 요인', 또는 '실 수'라는 단어로 횡설수설 변명하리라고 예상한 사람도 있었을지 모 른다. 하지만 닐먼의 편지에 그러한 표현은 전혀 없었다. 닐먼은 상 황을 얼버무리지 않고 정확하게 언급했다. "저희는 여러분에게 지연, 운항 취소, 수화물 분실 등을 포함한 기타 용납하기 힘든 심각한 불 편을 겪게 해드렸습니다." 그가 이 문장에서 주어를 고객으로 바꿔 제트블루와 문제 상황을 분리했다면 전혀 다른 표현이 됐을 것이다. "여러분은 지연과 운항 취소 등 용납하기 힘든 심각한 불편을 겪으 셨고 (……)"라는 식으로 말이다. 그러나 닐먼은 제트블루의 책임을 축소할 뜻이 없었다.

그는 진실되고 인간적이었으며 비굴하지 않았다. 편지는 364개의 단어로 이루어졌지만 '죄송하다'라는 단어는 단 세 번만 사용됐다. 그리고 세 번이면 충분했다. '여러분'이라는 단어는 11번 사용했고 '저'는 한 번 사용했다. 이들 단어가 전체 단어에서 차지하는 비율은 매우 중요하며, 메시지의 균형에 관해 많은 것을 말해준다. 대부분의 사과문은 아전인수격으로 왜곡되기 일쑤며, 사과문을 발표하는 사람은 체면을 세우고 법적책임을 모면하려는 데 정신이 팔려 있다.

세계 최초의 소셜미디어 공개 사과

–

닐먼은 편지의 마지막 부분에서 동영상 한 편을 언급했고, 바로 이 동영상 덕분에 제트블루의 위기 대응 방식은 단지 무난하거나 괜찮은 사과라는 평가 이상의 찬사를 받을 수 있었다. 제트블루는 소셜미디어라는 미지의 세계를 향한 첫걸음을 내딛은 것이다. 제트블루가 유튜브에 동영상을 올린 때는 유튜브가 출범한 지 막 2년이 지났고 트위터가 1주년 이벤트를 치른 직후였다. 그때만 해도 기업 대다수는 위기관리(또는 위기 조장)에 소셜미디어가 큰 역할을 하리라고는 생각하지 못했다. 데이비드 닐먼조차도 유튜브에 올린 '고객을 향한 우리의 약속Our Promise To You'이라는 이름의 동영상이 위기 커뮤니케이션의 새로운 기준이 되리라고는 예상하지 못했을 것이다. 오늘날에는 '죄를 깊이 뉘우치는 CEO가 고객에게 연설하는' 제트블루식의 동영상이 흔한 사과의 전형이 됐다. 그러나 당시만 해도 생긴 지 갓 2년 된 동영상 플랫폼에 한 기업의 CEO가 조직의 명성을 맡기는 일은 전혀 없었다. 그때의 유튜브는 장난기 많고 이제 막 부모에게 반항하기 시작한 10대들이 동영상을 공유하기 위해 활용하던 플랫폼이었을 뿐이었다.[7]

제트블루가 3분짜리 동영상을 올린 시점은 운영상의 실패가 발생한 지 닷새가 지난 후였다. 요즘의 기준으로는 너무 오래 걸렸지만, 2007년 당시에는 매우 신속한 대응으로 여겨졌으며 반응 또한 놀랄 만큼 긍정적이었다. 제트블루의 기획 담당 부사장인 마티 세인트 조지는 다음과 같이 말했다.

"제트블루가 정말 우리를 실망시켰던 그 항공사인지 믿을 수 없어요"라는 반응도 있었고, "나는 여전히 제트블루를 사랑해요. 다 괜찮아요"라는 반응도 있었습니다.[8]

동영상에는 그야말로 진심이 가득 담겨 있었다. '진정성'이라는 허울 아래 인위적인 감동을 꾸며내는 오늘날의 기업 커뮤니케이션과는 완전히 달랐다. 감성을 자극하는 배경음악도 없었고, 화려한 편집도 없었으며, 극적 효과를 위해 연출된 세트장이나 슬로모션으로 말하는 장면도 없었다. 제작상의 연출이라고는 배경에 걸려 있는 제트블루 로고와 아주 기본적인 자막 몇 개가 고작이었다.

닐먼은 카메라 쪽으로 바짝 붙어 앉아 가끔 더듬거리기도 하면서 고객들에게 사과문을 전했다. 동영상의 중간쯤에서 그는 앞으로 제트블루의 운영 개선 의지를 담아 임직원의 가슴에 달겠다면서 작은 배지를 집어 들고는 카메라에 대고 어색하게 흔들었다. 사실 동영상을 보는 사람들에게는 배지가 잘 보이지도 않았으나 그들은 그 배지에서 진심을 느꼈다. 닐먼은 작은 배지를 잠깐 보여주기만 했을 뿐인데 생각했던 것 이상의 효과를 얻었다. 남들은 수백만 달러를 들여야 얻을 수 있는 브랜드 가치 상승을 이뤄낸 셈이었다.

미숙한 표현은 중요하지 않았다. 제트블루의 대응 과정 전체를 살펴볼 때 한 가지 주목할 만한 점은 제트블루가 위기관리 전문가의 도움을 받지 않았다는 점이다. 닐먼은 자기가 세운 회사인 만큼 본인 힘으로 이 상황을 바로잡기로 결심했다고 했다. 2007년 위기관리 전문가 조너선 베른슈타인Jonathan Bernstein은 《포브스》와의 인터뷰에서 다음과 같이 말했다. "만약 그가 나에게 조언을 요청했더라도 그보다 더 잘할 수 없었을 겁니다."[9] 닐먼이 보여준 인간적인 모습 덕분에 이 동영상은 기업 사과의 교과서로 자리 잡았다.

그는 "죄송합니다"라는 말로 동영상을 시작했다. 그러고는 무슨 일이 벌어졌고, 제트블루가 어떻게 이 문제를 바로잡을지 전문적이지 않은 평범한 단어로 설명했다. 그의 사과에는 애매하거나 얼버무리는 부분이 없었고, 고객들은 이를 높이 평가했다. 《애드위크》는 제트블루가 '투명성 게임에서 완벽하게 성공했다'라고 언급했다.[10] 또한 제트블루가 무슨 내용을 어떻게 말해야 하는지를 알고 있었을 뿐만 아니라 '입을 다물어야 할 시기도 알고 있었다'고 강조했다. 이는 웬만한 기업도 하지 못하는 일이다.

구체적인 후속 조치의 중요성

–

제트블루의 위기 대응 중 '고객 권리장전'이 결정적인 역할을 했다. 닐먼은 유튜브 사과 동영상에서 앞으로 벌어질지 모를 지연 및 운항취소 사태에 대비해서 제트블루의 책무를 명문화한 권리장전을 준비하고 있다고 말했다. 갈등관리 전문가인 로이 르위키에 따르면, 구체적인 후속 조치를 제시하는 일은 실질적이고 신뢰받는 사과의 여섯 가지 핵심 요소 중 하나로 매우 중요한 과정이다. 용서는 후속 조치를 내세운 다음에 구해야 한다.

제트블루는 피해 고객들의 요구를 보상하는 데서 사과를 끝내지 않고, 그 위기를 활용하여 그 이후에도 모든 고객에게 적용 가능한 보상 원칙을 새롭게 마련했다. 제트블루는 당시 피해를 입은 고객뿐만 아니라 이 사태가 어떻게 해결될 것인지 지켜보고 있는 수많은 사람들까지도 고려한 조치를 마련한 것이다. 제트블루의 새로운 '고객 권리장전'에는 지연 시간에 따라 달리 적용되는 세세한 보상 규모와 같이 문제 발생 시 고객이 기대하는 바가 정확히 반영돼 있다. 제트블루는 권리장전을 도입함으로써 문제 발생을 예측해서 명문화하는 흔치 않은 조치를 취했다. 이는 문제 발생 시 사후 조치에 대한 일종의 보증이자 고객의 기대에 대한 조건 없는 배려였으며, 고객 존중 원칙을 중시했기에 가능한 일이었다.

반응에 대한 반응
–

발렌타인 데이 사태가 일어나고 일주일이 지난 후《포브스》는 제트블루의 대응이 '사후 조치의 교과서'였다고 말했으며, 위기관리 전문가 짐 루카츄스키Jim Lukaszewski는 닐먼이 "이와 유사한 사태를 처리하는 기준을 세웠다"라고 말했다. 데이비드 닐먼과 제트블루는 기업 공개 사과의 모형을 제공함으로써 커뮤니케이션 산업에 값진 교훈을 남겼다. 커뮤니케이션 전문가들은 가장 완벽하면서도 간단한 성공의 공식을 선물받은 셈이다. 현재 위기에 처한 조직들은 제트블루의 대응을 참고해 조금만 수정하면, 안전하고 확실한 위기 극복 계획을 세울 수 있을 것이다.

제트블루의 마티 세인트 조지 부사장은《애드위크》와의 인터뷰에서 제트블루가 소셜미디어를 활용한 것은 자신에게도 많은 영향을 줬다고 털어놓았다. 암벽등반을 할 때 크랙crack에 의지해 올라가듯이 소셜미디어가 그러한 역할을 한다고 말했다. "소셜미디어는 크랙과 같아요. 그동안은 시장조사에 많은 돈과 시간을 써가며 힘들게 결과를 얻었다면, 지금은 소셜미디어를 통해 손쉽게 같은 결과를 얻을 수 있어요. 이것이 바로 소셜미디어의 힘이죠."[11]

하지만 그것이 도리어 문제를 일으키기도 한다. 소셜미디어 중독 현상은 제트블루 같은 항공사를 포함한 수많은 기업의 잇따른 위기관리 실패의 특징이자 원인이기도 하다. 제트블루가 위기관리의 기준을 세운 시점은 트위터가 생겨난 지 얼마 되지 않은 초창기로, 소비자와 기업의 관계에 새로운 규범이 아직 수립되지 않았을 때였다. 디지털 기반은 있었지만, 기업들은 아직 소셜미디어가 요구하는 실시간 위기관리 능력을 갖추지 못하고 있었다. 게다가 소비자들 또한 자신들이 소셜미디어를 통해 어마어마한 힘을 휘두르게 되리라고는 전혀 예상하지 못했다.

CHAPTER 5

모두가 미안해하면
아무도 미안해하지 않는다

경솔하고 전형적인 사과에 지친 사람들

고객님께서 자녀분이 신을 신발의 종류가 다양하지 않아
선택에 제한을 받았다고 느끼신 부분에 대해 깊은 사과의 말씀을 드립니다.

– 2017년 8월 클라크 슈즈

사과 충동에 관심이 있는 사람이라면 2018년 1월 4일과 20일을 주목할 필요가 있다. 2018년 1월 한 달간 미디어에서 유명 인사나 조직의 사과 발표가 보도되지 않은 날은 그 이틀뿐이었다. 그날들을 제외한 2018년 1월의 나머지 날에는 하루에 1.2개꼴로 중대한 사과 발표가 있었다.

2018년 첫 주에는 유명 유튜버인 로건 폴Logan Paul이 불쾌한 동영상을 올렸다가 사과했고, 영국의 버진 트레인과 노섬브리아 경찰 당국이 경솔한 트윗 글에 대해 사과했다. 사과의 흐름은 점점 더 빨라졌다. 프로축구 팀 감독 필 네빌과 대런 퍼거슨은 각각 여성과 심판에 대해 위험한 발언을 한 것에 대해 사과했고, 유튜브는 로건 폴이 올린 동영상에 대해 사과했으며, 가수 릴리 앨런은 가짜 뉴스를 퍼뜨린 것에 대해 사과했다. 또한 소매업체 ASDA는 한 고객의 쇼핑 카트를 위층으로 올려주지 않은 것에 대해 사과했다(같은 해 9월 ASDA는 같은 문제로 다시 한 번 사과했다). 뿐만 아니라 세 명의 영국 하원의원(그중 두 사람은 서로에게 사과했다), 한 명의 축구선수, 델타항공, 메리어트 호텔, 하이웨이 잉글랜드(영국의 도로관리 기관), 도널드 트럼프, 프란치스코 교황이 모두 2018년 1월에 공개 사과를 했다.

모두가 사과하고 있었다. 영국 최대 소매업체 테스코Tesco의 예를 살펴보자. 2017년 테스코의 공식 대변인은 소셜미디어나 언론을 통해 공개 사과를 13번이나 했다. 평균 4주에 한 번꼴이다. 대부분은 제품 리콜이나 결제 오류와 관련된 전형적인 내용이었다. 테스코는 매장 내 진열대에 내걸린 홍보 문안의 문법적 오류뿐만 아니라 부활절 맥주 광고로 기독교인의 기분을 상하게 한 점 같은 사소한 잘못에 대해서도 공식적으로 용서를 구했다.

2017년 중 상당한 시간을 사과하느라 보낸 테스코가 운영이나 서비스 면에서 심각한 실패를 겪었을 것이라고 사람들은 짐작했을지도 모른다. 게다가 5년 전과 비교하면 사과 횟수는 여섯 배로 늘어났다. 과연 테스코가 여섯 배나 운영상의 실패를 겪은 것일까? 그렇지 않을 것이다. 2012년에는 공개 사과가 단 두 번뿐이었는데, 하나는 가격 책정 오류에 대한 사과였고 다른 하나는 번역상 실수에 대한 사과(파스타 홍보를 위해 사용한 이탈리아 단어가 성적인 의미를 내포하고 있었다)였다. 하지만 2017년 1월부터 7월까지의 사과 횟수는 2012년과 2013년을 합친 것보다 더 많았다. 가히 사과의 위업을 달성한 해라고 할 수 있다. 하지만 주목할 것은 사과 횟수만이 아니었다. 2017년에 테스코는 아주 사소한 문제에도 그 어느 때보다 더 낮게 머리를 조아렸다.

2012년에서 2018년까지의 사과 횟수 추이를 그려보면 2016년 어떤 시점부터 테스코의 사과 횟수가 급증했다는 점을 알 수 있다. 하지만 테스코의 제품과 서비스가 2012년과 2013년에 비해 2017년과 2018년에 더 나빠진 것은 아니었다. 또한 매장을 방문하는 고객들도 여전히 많았다. 오히려 말고기 사건과 20억 파운드의 주식총액이 날아간 회계 참사 등 대형 스캔들이 강타한 2012년과 2013년 이후, 테스코에 대한 소비자 인식은 상당히 개선됐다. 2016년 테스코는 브랜드 신뢰도가 4년째 상승하고 있다고 발표했다. 테스코는 영국 최대의 소매업체이자 급속도로 성장하는 기업이었다.

하지만 기업의 성장과는 달리 테스코의 사과는 이전보다 더 잦았을 뿐 아니라 여러 사안에 대해 '대단히' 죄송하다고 말하는 등 더 강렬하기까지 했다. 물론 어떤 경우에는 '대단히'가 적절한 표현이었다. 2017년 12월 고객에게 잘못된 약을 판매했고, 그 고객은 결국 병원에서 사망했다. 이런 경우 '대단히'라는 표현이 과하지 않다. 그러나 어떤 경우에는 불필요할 정도로 과한 표현이다. 일부 의류 상품에 표기를 실수('블랙 팬서'를 '다크 팬서'로 잘못 붙여 소셜미디어에서 화제가 됐다)했다고 해서 '대단히 죄송합니다'라고 고개를 숙이면 사람들은 진심 어린 사과라고 받아들이기보다는 거짓 사과라고 생각할 수 있다. 그들은 사소한 일에도 극단적으로 사과했기 때문에 그 이상 공손하게 사과할 수 없는 막다른 길에 몰렸다. 만약 지금 말고기 사건 같은 대형 사고가 터진다면 이미 극단적인 유감의 표현을 남발한 테스코는 고객이 기대하는 수준으로 사과하기 매우 힘들 것이다.

공개적인 사과가 먹히지 않는다는 것은 사과의 약발이 떨어졌다는 조짐이다. 모두가 미안하면 도대체 진짜 미안한 사람은 누구라는 것인가? 사회인류학자 케이트 폭스Kate Fox는 과잉 사과 경향을 언급하면서 그에 따른 위험을 강조했다. "사과한다는 말을 지나치게 많이, 부적절하게 사용하고, 어떤 경우에는 완전히 잘못 사용하는 탓에 이 말의 가치가 떨어지고 있습니다."[1] 너무 잦은 사과는 혼란을 가져올 뿐만 아니라 오해를 부르기도 한다. 또한 오늘날에는 전 세계에서 엄청난 규모로 사과가 요구되고, 제시되고, 증폭돼 제 역할을 다하지 못한다. 결국 사과는 무의미해진 사과를 대중은 한 귀로 듣고 흘려버리게 된다.

세상이 정말로 너무 많이 사과하고 있을까?

–

그렇다. 세상이 지금처럼 많이 사과한 적은 분명히 없었다. 800만 권이 넘는 책을 빅데이터화한 구글 엔그램뷰어NGram Viewer에 '미안하다

sorry'라는 단어를 검색해보면, 2000년 전후로 그 사용량이 큰 폭으로 늘었다.[2] 구글이 보유한 데이터의 마지막 해인 2008년 '미안하다'라는 단어의 사용 빈도는 1629년 이후 가장 많았다.

빈도수로 봤을 때 '미안하다'의 사용량은 17세기 중반부터 꾸준히 상승하다가 20세기 초에 급격히 하락했다. 그러더니 영국과 미국이 사상 유례없는 번영과 높은 고용률을 구가했던 1953년에 접어들자 이 단어의 사용량은 18세기 중반 이후 가장 낮은 수준으로 곤두박질했다. 영국의 사회시장기금과 세계 경제 비교우위센터CAGE의 2017년 연구에 따르면 사람들이 부지런하고 부유했으며 비교적 행복했던 1950년대에는 '미안하다'의 사용 빈도가 줄었다고 한다.[3]

1960년대와 1970년대 초반까지 그 빈도는 크게 증가하지 않았다. 이후 1980년대와 1990년대를 거치며 (사람들이 많은 시간을 보내는) 인터넷에서 그 가치가 급등하기 전까지 사용 빈도는 조금씩 높아졌다. 그리고 마침내 트위터가 출범하면서 '미안하다(죄송하다)'라는 말의 사용량이 지난 400년 동안보다 훨씬 더 높아지는 경향을 보이면서 그 위상은 되살아났다.

이것은 테스코가 사과를 남발하게 된 배경과도 관련이 있다. 2017년 테스코가 거듭 사과한 것은 조직 내부의 문제를 새롭게 알게 됐거나 큰 잘못을 저질러서가 아니었다. 다만 사과를 요구하는 새로운 고객 참여 형태에 테스코가 동참한 것뿐이었다. 2016년 테스코의 CEO 데이브 루이스Dave Lewis는 다른 기업들처럼 테스코도 평판을 지키기 위해 미디어의 중심을 소셜미디어로 옮겨갔다고 털어놓았다.

저희는 18개월 전에 투자와 고객 대응 전략의 방향을 바꾸기로 결정했습니다. 그래서 전통적인 미디어에서 한층 개인화된 소셜미디어로 소통의 장을 옮겼으며, 고객 여러분께서는 이 변화를 지켜보셨습니다.[4]

소셜미디어는 테스코에 고객과 관계를 맺을 수 있는 플랫폼을 제공했다. 한 연구에 따르면 (트위터 측에서 수행한 연구라서 곧이곧대로 믿을 수는 없지만) 고객의 불만에 소셜미디어로 대응하는 기업은 대체로 이미지가 좋아지며 매출도 늘어난다고 한다.[5] 하지만 테스코의 사례처럼 어떤 조직이든 소셜미디어에 발을 담그면 사과에도 연루될 수밖에 없다.

사과는 멀리, 널리

–

사과하는 횟수도 증가했지만, 사과가 영향을 미치는 범위 또한 확대하고 있다. 구글의 검색 데이터를 통해 알 수 있듯이 사과를 보도하려는 미디어의 욕구는 이전보다 강해졌다. 현재는 어디서나 볼 수 있는 '소매업체가 사과하다'라는 문장이 들어 있는 웹페이지는 얼마 전까지만 해도 잘 볼 수 없었다. 2000년에서 2008년까지는 해당 문장을 포함하는 웹페이지를 검색 엔진에서 단 두 개만 찾을 수 있었다. 월마트가 나치 두개골 그림이 새겨진 티셔츠를 판매한 것에 대해 사과한 내용과 미국 위스콘신 주에 위치한 소매업체 랜즈엔드가 안내

책자에 일부 고객을 당황하게 만든 인터뷰를 실은 것에 대해 사과한 내용이다. 이는 다른 소매업체가 그 기간 중에는 잘못을 저지르지 않았다거나 잘못을 저질렀음에도 사과를 하지 않았다는 말이 아니라 '소매업체가 사과하다'라는 문장 자체가 미디어에서 거의 사용되지 않았다는 뜻이다. 게다가 설령 어떤 소매업체가 사과했다고 해도, 미디어가 이를 보도하는 데 관심이 없었다는 뜻이기도 하다.

2009년에 들어서면서 상황이 크게 달라졌다. '소매업체가 사과하다'라는 구절이 들어 있는 기사가 온라인상에 수백 개 이상 생겨나기 시작했다. M&S, 앤 섬머스, 프라이마크, 파운드랜드 등 다양한 소매업체가 사과한 내용이 뉴스에 실리게 된 것이다. 그때부터 그 문구는 매우 흔해졌다. 2018년 8월에는 구글에서 그 문장이 들어 있는 페이지를 7천 개 이상 검색할 수 있었고, '소매업체가 사과를 표명하다'나 '소매업체가 죄송하다고 말하다'처럼 형식은 다르지만 의미는 같은 구절이 들어 있는 페이지는 약 3,400만 개였다.

이와 같은 추세는 둘 중 하나 때문이라고 추측할 수 있다. 소매업체가 갑자기 사과 횟수를 늘렸거나 소매업체의 사과 횟수는 비슷한데 온라인 미디어가 이전보다 더 많이 보도했을 거로 말이다. 진실은 그 중간 어디쯤 있다. 바이럴 뉴스viral news의 등장으로 이 두 가지 요인이 급속도로 결합하고 있는 것이다. 바이럴 뉴스란《허핑턴 포스트》나《버즈 피드》와 같은 소셜미디어가 중심이 되어 제공하는 추세에 편승한 뉴스 콘텐츠를 말한다. 그렇다면 온라인 보도의 새로운 추세가 어떻게 사과를 강요하는지 알아보자.

분노 자본주의와 사과의 가치 폭락

–

사과가 쏟아져 나온 이유를 설명하기 위해서는 바이럴 뉴스 편집자들의 수익 구조를 이해할 필요가 있다. 바이럴 뉴스의 수익 구조는 빠르고 간편하다. 바이럴 뉴스 웹사이트에 가입하면서 돈을 낼 사람은 거의 없을 것이기 때문에 바이럴 사이트는 대개 광고 노출로 수익을 창출한다. 또한 온라인 저널리스트가 받는 보상은 기사를 조회하고 읽은 횟수와 관련이 있다. 각 바이럴 사이트마다 보상 기간과 보상 모델은 다양하지만, 대개 조회 수와 수입이 비례한다는 기준을 가지고 있다. 예를 들어 지금은 없어진 바이럴 뉴스 사이트 운영사 거커 미디어Gawker Media는 일부 저널리스트에게 급여 보상 모델stipend-payback model을 제안하고 그에 따라 급여를 지급했다. "신입 기자들은 한 달에 급여로 1,500달러를 받고, 자신의 기사를 클릭해 조회하는 방문자 천 명당 5달러를 추가로 보상받았다. 이 방식을 통해 그들은 급여와 별도로 최대 6천 달러까지 추가 지급받게 된다."[6]

바이럴 뉴스 미디어는 보도 가치가 작더라도 쉽게 재생산할 수 있고 분량을 자유롭게 조정할 수 있는, 값싸게 만들어진 기사를 장려한다. 심층 보도와 달리 비용이 적게 들고 쉽게 만들어지는 이 기사들은 방문자들에게 테스트를 받고 조금씩 수정되면서 최적화된 다음에 최종 확정된다. 바이럴 뉴스 웹사이트 업워시Upworthy (전성기에는 한 달 평균 약 9천만 명의 방문자가 접속했으나 이후 인기가 급격하게 떨어졌다)는 25가지 버전의 기사 제목을 각각 테스트함으로써 보도 과

정에서 나이대별로 어떤 기사 제목이 가장 많은 참여를 유도하는지 확인했다.[7.8]

기사를 바이러스처럼 퍼뜨리려면 사람들이 기사를 공유하게 해야 한다. 바이럴 뉴스 미디어가 공유를 부추기는 가장 효과적인 방법은 사람들을 화나게 하는 것이다. 이 방법으로 클릭을 유도하는 데 탁월한 능력이 있는 복스닷컴Vox.com의 문화부 수석 기자 알렉스 아바드산토스는 어떻게 사람들을 화나게 하는지를 다음과 같이 설명했다. "저널리즘의 부끄러운 진실은 모든 뉴스 아울렛(값싼 뉴스를 대량으로 만들어 퍼뜨리는 곳이라는 의미 - 옮긴이)이 클릭을 기반으로 번성한다는 것이다. 복스닷컴을 비롯한 대다수의 뉴스 아울렛은 페이스북 등 급성장한 소셜미디어를 통해 자신들의 플랫폼을 대중이 공유하게 하고자 최근 몇 년간 자극적인 기사들로 온통 도배하기 시작했다. 이는 분노를 부채질하는 대단히 강력한 전략의 일환이다."[9]

업워시의 선임 기자였던 애덤 모데카이는 분노를 일으켜 클릭을 유도하는 뉴스 아울렛의 접근법을 설명하면서 회사 측이 클릭 수를 높이기 위해 기자들에게 기사 제목에 영웅과 악당 구조를 적용하라고 부추긴다고 밝혔다.[10] 영웅 대 악당 구조는 업워시의 뉴스 페이지뿐만 아니라 광고 페이지를 돌아가게 하는 동력이기도 하다.[11] 뉴스 아울렛은 세상의 부조리함을 강조함으로써 사람들이 분노하도록 부추긴다. 가령 이런 식이다. "둘러보세요. 세상은 온통 잘못돼 있어요. 그러나 다행스럽게도 여러분이 용기를 내어 뛰어든다면, 그중 하나라도 바로잡을 수 있어요."[12]

이는 기사 제목의 영웅 대 악당 구조가 사람들로 하여금 바이럴 뉴스를 공유하도록 부채질한다는 모데카이의 주장과 그 맥락을 같이한다. 2017년 한 익명의 바이럴 뉴스 저널리스트가 와이어드닷컴 Wired.com에 조회 수를 가장 많이 유도할 수 있는 뉴스 기사의 유형을 밝혔다. "사람들이 공유하고 싶어 하는 기사는 보통 누군가가 사회의 악에 대항해서 싸우는 유형의 기사다.[13] 사람들은 성적인 내용의 트윗 글을 비난하는 여성이나 인종차별 발언을 한 누군가를 비난하는 유명 인사나 사기꾼에게 복수하려고 이를 가는 사람에 관한 기사를 즐겨 읽는다."[14]

다시 말해 바이럴 뉴스는 분노의 대상을 공개적인 장소로 호출하는call-out 문화를 통해 돈을 버는 '분노 자본주의'에서 길을 찾아냈다. 사람들은 결국 자신이 읽고 싶어 했던 기사를 얻은 셈이다. 자신이 그런 기사를 요청했다는 사실조차 모르는 채로 말이다. 바이럴 뉴스 미디어는 사람들의 관심이 떨어지기 전에 더 자극적인 '분노의 대상'을 찾으러 돌아다니며 무한한 조회 수 경쟁을 벌일 뿐이다. 심지어 영웅 대 악당 시나리오를 찾는 것에 그치지 않고 뉴스거리를 만들어내기까지 한다.

누군가의 비정상적인 행위에 대한 사과나 보상을 요구하는 현상을 찬양하고 부추기는 것보다 뉴스거리를 만드는 더 좋은 방법이 있을까?[15] 그리고 영웅 대 악당의 소재로 고객과 기업보다 더 흥미진진한 것이 과연 있을까? 공기업이나 사기업은 악당이 되기에 더할 나위 없이 적합하다. 그들은 권력을 가지고 있고 눈에 잘 띄기 때문이다. 아울러 고객은 완벽한 영웅이 된다. 권력을 가지고 있지 않으나 용감하며 대중의 공감대를 형성하기 용이하기 때문이다. 기업은 소셜미디어에 발목이 잡혀 바이럴 뉴스의 사정거리 안으로 들어갔고, 바이럴 뉴스 사이트는 온갖 자극적인 기사로 이들을 저격하여 재빨리 이익을 챙겼다. 이 때문에 우리는 "이 아이의 어머니는 여아용 신발과 남아용 신발을 구분하지 않은 클라크를 호출했다"라거나 "우리는 성차별을 한 유나이티드항공을 호출한다" 같은 기사 제목을 보게 된 것이다.[16, 17]

소셜미디어 대행사 스프라우트 소셜Sprout Social의 브랜드 전략가 리즈 카넨베르크는 이에 관해 다음과 같이 말했다. "호출 문화는 소비자 정서에서부터 수익에 이르기까지 사업의 모든 국면에 영향을 미친다. 오늘날에는 단 하나의 게시물이 그야말로 세계적인 규모로 단 몇 초 만에 수많은 사람에게 퍼져나갈 수 있기 때문이다."[18] 카넨베르크는 "부정적인 게시물이 순식간에 눈덩이처럼 커지면 준비되지 않은 기업은 평판 위기를 맞을 수 있다"라고 덧붙였다.[19]

그러므로 바이럴 뉴스 아울렛의 기사를 읽으면 읽을수록 그들이 기사를 더 많이 게재하게끔 부추기는 셈이다. 고객 대 기업의 호출과 사과 기사는 고객의 호기심을 불러일으켜 바이럴 뉴스 사이트에 접속하게 만드는 역할을 한다. 따라서 바이럴 뉴스 미디어는 그러한 기사를 어떻게든 많이 확보하기 위해 사회적 파장이 큰 사과를 취재해오는 기자에게 크게 보상한다. 트위터에서 조금이라도 이름이 난 바이럴 뉴스 아울렛은 대개 이런 식으로 운영되며, 이는 사악한 자본주의를 유지하는 경제적 동인이기도 하다.

다음에 기다리는 것은 미디어와 미디어의 고객, 미디어의 취재 대상인 기업 간의 협력이다. 이 협력은 불쾌감과 오락적 분노와 부당성이 결합된 결과다. 대다수 조직은 사과를 요구받으면 반사적으로 사과한다. 그리고 대부분의 미디어는 승산을 따져 이를 보도하며, 어떻게든 원하는 결과를 얻어낸다. 몇몇 조직이 소셜미디어와의 관례를 유지할 필요가 없다고 판단을 내린 것은 당연한 일일지도 모른다.

2019년 4월 화장품 소매업체 러시Lush는 트위터와 페이스북, 그리고 인스타그램의 영국 내 일부 계정을 폐쇄하겠다고 발표했다. 경찰과 관련된 광고를 진행한 후 소셜미디어에서의 반발과 불매운동 위협에 맞서 사과하기를 당당하게 거부한 러쉬는 소셜미디어 때문에 기업과 고객 간의 직접적인 소통이 힘들게 돼 계정 폐쇄를 결정했다며 "소셜미디어는 우리와 고객이 직접 소통하는 것을 점점 더 어렵게 만들고 있다. 우리는 알고리즘과 싸우는 일에 지쳤으며 고객 여러분의 뉴스피드newsfeed에 등장하려고 비용을 내고 싶지 않다"라고 선언했다.[20] 2018년 영국의 웨더스푼 퍼브 체인이 모든 소셜미디어 계정을 삭제했을 때 CEO 팀 마틴은 이런 트윗 글을 올렸다. "우리는 이 소셜미디어라는 플랫폼이 성공적인 사업의 중요한 구성 요소라는 통념에 저항할 것이다."[21]

그러나 대다수의 조직은 사람들이 분노하기 좋아하는 플랫폼을 활용하는 데 시간과 노력을 들이고 있다. 분노는 소셜미디어 중 특히 트위터에서 가장 많이 공유된 감정이라고 한다.[22, 23] 스프라우트 소셜의 한 연구에 따르면, 조직을 호출한 소비자의 55퍼센트는 사과받기를 희망한다고 한다.[24] 그렇다면 사과를 원하지 않는 나머지 45퍼센트는 무엇을 원하는 것일까? 그중 70퍼센트는 주변에 널리 알리기 위해서라고 답했다. 무엇을 널리 알리고 싶었던 것일까? 조직의 명백한 잘못을 널리 알리고 싶었던 것인지, 아니면 조직을 호출한 자신을 널리 알리고 싶었던 것인지는 알 수 없다.

바이럴 뉴스 미디어는 자신들을 그저 사심이 없는 증인일 뿐이라고 주장하지만, 소비자가 호출하는 과정에서 영향력을 행사하고 있다. 누구나 미디어 주목도가 결과에 영향을 미친다는 사실을 알고 있다. 그래서 미디어는 사과 요구에 관한 기사를 게재함으로써 기업을 호출하는 소비자들에게 사회적 지위를 부여할 뿐 아니라 그들이 사과를 요구한다는 사실을 조직이나 개인에게 전달하면서 압박 수위를 높인다.

미디어는 사과를 요청받은 조직에 그것을 전달하는 역할을 하는 것에 그치지 않고 한 걸음 더 나아간다. 이는 표면적으로 응답할 권리를 제공하는 미디어의 공정한 행위처럼 보이지만, 실상은 다르다. 트위터에 올라오는 모든 사소한 불만에 대응할 자료를 보유하고 있는 조직은 많지 않으므로 많은 사실을 알고 있는 미디어가 어떻게든 이기게 돼 있다. 만약 조직이 대응하고 나서면 미디어는 그에 따라 기사를 갱신하거나 새로운 기사를 게재할 것이고, 그로 인해 분노의 주기가 연장될 뿐만 아니라 웹사이트의 접속자가 증가하게 된다. 만약 조직이 대응하지 않는다고 해도 잃을 것은 없다. "우리는 그들에게 해명할 기회를 주기 위해 손을 내밀었지만, 그 조직은 어떠한 반응도 보이지 않았다"라는 기사를 내보내더라도 결과는 마찬가지다. 분노의 주기가 연장되고 접속자는 증가한다.

오스트레일리아의 만평가 마크 나이트Mark Knight는 많은 사람들이 인종차별이라고 지적한 테니스 스타 세레나 윌리엄스 만평에 대해 사과하기를 거부한 후 살해 위협을 받고 소셜미디어를 폐쇄했다. 그를 비방하는 사람들은 분노를 배출할 수단이 사라지자 마크 나이트가 소속된 《헤럴드 선》과 발행사 뉴스콥 오스트레일리아News Cop Australia(스카이 뉴스 오스트레일리아 등 다수의 미디어 브랜드를 소유)를 비난하기 시작했다. 그러나 뉴스콥 오스트레일리아가 나이트의 편을 들자 사람들은 광고주에게까지 화살을 돌렸다. 6주 만에 약 4,500개의 트윗 글이 스카이뉴스 광고주를 향했다. 그중 70퍼센트 이상이 익명이었다.[25] 분노를 증폭시키는 주체는 대개 보통 사람들이며 그들은 익명의 트위터 계정 형태로 존재한다.

나이트의 동료 리타 파나히Rita Panahi는 과장 보도에 대해 "그들은 사회적 가치 뒤에 숨어서 소비자의 분노를 조장함으로써 상업적인 테러리스트 캠페인을 수행한다"라고 주장했다. 그녀의 주장은 확고하다. 과장 보도는 (어떤 경우에도) 믿지 말라는 것이다. 조직은 사과 요구에 반사적으로 응하기 전에 사태의 동력을 꼼꼼히 살펴봐야 한다. 물론 그 과정에서 반드시 어떤 해결책이 나오는 것은 아니다. 과장 보도를 무시하라는 말은 최선의 조언일 수도 있지만, 실제로 그렇게 하기는 쉽지 않다. 불안, 공포, 수치심같이 (생존과 연결되어 있는)

강력한 인간의 감정은 하지 않아도 될 사과를 반사적으로 하게 만들 수 있다. 그 상황에서 이익을 얻으려는 사람들이 사과 욕구를 자극하면, 당사자는 생존 본능을 무시할 수 없게 되는 것이다.

이것은 미디어의 잘못이다. 항공기 충돌이나 석유 유출, 기업의 비리처럼 뉴스로서의 가치가 충분히 있고 공개 사과가 필요한 사건을 보도하는 일과, 고객과 기업 사이의 사소한 다툼을 부추기는 일은 다르다. 공개 사과의 증가 현상은 후자에 속한다. 오늘날은 사과가 뉴스거리가 되고 클릭을 유도하며 돈을 만들어낸다. 우리는 필요 이상으로 사과하고 있다. 사과를 요구하고, 제공하고, 보도하는, 삐뚤어진 동기가 너무나 강력해서 이에 저항하기 어렵기 때문이다.

CHAPTER 6

전문가들은 미안하다는 말 없이 어떻게 사과하는가

활주로 이탈 사고와 승객 재배치, 그리고 과잉 가압

그것을 폭발이라고 말하면 곤란합니다.
화재에서 이어진 과잉 가압이었습니다.

– 2017년 8월 31일 아케마 사 대변인

위기에 처했을 때 커뮤니케이션 담당자는 실패와 자신의 조직이 무관하게 보이게끔 언어적 속임수를 쓰고 싶은 유혹에 빠진다. 어떻게든 실체를 숨기기 위해서가 아니라 (그렇게 하려는 사람도 있긴 하지만) 될 수 있으면 상황을 더 우호적으로 바라보도록 소비자와 미디어를 설득하기 위해서다. 그러나 이러한 시도는 결코 성공할 수 없다. 기업의 위기는 단 한 번의 대형 사건으로 닥쳐온 것이 아니라 서로 맞물린 작은 사건들이 영향을 미치며 연쇄적으로 일어나는 것이기 때문이다. 커뮤니케이션 담당자가 명확한 표현을 피하고 전문용어를 사용하여 부적절한 대응을 할 경우, 자칫 잘못하면 대응 자체가 기사화돼 또 다른 위기를 불러올 수도 있다.

항공기 추락 사고라고 말하지 않는 이유

–

2017년 1월 앙카라에서 출발한 페가수스항공의 PC8622기는 터키 흑해 연안의 절벽 꼭대기에 있는 작은 트라브존 공항에 착륙을 시도하다가 문제가 생겼다. 활주로에서 미끄러지면서 절벽 아래로 떨어져 흑해로 뛰어들기 불과 몇십 미터 앞에서 아슬아슬하게 멈춘 것이다. 비행기가 추락하고 항공기 연료 냄새가 실내로 밀려 들어오자 객실은 공포와 비명으로 뒤덮였다. 소방대원들은 화재를 방지하기 위해 항공기에 물을 뿌렸다.

당시 비행기에 탑승했던 한 승객은 로이터통신에서 이렇게 말했다. "기적이었죠. 우린 불에 탈 수도 있었고, 몸이 산산이 찢어질 수도 있었고, 바다에 빠질 수도 있었으니까요."[1] 이 항공기 추락 사고로 승객들은 공포스러운 기억을 얻었고, 항공사는 사태 해결을 위해 골머리를 싸맸지만, 결과로만 봤을 때 큰 사건이 아닌 것처럼 느껴지기도 했다. 사망자와 중상자가 없었으며 항공기 손상도 그리 크지 않아 금방 복구할 수 있을 듯했기 때문이다. 그러나 항공기 추락 사고인 것은 분명했고, 다들 그렇게 받아들였다. 하지만 페가수스항공은 다르게 생각했던 것 같다. 페가수스항공은 당시 사고를 '활주로 이탈 사고'라고 주장했다. 승객들이 죽을 뻔했다는 사실은 중요하지 않았다. 죽지 않았기 때문이다. 예상보다 피해가 크지 않자 페가수스 항공은 이 사고를 전문용어로 포장하기로 했다.

인터넷에서 '활주로 이탈 사고'를 검색하면 관련 자료를 8천 건 이상 찾을 수 있다. 뉴스 기사로 검색 범위를 한정하더라도 300건에 가깝다. '활주로 이탈 사고'는 널리 알려진 정식 항공 용어로써 활주로를 벗어나지 말아야 할 항공기가 활주로를 벗어나는 경우 사용된다. 여기서 문제는 이 용어가 승객들이 알아채지 못할 정도로 활주로를 살짝 벗어난 상황에 적용되지만 활주로를 벗어나 절벽으로 떨어져 내린 상황에도 적용된다는 데 있다. 이 용어는 사실 사고를 기록하고 관찰하기 위해 사용되는 것으로, 미디어에 사고 상황을 설명하기 위해 사용돼서는 안 된다. 용어가 포함하는 범위가 너무 넓어서 승객의 생각과는 다를 수도 있기 때문이다.

물론 엄밀히 따지자면 페가수스항공의 항공기 사고는 '활주로 이탈 사고'가 맞다. 그러나 그렇게 보면 알베르트 아인슈타인은 특허청 직원이며, 폴 매카트니는 락그룹 윙스의 베이스 주자, 조지 포먼(역대 최고의 헤비급 복서이자 영화배우―옮긴이)은 바베큐 그릴 판매원이라고 말할 수도 있다. 사실에 대한 진술로는 정확한 표현이지만, 맥락상으로는 오해의 소지가 있다는 뜻이다.

이는 위기 때 효율적으로 소통해야 할 조직이 빠지기 쉬운 위험한 유혹이다. 두루뭉술한 장광설을 늘어놓아 상황을 모면하고 싶은 유혹은 언제나 존재한다. 그러나 전문용어가 개입된 '전문적인 사과'

는 기업의 입장이 피해 당사자들에게 제대로 전달되지 못하게 한다. 그러므로 커뮤니케이션 전문가는 그러한 문제가 불거지지 않도록 책임지고 막아야 한다.

커뮤니케이션 전문가는 고객의 경험을 중심에 두고 고객과 꾸준하고 분명하게 소통해야 하는 직종이다. 따라서 이들은 전문적인 용어를 피하고 누구나 이해할 수 있는 쉬운 표현을 사용해야 한다. 전문용어 사용을 방지하는 좋은 방법 중 하나는 90세 노인이 10세 아이에게 사과문을 읽어주는 상황을 상상해보는 것이다. 사과문을 읽어주는 노인이나 사과문을 듣는 아이 모두 상황을 이해할 수 있게 썼는가? 한 사람이라도 이해할 수 없을 것 같다면 다시 쓰기 바란다.

우리에게도 실망스러운 사건

–

위기 상황에서는 명확성도 중요하지만 신중함도 필요하다. 2017년 개인 신용정보 업체 에퀴팩스Equifax의 데이터 유출 사건이 터졌다. 에퀴팩스는 잠재적 피해자인 1억 4,300만 명의 고객에게 사과해야 했지만 제대로 대처하지 못하고 허둥지둥 당황하는 모습을 보였다. 해킹에 대한 대응이 늦어져 사방에서 비난을 받는 와중에도 불명확한 정보를 발표하며 불안에 떠는 고객을 더욱 더 불안하게 만들었다. 게다가 그 와중에 정보가 손상됐는지를 확인한다며 고객들에게 사회보장번호를 알려달라고 요구하기까지 했다. 고객과의 소통을 위한 메시지 전달 창구도 막혀 있었고 사건 수습 일정도 하나같이 엉망진 창이었다.《PR 위크》는 이에 대해 "에퀴팩스가 구멍을 서투르게 땜질했다"라고 절묘하게 표현했다.[2]

에퀴팩스의 CEO 리처드 스미스Richard Smith는 사과 성명에서 "이는 우리에게도 분명히 실망스러운 사건이며, 우리의 존재 가치와 사업의 심장부를 공격한 사건입니다. 이로 인해 야기된 우려와 불만에 대해 개인 고객과 사업자 고객 여러분께 사과드립니다"라고 발표했다.[3, 4] '실망스럽다'라고 했으나 그 주체가 고객이 아니라 자신의 회사라는 점에서 근본적으로 상황을 호도하는 사과문이었다. '실망스럽다'는 판매 목표를 달성하지 못하거나 경쟁사와의 매출 경쟁에서 졌을 때나 쓸 수 있는 표현이다. 데이터 도난을 확인하기 위해 1억 4,300만 명의 개인정보를 노출시킬지도 모르는 일을 저지른 것은 그야말로 재앙 수준의 사건이다. 무엇보다 에퀴팩스의 가장 큰 잘못은 고객의 요구에 초점을 맞추기보다 이 상황이 에퀴팩스에 얼마나 영향을 주고 있는지를 먼저 언급했다는 점이다. 스미스는 사과 성명에서 그들이 해야 했지만 하지 않아 사과하고 있는 바로 그 일(데이터 관리와 보호)에 관한 회사의 이력을 계속해서 읊어댔다.

> 우리는 데이터 관리와 보호의 선두 주자라는 자부심이 있으며, 전반적인 보안 운영을 철저히 검토하고 있습니다. 아울러 소비자 보호도 중시하고 있으며, 이 사건과는 관계없이 미국의 모든 소비자를 지원하는 서비스를 폭넓게 발전시켜왔습니다.[5]

사과의 후반부에서 전반부에 말하지 않은 보호 수단과 후속 조치에 대한 이야기를 겨우 언급했다. 이는 위기 대응의 가장 중요한 구성 요소지만 전반부에서 밋밋한 사과와 재앙 수준의 위기관리 수준을 보여준 것은 못내 실망스럽다.

미승인 이륙

–

이 책이 항공사들을 비난한다는 듯한 느낌을 주고 있는지도 모르지만 실은 그렇지 않다는 점을 밝히고 싶다. 그저 금속 덩어리로 하늘을 질주하는 사업 모델을 가진 사람에게는 고객 불안이 사업 운영 방식에 큰 영향을 미친다는 것을 말하고 싶을 뿐이다. 항공 사업에는 '사소한 문제' 같은 것이 거의 없기 때문에 고객 대응에 있어서 전문 용어를 사용하는 것은 어떤 경우에도 전혀 도움이 안 된다. 기술에 대한 전문적인 용어가 난무하는 난해한 장광설이 항공 분야에서만 사용되지는 않겠지만, 그들이 교묘하게 압축된 표현을 가장 많이 사용하는 것은 맞다.

한 가지 간단한 예를 들어보자. 공항의 공식 트위터 계정에 "항공사 직원이 승객을 태우지 않고 미승인 이륙을 감행했다"라는 트윗 글이 올라오면 어떤 생각이 들겠는가? 대체로 이 상황을 일종의 행정 착오로 보고 대수롭지 않게 넘길 것이다. 누군가가 서류를 제대로 작성하지 않았거나 항공 교통 통제를 기다리지 않은 탓에 벌어진 일이라고 여긴다는 것이다.

이는 실제 상황을 대폭 압축한 설명이다. 그러나 정확하게 말하자면 진실은 다음과 같다. 시애틀 터코마 국제공항의 한 정비공이 항공기를 훔쳐 이륙한 다음 약 한 시간 정도 비행하다가 공항에서 멀리 떨어진 섬으로 추락했다. 공군 방위군이 F-15 전투기를 출동시켰고, 전투기들이 비행하는 동안 공항은 폐쇄됐다. 공항 측은 이를 '미승인 이륙'이라고 표현했다. 전문용어를 사용하여 끔찍한 상황을 대수롭지 않은 일로 보이게끔 한 것이다. '미승인 이륙'은 '활주로 이탈 사고'처럼 전형적인 얼버무리기식 대응으로, 상황을 해결하는 데 아무런 도움이 되지 않았다.

가이드라인을 완전히 무시하고 호프집에서 잡담하듯이 일상적인 용어로 표현하라는 것이 아니다. 다만 이해하기 힘든 항공 용어집을 펼쳐들고 사과문을 작성하기 전에 다시 한 번 생각해달라고 요구하는 것이다. 공항 측이 누군가에게 반드시 사과해야 한다는 말이 아니라 적어도 사람들에게 사실을 해명해야 하며 그 설명은 누구나 이해하기 쉬워야 한다는 이야기다.

'미승인 이륙' 사건은 미해결 과제를 너무 많이 남겼다. 직원이 어떻게 항공기를 훔쳤는가? 사고를 예방하기 위한 조치는 무엇인가? 이러한 과제를 해결하는 데 모호한 전문용어는 아무런 쓸모가 없다. 대변인은 전문용어가 자신들을 책임에서 벗어나게 해주고, 사과하지 않아도 되도록 상황을 호전시킬 것이라고 생각했을지도 모른다. 그러나 모호함은 대개 의도하는 방향의 반대로 작동한다. 우유부단하고 그럴듯하게 얼버무리는 대응 때문에 그저 불행한 실수일 뿐이었던 상황이 중대한 역사적 사건으로 바뀔 수도 있다는 것이다.

승객 재배치

–

미리엄웹스터 사전의 웹사이트에서는 간단하지만 매우 훌륭한 특징을 발견할 수 있다. 각 단어에 대한 정의 아래쪽에 독자들이 해당 단어를 찾아보는 이유를 공유하는 댓글난이 있는 것이다. 이 댓글난은 대부분 사전 애호가들의 커뮤니티답게 고상한 내용으로 채워진다. 독자들은 자신의 생활이나 관심사, 언어 또는 어원 같은 것들에 관해 수준 높은 대화를 나눈다. 그런데 '재배치'라는 단어를 정의한 글 댓글난의 분위기는 사뭇 다르다.[6] 해당 댓글난에 글을 올린 사람들은 고상하지 않은 것은 물론이고 매우 화가 나 있다. 가장 눈에 띄는 댓글 중 하나는 "오스카 무뇨스, '지겨운 녀석', CEO, 유나이티드항공(……)"으로 시작하며, 아래로 갈수록 나쁜 댓글이 달려 있다. 댓글은 대부분 한 사람, 즉 유나이티드항공의 CEO인 오스카 무뇨스를 맹비난하는 내용이다. 사전 웹사이트 커뮤니티에 특정인에 대한 악플이 달릴 것이라고 누가 예상이나 했을까?

유나이티드항공의 오스카 무뇨스의 평판 문제가 급부상한 이유는 그가 불성실할 뿐만 아니라 이해할 수 없는 사과를 보여줬기 때문이다. 내용은 다음과 같았다. "이 사건은 우리 유나이티드항공의 모든 임직원에게도 당황스러운 사건이었습니다. 그 고객을 재배치할 수밖에 없었던 점에 대해 사과드립니다."[7] 사람들에게 충격을 안겨줬던 사건은 앞뒤 자르고 '재배치'라는 한 단어로 정리됐다. 이 용어는 '활주로 이탈 사고'처럼 합법적이고 전문적인 항공 용어다. 통상적으로 항공사 측에서 승객들이 예약한 좌석을 제공할 수 없는 경우에 승객을 다른 항공기로 배치하는 과정을 지칭한다. 문제를 일으킨 것은 단어 그 자체가 아니라 사과문 속에 그 단어를 집어넣은 무뇨스의 교활한 시도였다.

2017년 4월 시카고 오헤어 국제공항에서 충격적인 사건이 벌어졌다. 이륙하기 위해 대기하던 유나이티드항공의 비행기에서 한 승객이 피를 철철 흘리고 비명을 지르며 항공보안 요원에 의해 끌려 내려오는 동영상이 공개된 것이었다. 해당 항공기 내부는 붐볐지만, 정원보다 많이 예약받은 상태는 아니었다. 데이비드 다오라는 이름의 그 승객은 대기 승무원이 앉을 수 있게끔 자신의 좌석을 포기하고 다음 항공편을 타라고 요청받았다. 의사였던 그는 아침에 환자와 진료 예약이 되어 있다며 요청을 거부하고 항의했다. 뉴스 미디어는 그가 변호사를 부르려는 낌새를 보이자 사태가 폭력적으로 바뀌었다고 보도했다.[8] 이후 당시 상황을 촬영한 동영상이 소셜미디어를 통해 바이러스처럼 순식간에 퍼져나가면서 유나이티드항공은 위기를 맞았다.

유나이티드항공의 대응은 처음부터 서툴렀다. 무뇨스가 말한 승객 '재배치'는 과연 무슨 의미였을까? 그는 뻔뻔스럽게도 '재배치'

라는 용어를 사용해서 해명하려 했지만, 그 상황의 어떠한 부분에서도 '재배치'의 공식 정의와 비슷한 구석을 찾아볼 수는 없었다. 인터넷에 이를 비꼬는 패러디가 올라오며 비난이 일었고, 상황을 모면하려는 무뇨스의 애매한 태도에 사람들은 잔뜩 화가 났다.

무뇨스에게 동정적인 태도를 보인 뉴스 아울렛은 단 한 군데도 없었다. CNBC는 지금이 "CEO 무뇨스를 '재배치'할 때인 것 같다"라고 보도했으며, 풍자 웹사이트 어번 딕셔너리Urban Dictionary는 '재배치'라는 표제어를 다음과 같이 정의해서 게시했다. "대기 중인 항공기 승무원에게 자리를 만들어주기 위해 비용을 지불한 승객을 때리고 항공기에서 난폭하게 끌어내리는 행위."[9,10] 인터넷에서 시작된 분노는 점점 그 크기를 불려나갔다. 승객들은 불매운동을 벌이겠다고 나섰으며, TV쇼 진행자 지미 키멜도 그 사건에 대해 길게 언급했고, 미국 상원은 시카고 항공국에 조사를 요구했다.[11] 내용을 축소하려는 무뇨스의 태도에 시카고 항공국은 피 흘리는 승객을 비행기에서 끌어내린 행위는 "우리의 표준 운영 절차와 일치하지 않는다"라고 밝히며 선을 그었다.

2017년은 유나이티드항공뿐만 아니라 대부분의 항공업계에 불운한 한 해였으나 이 사건이 최고의 항공 스캔들이 된 것은 모두 오스카 무뇨스가 제대로 사과하지 않은 탓이었다. 자신이 한 행동에 관해 사과해야 하는 것보다 더 안 좋은 일은 자신이 사과한 방법에 대해 또다시 사과해야 하는 일이다. 그는 스스로 골칫거리를 만들고, 주가를 떨어뜨렸으며, 평판을 더럽히고 관계자들을 괴롭혔다. 무뇨스의 사과는 조롱받을 만하다. 무뇨스와 유나이티드항공은 이제 '재배치'와 동의어가 되어버렸다. 이 '유나이티드 익스프레스 3411 사건'은 심지어 그 사건만을 분석하여 정의해놓은 위키피디아 페이지가 있을 정도다.[12] 인터넷은 절대로 잊지 않는다.

화재에서 이어진 과잉 가압

–

텍사스 주 크로스비 공장에서 폭발 사고가 일어난 다음 세계적인 화학기업 아케마Arkema가 취한 행동을 보면, 무뇨스가 오히려 위기 커뮤니케이션의 모범을 보여주고 있지 않은가 싶을 정도다. 그 사고를 두고 지역 미디어는 폭발이라고 정확히 명명했지만, 아케마의 대변인은 물리학과 화학에서 내린 폭발의 정의를 무시하고 용어를 재정립하는 조치를 취했다.

《휴스턴 크로니클》의 기자는 다음과 같은 트윗 글을 올렸다. "아케마 대변인의 말로는 그것을 폭발이라고 말해서 오해를 샀으며, 정확하게는 화재에서 이어진 과잉 가압overpressurization이었다고 한다."[13] 아케마는 상황을 축소시키기 위해 어물쩍 둘러대며 부인하는 선택을 한 것이다. 그러나 누가 봐도 우스운 해명이었다. 아케마 대변인의 뻔뻔하고 어리석은 발언은 인터넷에서 순식간에 퍼져나갔다. 아케마는 하다못해 유나이티드항공처럼 전문적인 용어를 사용한 사과라도 했어야 했다.

아케마는 미디어에 상황의 심각성을 축소하여 알렸을 뿐 아니라 긴급 구조원들의 변호사들이 주장한 것처럼 "폭발이 일어났는데도 임시 의무 대피 구역 주변에서 일하고 있었던 긴급 구조원들에게 주의를 주지 않았다."[14] 아케마는 폭발 사건이 발생했을 당시 상황을 은폐하기 위해 위험 지역에 있던 사람들에게 안전과 관련된 필수적인 정보를 제공하지 않았고, 이로 인해 무고한 사람들이 다친 것이다. 아케마는 이후 텍사스 주 자치 행정 조직과 다수의 주민, 일곱 명의 긴급 구조원에게 고소를 당했다. 그들은 아케마 측이 폭발로 인한 부상과 독가스에 의한 오염에 책임져야 한다고 주장하고 있다.[15]

아케마 측은 보도자료를 내보내지 않았을 뿐 아니라 미디어에서 이 사건을 폭발이라고 부르지 못하도록 막았다. 《워싱턴 포스트》는 크로스비 폭발 사건에 대한 아케마의 대응이 "위기에 처했을 때 절대 해서는 안 될 소통 방식에 관한 교과서적 사례가 될 것"이라고 지적했다.[16] 이 지적에 동의한다. 상황을 외면하고 자기 방식대로만 지껄이면 신뢰가 약해질뿐더러 사람들이 실망한 조직에 대해 정당하게 요구하는 책임마저 회피하려는 듯이 보이게 된다. 결국에는 조직이 진심을 전하고 싶은 시점에도 신뢰를 얻지 못할 수 있다. 의미상의 작은 차이와 교묘한 말장난을 활용하고 전문용어를 사용해 교활하게 수사적 장치를 남용하면 잠시 속아 넘어가는 사람도 더러 있을 것이다. 하지만 마술사의 속임수가 드러날 때처럼 누구든 이 교활한 방법을 눈치채면 더 이상 아무도 속지 않을 것이다.

진실을 알게 된 사람들은 배후에서 무슨 일이 일어났는지 의심스러워하면서 속임수에 대한 대책을 세운다. 또한 어디서부터가 거짓이고 진실인지 규명하려 할 것이다. 입에 발린 말로 얼버무리는 접근방법은 좀처럼 문제를 해결하지 못하며, 진실에 연막을 치는 말장난은 조직을 보호하기는커녕 조직의 명성에 해를 입힐 뿐이다.

CHAPTER 7

슈뢰딩거식 사과

사과에 대한
문법적 왜곡과 책임 회피

저희는 마더리스크 약물검사 실험실에서 이뤄진
일련의 검사 업무가 현재 우리 병원의 우수성에 못 미치는 결과를
보여준 것에 대해 대단히 유감스럽게 생각합니다.

– 2015년 캐나다 토론토 소재 '아픈 아이들을 위한 병원'의 마이클 앱콘 원장

제한적 사과 또는 책임 회피형 사과는 처음에는 잘 나가다가 '그러나' 또는 '하지만'이라는 단어가 등장하면서 엉뚱한 데로 빠지는 유형의 사과다. 곧이어 제한조항이 따라온다고 경고하는 접속사가 붙으면, 아무리 좋은 의도가 있어도 사과의 효과는 약해진다. 이런 식의 사과는 대체로 실망만 안겨준다.

그래도 실망스러운 것이 차라리 낫다. 제한적 사과의 하위 유형으로 그보다 더 악의적인 사과도 있다. 이것은 자만심으로 가득 차

있는 사과다. 이 유형에서 사과하는 사람은 뉘우치는 척하면서 자신의 결백을 강조한다. 캐나다 온타리오 주에 사는 네 아이의 어머니가 자신의 가족을 파괴한 기업을 상대로 한 소송 끝에 받아낸 사과도 이러한 사과였다.

2008년 온타리오 주에 사는 네 아이의 어머니는 법원으로부터 당시 18개월과 6개월 된 어린 두 딸을 법정 후견인의 보호에 맡기라는 판결을 받았다. '아픈 아이들을 위한 병원Hospital for Sick Children'의 마더리스크Mother risk(태아 기형 유발물질에 관한 정보를 제공하는 프로그램-옮긴이) 실험실에서 이뤄진 모발 검사에서 코카인 양성 반응이 나타났기 때문이다.[1] 마더리스크 모발 검사는 캐나다에서 수천 명을 대상으로 진행했으며 그 결과는 적법성에 대한 아무런 이의 제기 없이 반박할 수 없는 약물 남용의 증거로 받아들여졌다. 그녀는 법원 판결 이후 두 딸을 다시는 만나지 못했다. 법정 후견인에게 맡겨진 아이들을 되찾기도 전에 각자 다른 가족에게 입양됐기 때문이다.

마약 중독자인 어머니에게서 아이들을 구조한 것이라면 정말 훌륭한 일이었겠지만 불행하게도 검사 결과에 문제가 있었다. 그녀가 아이들을 빼앗긴 이후, 한 기자의 폭로로 이 사실이 세상에 알려졌다. 《더 스타The Star》의 레이철 멘들슨은 마더리스크 모발 검사가 "캐나다 전역에서 수천 건의 어린이 보호 사례에 오점을 남겼다"라고 보도했다.[2] 아이들을 빼앗긴 어머니가 모발 검사에 앞서 70번 정도 받은 소변 검사에서는 음성 판정을 받았다는 사실도 밝혀졌다. 캐나다 전역을 뒤흔든 이 엄청난 사건은 2017년에서야 매듭지어졌다.

온타리오 주 법원의 주디스 비먼 판사는 마더리스크 검사 결과를 신뢰할 수 없다는 판결을 내렸다. 판결 내용을 보도한 기사에 따르면, "그 검사에는 56건의 사례에서 대단히 충격적인 결과가 있었으며 그중 아이들이 부모 품으로 돌아온 네 건의 사례를 포함해 일곱 가족이 법적 구제 대상이 됐다."[3]

'아픈 어린이들을 위한 병원'의 마이클 앱콘Michael Apkon 원장은 수년간 병원의 과실을 인정하지 않다가 마침내 다음과 같은 성명을 발표했다.

저희는 마더리스크 약물검사 실험실에서 이뤄진 일련의 검사 업무가 현재 우리 병원의 우수성에 못 미치는 결과를 보여준 것에 대해 대단히 유감스럽게 생각하며, 어떤 식으로든 충격을 받았을 수 있는 아이들과 가족에게 진심으로 사과를 전합니다.

이 사과문은 그야말로 엉망진창이다. '미안하다면서도 결백을 주장하는 사과'인 슈뢰딩거식 사과 중 최악의 형태다. 죽어 있는 동시에 살아 있는 상태가 공존하는 슈뢰딩거의 고양이처럼 앱콘의 마음속에도 뉘우침과 결백함이라는 두 가지 감정이 상충하고 있는 듯하다. 첫 번째 문장에서 그는 재난에 가까운 운영상의 실패에 대해 사과하기에 앞서 자신의 조직이 매우 우수하다고 자랑한다. 이 두 가지 사안은 서로 배타적이다. 판사가 그 병원의 검사 결과를 신뢰할 수 없다고 판결을 내렸고, 특히 그 검사 결과로 수많은 가정이 파괴됐다고 지적했는데 병원이 우수하다고 주장한들 누가 믿겠는가.

병원과 앱콘 측은 성명의 앞부분에 기선을 잡는 내용을 배치함으로써 상황을 유리하게 끌어가려 했던 것이다. 잘못된 검사 결과로 피해를 입은 사람들에게 사과해야 하는 사과문에서 그들은 병원의 우수함을 전달하면서 자신들의 입장을 변호하고자 했다. 피해자들에게 조직의 입장만을 보도록 강요하는 접근법은 용서를 구하고 피해를 수습하는 수단으로써는 사실상 무용지물이다. 게다가 피해자에게 벌어진 일이 예외였다고 믿도록 강요하다니 옳지 않다.

슈뢰딩거식 사과의 특징

–

슈뢰딩거식 사과의 일반적인 특징은 도덕적 자격에 관한 표현과 이른바 '조직 예외주의'에 관한 표현이 뒤섞여 있다는 점이다.

도덕적 자격에 관한 표현에는 "저희는 ~에 헌신하고 있습니다", "저희는 ~에 대해 깊이 유념하고 있습니다", "저희에게는 ~에 대한 높은 기준이 있습니다" 등이 있다. 슈뢰딩거식으로 사과하는 사람은 자신이 이미 말했거나 다음에 말하려고 하는 내용의 근거를 자신의 도덕적 자아에 두고 있다. 사과를 받는 사람이 그 말에 동의하리라는 보장이 없는데도 우선 자신이 도덕적으로 자격을 갖추고 있다고 주장하고 보는 것이다.

그 다음에는 보통 조직 예외주의에 관한 표현이 이어진다. "저희의 평상시 높은 기준에 미치지 못했습니다"라거나 "이번 경우에는 고객님들의 기대에 미치지 못했습니다"라고 말하는 식이다. 이것은 자신이 평소 우수하다고 자화자찬하면서 사건을 예외적으로 일어난 일회성 사건으로 꾸미는 방법이다. 물론 실제로 조직 내부의 문제로 발생한 사고가 일회성에 그치는 경우는 거의 없다. 하지만 그것은 중요하지 않다. 해당 사건이 예외임을 강조함으로써 사건은 축소된다. 이러한 유형의 사과는 이미 오래전부터 많이 사용됐다. 이 책의 서문에서 필자가 찬사를 보냈던 모스브로스앤코의 사과에서도 이 유형을 발견할 수 있다. 모스 씨가 "그 일은 제가 회사를 창업한 이래 처음으로 벌어진 일이었습니다"라고 하지 않았던가. 물론 무척 기분 좋은 사과를 받으면 예외주의도 용서될 때가 있다.

슈뢰딩거식 사과의 전형이라고 할 만한 사례를 살펴보자. 영국의 한 식품 소매업체가 규제 기관의 자체 공급 코드 규정을 어긴 것으로 밝혀지는 과정에서, 그동안 식품협동조합이 공급업체를 대해온 방식에 대해 논란이 일기 시작했다. 당시 영국 식품협동조합의 대변인은 다음과 같은 사과 성명을 발표했다.

저희는 공급업체와의 관계에 대해 깊이 유념하고 있으며, 이번에 두 지역에서 평소 높은 우리의 수준에 부응하지 못하는 일이 발생하여 대단히 죄송합니다. 저희는 이미 GCA(일반 청구 대리인 - 옮긴이) 및 공급업체와 함께 문제해결에 착수했으며, 조사를 통해 추가 사례가 모두 밝혀져 문제를 가급적 신속하게 바로잡을 수 있기를 바랍니다.[4]

위기관리의 맥락에서 보면 이런 식의 사과 성명은 우선순위가 완전히 뒤바뀐 것이다. 한 조직이 "깊이 유념하고 있다"라는 내용은 그 사실 여부와 상관없이 사과를 받는 사람에게는 중요하지 않다. 게다가 유념하고 있다는 것과 행동하고 있다는 것은 엄연히 다르다. 협동조합의 사과 이유가 무엇이든, 깊이 유념하고 있다고 해서 그 문제가 절대로 해결되지 않는다. 그리고 협동조합 측이 적당히 사과하기 위해 애쓰고 있는 (그리고 결국 사과하는 데 실패한) 상황에도 들어맞지 않는다. 피해를 본 공급업체 중에서 관계에 대해 '깊이 유념하고 있다'라는 협동조합 측의 발언을 듣고 위로를 받은 업체가 단 하나라도 있을까? 없을 것이다. 공급업체는 업계 규정에 따라 제대로 처리되기를 더 바랄 것이다.

마찬가지로 열악한 환경의 공장에서 시간당 64센트를 받고 아이비 파크(팝스타 비욘세 놀스 소유의 패션 브랜드)에 납품할 옷을 만드는 스리랑카 출신 노동자 중 아이비 파크가 '엄격한 윤리적 무역 프로그램'을 마련했다거나 '공장 환경에 대한 점검과 회계감사의 측면에서 지속적인 노력'을 했다는 사실을 알게 되면 만족할 사람이 있을까?[5] 마이클 생크와 맥신 베다는 《허핑턴 포스트》 기고 글에서 아이비 파크의 대응 방식을 '대부분의 대형 브랜드 CSR(기업의 사회 공헌 활동을 뜻함 - 옮긴이) 부서 책임자가 벌이는 요란한 선전'이라고 지칭하면서 한마디로 '책임의 완전한 포기'라고 일축한 바 있다.[6]

이러한 책임 회피 사례는 하나하나 놓고 보면 악의도 없고 별것 아닌 것처럼 보이지만, 몇 가지 사례를 모아서 살펴보면 과연 커뮤니케이션 전문가들이 그 역할을 제대로 한 것인지 의심스러운 점이 많다. 다음은 명색이 커뮤니케이션 전문가라는 사람들이 홍보라는 명목으로 무책임하게 지껄인 다섯 가지 사례를 미디어에 실제로 보도된 내용과 함께 정리한 것이다.

"저희는 데이터를 관리하고 보호하는 선두 주자라고 자부합니다."
- 에퀴팩스 CEO가 데이터 유출로 1억 4,300만 명에게 잠재적인 피해를 준 다음에 한 말. 하지만 이는 '기업 역사상 가장 많은 대가를 치른 해킹으로 밝혀졌다.'[7,8]

"가장 중요한 것은, 안전이 저희의 최우선 과제라는 사실입니다."
- 갤럭시 노트7 단말기 수백만 대를 회수하고 난 다음 삼성전자가 광고를 통해 한 말. 하지만 단말기가 '폭발한' 것으로 밝혀졌다.[9]

"저희는 위생을 매우 중요하게 생각합니다."
- 조사관이 '주방과 서비스 구역에 쥐가 드나들고 먼지와 기름 때로 뒤덮였음을 발견'한 다음, KFC 대변인이 한 말.[10]

"저희의 최우선 과제는 승객과 직원의 안전입니다."
- '스코틀랜드 외곽에서 버스 한 대가 불길에 휩싸인 다음', 퍼스트버스First Bus(영국의 버스회사 - 옮긴이) 대변인이 한 말.[11]

"저희는 여성들의 건강을 보호하고, 환자의 건강관리 정보를 항상 공유하고 있습니다."
– '감사 결과, (암) 선별검사 결과에 문제가 있을 수도 있으니 신속히 후속 조치를 하라는 권고를 받은' 다음, 아일랜드의 자궁경부 검사센터 서비컬체크CervicalCheck의 대변인이 한 말.[12]

응당 사과해야 할 일이 생겨도 이를 회피하거나 슬쩍 비껴가고 싶은 것은 자연스러운 본능이다. 하지만 의미 있는 사과를 하려는 조직은 지금까지 살펴본 슈뢰딩거식 사과를 지양해야 한다. 슈뢰딩거식 사과의 형태는 간단하다. 먼저 자신의 장점을 말한 다음, 실패가 얼마나 드문 일인지를 알려주는 것이다. 하지만 이것은 사과가 아니라 변명이다.

커뮤니케이션 전문가들은 조직의 잘못을 상쇄하기 위해 으레 조직의 장점에 주의를 집중시키려 한다. 사과의 모범 문안을 제공하는 웹사이트('Letters and Templates'나 'Comm100')에서는 자신의 실수가 얼마나 드물고 예외적인지를 강조하도록 사과하는 사람을 부추기기까지 한다. 그러나 사실 자화자찬을 늘어놓는 대신 방향을 바꿔 고객이 기대하는 바를 인정하기만 해도 더 강력한 사과 메시지를 전할 수 있다. 가령 이런 식으로 말이다.

고객분들의 프라이버시는 매우 중요한 문제입니다. 실망을 드려 죄송합니다. 이제 저희가 해결해드리겠습니다.

조직은 사과문에서 자신을 내세우지 않고 장점을 강조하지 않음으로써 사안의 핵심과 자신이 감당해야 할 몫을 책임 있게 제시해야 한다. 그래야 고객에게 심정을 이해했다는 확신을 줄 수 있다.

책임을 회피하는 문법의 힘

–

도덕적 자격에 관한 표현 말고도 사과하는 사람이 자신의 책임을 면하려고 써먹는 도구가 하나 더 있는데 바로 문법을 교묘하게 조작하는 것이다. 잘못을 저지른 사람은 문법을 이용해 자신과 그 잘못을 분리해낼 수 있다. 사람들은 문법을 통해 온갖 방법으로 말을 꾸며낸다. 옳은 일일 경우, 정교한 문법으로 확실성을 더하고 의혹을 없앨 수 있으며 말하고 싶은 내용을 탄탄한 구조로 뒷받침할 수 있다. 그러나 잘못된 일일 경우, 사람들은 문법적 속임수를 활용해서 의혹을 부풀리고, 메시지를 모호하게 만들고, 책임을 모면하기도 한다. 여기서 커뮤니케이션 전문가들이 사과하지 않을 요량으로 언어를 남용하는 몇 가지 흔한 방법을 소개한다.

조동사

앞서 소개한 사과문에서 병원 측은 잘못을 가려주는 투명 망토처럼 조동사를 사용했다. 피해자를 언급할 때 "충격을 받았다were impacted" 라고 말하는 대신 "충격을 받을 수도 있었다may have been impacted"라고 말함으로써 피해자의 고통을 외면했다. 의도적인 속임수였든 아니든 효과는 같다. 사과문에서 사용되는 조동사는 노여움을 자극한다. 사과문에 이런 조동사가 나오면 책임 회피가 아닌지 유심히 살펴볼 필요가 있다. 조동사는 가능성이 100퍼센트가 아니라는 시나리오, 즉 일어나지 않을 수도 있는 일을 전하는 데 사용된다.

이는 고객이 사과를 받아야 한다는 사실을 인식하지 못하도록 막는 대단히 비열한 방법이다. 예를 들어 기관사가 "이 열차는 늦게 도착할 예정입니다"라고 분명히 전해야 하는 상황에 "이 열차는 늦게 도착할 수도 있습니다"라고 전달한다면 충분히 화날 만하다. 게다가 사람들이 실제 겪고 있는 정신적 상처를 '그럴 수도 있다'라는 식으로 표현하면 얼마나 불쾌할지 상상해보라. 앱콘과 병원은 야비하고 부정적인 방법으로 고객의 감정을 무시하면서 성명을 마무리했다. 불난 집에 부채질하는 격이었다.

수동태

"실수가 벌어졌고 교훈을 얻을 것입니다." 수동태는 문장을 완전히 뒤집어서 목적어를 주어로 바꾼다. "실수했다"는 "실수가 벌어졌다"가 된다. "내가 개를 차로 쳤다"는 "개가 차에 치였다"가 된다. 책임에서 벗어나는 쉬운 방법 중 하나다.

영어를 오염시키는 '온갖 정신적 악덕 행위'를 나열한 책《영어의 정치학》에서 조지 오웰은 독자들에게 "능동태를 사용할 수 있으면 수동태를 절대로 사용하지 마라"라고 쓴소리를 했다. 또한 "대체

할 만한 표현이 없는 경우를 제외하고는 외국어나 과학 용어 또는 전문용어를 사용하지 마라"라고 말하기도 한 것을 보면 커뮤니케이션에 관한 그의 생각은 요즘 커뮤니케이션 전문가들보다 훨씬 나은 것 같다.[13] 오웰의 훌륭한 지침이 있음에도 불구하고 요즘 커뮤니케이션 팀은 수동태와 사랑에 빠져 있다.

영국의 회계컨설팅기업인 프라이스워터하우스쿠퍼스PwC는 오스카상 시상식을 망친 직후인 지난 2017년 2월 수동태 사과의 끝판왕을 보여줬다. 80년 이상 오스카상 시상식 투표를 맡아온 PwC는 시상자인 워렌 비티에게 작품상 수상자가 잘못 적힌 봉투를 전달했으며, 공동 시상자인 페이 더너웨이가 엉뚱한 수상자를 호명한 직후에야 실수를 알아챘다. 이후 PwC는 소셜미디어를 통해 다음과 같이 발표했다.

> 저희는 작품상 발표 과정에서 벌어진 실수에 대해 〈문라이트〉와 〈라라랜드〉의 관계자, 워렌 비티와 페이 더너웨이 그리고 오스카상 시상식 시청자 여러분께 진심으로 사과드립니다. 시상자들에게 잘못된 봉투가 실수로 전달됐으며, 잘못이 발견된 후 즉시 정정됐습니다. 저희는 현재 어떻게 이런 일이 벌어질 수 있었는지를 조사 중이며 이런 일이 발생되어 대단히 유감스럽게 생각합니다. 아울러 저희는 상황에 잘 대처해주신 수상 후보자, 영화예술과학아카데미, ABC방송, 사회자 지미 키멜에게 감사의 말씀을 전합니다.

이 사과문의 약 23퍼센트는 수동태로 이뤄졌다. PwC가 잘못을 전적으로 받아들일 용기가 있었다면 사과문을 이렇게 써야 했다.

저희는 작품상 발표 과정에서 저희가 저지른 실수에 대해 〈문라이트〉와 〈라라랜드〉의 관계자, 워렌 비티와 페이 더너웨이 그리고 오스카상 시상식 시청자 여러분께 진심으로 사과드립니다. 저희가 시상자들께 잘못된 봉투를 실수로 전달했으며, 잘못을 깨달은 즉시 정정했습니다. 저희는 현재 어떻게 이런 일이 발생했는지를 조사 중이며, 저희가 저지른 잘못에 대해 대단히 유감스럽게 생각합니다. 아울러 저희는 상황에 잘 대처해주신 수상 후보자, 영화예술과학아카데미, ABC방송, 사회자 지미 키멜에게 감사의 말씀을 전합니다.

수동태를 능동태로 바꿈으로써 사과문의 내용이 훨씬 더 진실해졌으며 결정적으로 의미가 훨씬 분명해졌다. 조직은 사과할 때 능동태를 사용하는 것을 두려워한다. 능동태가 자신의 실수를 지나치게 강조한다고 여기는 탓이다. 그러나 전혀 그렇지 않다. 물론 기업 커뮤니케이션을 능동태로 표현한다고 해서 다 옳다는 뜻은 아니다. 《이코노미스트》가 단호하게 주장하듯이 능동태로도 얼마든지 책임을 회피할 수 있다.

"저희는 이러한 유감스러운 사건이 앞으로 일어나지 않도록 그 원인을 밝혀내기 위해 조사 위원회를 구성하고 있습니다"라는 표현은 책임을

회피하려는 교활한 기업 언어지만, 문법상으로는 능동태다.[14]

앞의 사례에서 PwC는 수동태 사과를 전략적으로 활용해서 책임을 모면하는 데만 급급했다. 하지만 결과적으로 수동태 사과 때문에 평판에 엄청난 피해가 생겼으니, 차라리 사과하지 않는 편이 더 나았을지도 모른다. PwC의 사과가 발표된 후 여기저기서 비난이 일었다. 미국 펜실베이니아 주립대학교 언어학자들의 블로그 '랭귀지 로그Language Log'에는 "어젯밤 오스카상 시상식에서 벌어진 사태는 행위 주체가 없는 수동태가 상황을 얼마나 혼란스럽게 만들었는지에 대한 명백한 사례를 보여줬다"라는 글이 올라왔다.[15] 로이터통신의 게리 도일은 "사과문에서 수동태 사용 부문 최우수상을 받을 사람은 ……"이라는 트윗을 올렸다. 또한《뉴욕타임스》의 캐서린 로즈먼은 "이보다 더 심혈을 기울여 수동태를 사용한 사과문은 본 적이 없다"라며 트위터에서 조롱했다.

부정관사

부정관사를 잘 이용해서 조직과 그들이 저지른 잘못 사이의 거리를 벌리는 방법도 있다. 약삭빠른 대변인이라면 '그 폭발'이나 '그 사소한 항공기 폭발'이라고 말하는 대신 '어떤 폭발'이나 '어느 사소한 항공기 폭발'이라고 말할 것이다. 이러한 표현은 특정한 폭발이 아니라 주목할 만한 다른 폭발도 있다는 것을 암시한다. 이는 작지만 중요한 왜곡이다.

2018년 8월 열차 천장에서 조명 부품 하나가 승객의 머리로 떨어졌다. 그 승객은 당연히 사과받기를 기대했을 것이다. 누군들 그렇지 않겠는가? 하지만 그가 받은 것은 사과가 아니라 알 수 없는 일이 일어났다는 애매한 인정과 조명 부품이 머리로 떨어지게 만든 것에 대해 책임져야 할 기업이 승객의 안전을 매우 중하게 여긴다는 말뿐이었다. 영국의 철도회사 그레이트웨스턴 레일웨이의 대변인은 지역 언론에 이렇게 말했다.

저희는 조명용 장식 격자의 연결부분이 느슨해져서 한 승객의 머리 위로 떨어진 어떤 일을 알고 있습니다. 다행히 피해는 크지 않았으며 그 고객은 추가적인 조치가 필요하지 않아 여행을 계속했습니다. 저희는 승객의 안전을 매우 중하게 여기고 있으며 이번 일을 자세히 조사할 예정입니다.[16]

이 성명은 우선 '죄송하다'라는 말이 없다는 점이 눈에 띈다. 그리고 사고를 '어떤 일'이라고 지칭한 다음 승객이 다치지 않았다는 점을 강조하기 위해 대단히 노력한 듯하다. 그 승객이 크게 다치지 않아서 그럭저럭 여행을 계속할 수 있었던 것은 사실이기 때문이다. 그러나 "저희는 그 조명용 장식 격자의 연결부분이 느슨해져서 승객 한 분을 다치게 했다는 점을 알고 있습니다"라고 말했다면 사과문은 눈에 띄게 달라졌을 것이다. 그레이트웨스턴의 사과문은 승객이 별것도 아닌 일로 소란을 피우고 있는 것처럼 만들었다.

영국의 버스회사 스테이지코치Stagecoach도 버스 문에 아이의 팔이 껴서 다치는 사고가 난 다음 책임을 피하기 위해 그레이트웨스턴과 똑같은 방법으로 대응했다. 스테이지코치의 대변인이 지역 언론에 발표한 성명은 다음과 같다.

저희는 지난 수요일 한 가족이 저희 버스에서 하차alight하면서 발생한 일을 알고 있습니다. 고객이 저희와 함께 안전하고 편안한 여행을 즐기도록 해드리는 것은 저희의 최우선 과제이며, 저희는 고객에게 이 일을 조사하는 데 협조해달라고 부탁했습니다. 그 아이가 심하게 다치지 않았음을 알게 되어 기쁘게 생각합니다.[17]

이 사과문에는 수동태와 부정관사뿐만 아니라 약간의 전문용어('alight'는 항공기 같은 운송 수단이 육지나 해상에 착륙할 때 사용하는 용어다)까지 들어 있어서 '미안하다면서도 결백을 주장하는 사과' 중에서도 단수가 높은 축에 속한다. 이후 아이의 어머니는 이렇게 말했다. "나는 회사로부터 제대로 된 사과를 받고 싶을 뿐입니다."

언어를 이런 식으로 잘못을 회피하는 데 사용하게 만든 이들은 바로 법률 전문가다. 홍보 담당 부서 책임자들은 수년간 회사 내 법률 팀으로부터 당연히 인정해야 할 잘못을 피할 수 있게끔 모호한 내용을 발표하라는 요청을 받아왔다. 소송에 대한 두려움이 기업의 사과를 혼탁하게 하는 주된 오염 원인인 것이다.

모호한 표현 뒤에 숨는 기업은 사실상 혼자 중얼거리고 있는 셈이다. 조직이 비난을 회피하는 데 성공하든, 자기 꾀에 넘어가서 실패하든, 모호하게 둘러대는 언어를 사람들은 가장 듣기 싫어하기 때문이다. 업계 내부의 전문용어를 사용하거나 자화자찬하며 잘못을 회피하면 진심 어린 사과를 할 수 없으며, 제대로 책임질 수 없다. 이는 누구든 계속해서 의심의 대상이 되는 길이다. 업계 전체가 간결하고 정확한 언어를 사용해야만 갖가지 불필요한 골칫거리에서 벗어날 수 있을 것이다.

CHAPTER 8

위기에 피로감을 느낄 때
사과는 위험해진다

위기 피로증, 그리고 사과의 양과 질

양말에 인쇄된 레고 모양이 아랍어의 '알라'처럼 보이는 것은
전적으로 우연의 일치이지만, 고객들의 항의로
해당 품목을 회수하기로 했습니다.

– 2018년 1월 27일 H&M 대변인

많은 조직이 기를 쓰고 사과하려는 심리의 기저에는 일종의 반사작용처럼 자신의 평판을 보호하려는 타고난 본능이 있는지도 모른다. 사과는 위기 커뮤니케이션 전략의 핵심 항목이며, 피해 대책과 소비자의 신뢰 유지에 필수 수단이다. 사람들에게는 사과를 받아야 할 때도 있고 마땅히 사과해야 할 때도 있다. 일단 사과하고 나면, 조직은 상황을 유리하게 주도해갈 수 있다.

하지만 사과 요구가 정당한지, 사과를 요구하는 사람이 사과를 받을 자격이 있는지가 중요하지 않을 때도 있다. 사과에도 시장 원리가 작용하는 탓이다. 또한 비난하는 주체가 비난받는 행위만큼 중요할 때가 많다. 《당신이 공개적으로 망신당한 이유So You've Been Publicly Shamed》라는 책에서 존 론슨John Ronson은 거대 조직을 호출하려는 대중의 갈망을 기존 갑을관계가 역전된 덕분이라고 주장한다.[1] 보잘것 없던 소비자들이 지금은 대기업과 맞붙을 수 있는 소셜미디어라는 플랫폼을 찾아내 신나게 활용하고 있는 것이다. 물론 플랫폼이 주 소득원인 미디어들도 그 플랫폼을 열심히 활용하고 있다.

론슨은 소셜미디어와 기타 온라인 플랫폼으로 거대 기업과 소비자들이 평등해졌다고 주장한다. 지금은 누구든지 거대 기업에 맞서 어마어마한 사회적 보상을 받을 수 있다. 유나이티드항공을 망신시키고 #leggingsgate라는 해시태그를 대중화한 섀넌 왓츠Shannon Watts는 《타임》에 실린 칼럼에서 이렇게 말했다. "거대 조직은 예전에는 힘이 없던 사람들(블로거 등 소셜미디어 계정을 가진 사람이면 누구든)에 의해 콧대가 꺾였다."[2]

대중이 소셜미디어로 힘을 얻고 있다는 론슨의 주장이 맞기는 하지만, 그들이 '거인'의 콧대를 꺾고 있다는 것이 과연 사실일까? 혹시 어쩌다 거대 기업에서 일한다는 이유로 거인처럼 보일 뿐인 사람들을 끌어내리고 있는 것은 아닐까? 거대 기업에서 사과를 받아내는 일은 약자에게 어마어마한 승리처럼 보일 수 있다. 하지만 현실은 대개 이와 다르다. 거대 기업의 소셜미디어 계정에 수천 건의 분노한 메시지가 빗발치면 보통은 임원 한 사람이나 조직 내부의 작은 팀이 뒷감당과 자리보전에 전전긍긍할 뿐이다.

그리고 사과를 요구하는 주체가 언제나 약자는 아니다. 유나이티드항공과 그들의 과도한 복장 정책(성차별주의적인 레깅스 정책)에 대해 목소리 높여 비난한 주체는 부당함과 대결하기로 마음먹은 '모든 여성'이라고 알려져 있다. 그러나 이 움직임을 주도한 섀년 왓츠는 일반인이 아니라 한창 성장 중이던 미디어 플랫폼을 독자적으로 보유한 노련한 위기관리 컨설턴트이자 정치 활동가였다.

다윗과 골리앗의 싸움이 아니라 다수의 다윗과 소수의 다윗이 싸우게 될 때는 이야기가 달라진다. 위기 피로증이 조성되기 전에 수많은 적대적 관심에 대처하기 위해서는 전문성을 갖춘 커뮤니케이션 팀이 필요하며, 문제해결에 많은 에너지와 노력이 들어간다.

반발 예방하기

—

레슬리 밤브리지Lesley Bambridge는 마케팅 커뮤니케이션 컨설팅 업체인 위민비즈니스We Mean Business의 런던 지부를 맡고 있다. 그녀는 리얼리티 TV쇼 〈빅 브라더〉(다수의 참가자를 한 집에 가둬놓고 시청자들이 이들의 행동을 24시간 감시하는 프로그램 – 옮긴이)를 후원해온 한 유명 에너지 음료 기업에서 의뢰를 받아 컨설팅을 진행한 적이 있다. 그녀는 분노가 수반되는 위험을 관리하기 위해 얼마나 많은 노력이 필요한지 직접 경험한 내용을 이렇게 설명했다.

요즘에는 무슨 일이 터질지 모르잖아요. 그래서 우리는 발생할 가능성이 있는 최악의 시나리오를 예상하고 확인하고 검토해서 Q&A를 작성해서 배포했어요. 그 결과 고객서비스 팀과 PR 대행사는 그 시나리오에 따라 적절한 용어를 잘 다듬어서 효과적으로 대응할 수 있었어요. 우리는 〈빅 브라더〉 제작진 및 저당Low Sugar 캠페인 활동가들과 함께 위험 요소가 있다고 확인한 여러 개별 집단을 위해 인터넷 사이트에 Q&A 페이지를 마련했어요. 언론, 인플루언서, 유명 인사, 압력집단, 많은 팔로워를 보유한 소셜미디어 사용자는 모두 잠재적인 위험 요소를 안고 있거든요. 시나리오에 따른 맞춤형 사례라고 판단되면 즉각 대응할 수 있도록 Q&A에 해결 방안과 절차까지 넣었어요.

널리 알려진 소셜미디어 사용자가 영향을 미치는 대상은 소비자가 아니라 대부분 거대 조직이다. 이렇듯 권력관계가 변화함에 따라 조직의 위기 준비와 대응 방법도 달라져야 한다. 레슬리는 소셜미디어 사용자의 '강한' 압박을 거론하면서 공격을 받는 대상은 위험을 벗어나기 위한 적절한 대응 절차를 준비해야 한다고 역설한다.

저당 캠페인이 출범하고 몇 달이 지난 후 〈CBB Celebrity Big Brother〉가 방영 중이던 기간에 우리는 소셜미디어와 브랜드 관련 보도내용을 모니터하는 사람들로부터 하루 두 번 보고서를 받았고, 주간 및 월간 보고서까지 받았어요. 우리에게는 필요할 경우 즉각 실행해야 할 단계적 확대 코드와 해결 절차가 준비돼 있었죠. 사업이 완벽히 보호되고 있다는 확신이 들도록 하는 데 들어간 재원과 시간은 엄청났어요. 재정상 남는 건 별로 없었지만, 꼭 필요한 일이었죠.

나쁜 위기관리 습성을 지닌 일부 조직들은 레슬리가 설명한 탄탄하지만 값비싼 접근방법과 달리 일명 '전술적 유화정책' 방향으로 발길을 돌리고 있다. 잠재적인 위기가 나타날 때 조직은 자신이 져야 할 책임이 무엇이었고 부족한 부분이 무엇이었는지 헤아린 후 그 기반 위에서 효과적으로 소통하기보다 상징적으로만 상황을 뒤엎으려는 의지가 점점 더 강해지는 것 같다. 이는 동물행동학자들에게는 매우 익숙한 행태일 것이다.

위기 피로증과 전술적 유화정책

—

개가 등을 바닥에 대고 누워 배를 드러내면 항복이라는 분명한 신호를 보내는 것이며, '어떤 말썽도 부리지 않겠다'는 뜻이다. 진화생물학자 아모츠 자하비Amotz Zahavi는 이를 '불이익 원칙handicap principle'이라고 부른다.[3] 자하비는 이 원칙이 자연 세계에서 (그리고 인간 세계에서도) 믿을 만하다는 신호이지만 신호를 보내는 입장에서는 큰 비용이 들 수밖에 없다고 주장한다. 이를테면 개는 배를 보여줌으로써 위험에 노출될 가능성이 높아져 공격에 취약한 상태가 된다.

그러나 이렇게 하면 불필요한 충돌을 피함으로써 이득을 얻을 수 있다. 충돌이 일어나면 에너지를 사용하게 되고 위험을 감수해야 한다. 이전에 상처를 입었거나 에너지를 사용하여 피로한 상태라면 위험은 더 커진다. 그래서 개와 조직은 모두 화를 내며 이빨을 드러내기 전에 배를 드러내는 전술적 유화정책을 기꺼이 활용한다. 이것은 생존 본능이다. 위기가 잘 해결되지 않으면 생존을 위협받기 때문에 일부 조직이 위기가 발생하는 즉시 전략적으로 고분고분한 태도를 보이며 접근하는 것은 당연한 일일지도 모른다. 그들은 평판에 대한 위협 요소를 줄이고 생존 가능성을 높이기 위해 패배를 인정하고 위협이 사라지기를 바란다.

2018년 스웨덴의 의류 소매업체 H&M은 전술적 유화정책의 진수를 멋지게 보여줬다. 전 세계에 4천 개 이상의 점포와 13만 2천 명의 종업원을 거느린 세계 2위의 패스트패션 소매업체가 불량제품도 아니고 법을 위반한 것도 아니며 어떠한 불쾌감도 주지 않은 제품을 판매 중지한 이유는 무엇일까? 2018년 1월 H&M은 양말 판매 중단 방침을 발표하면서 '만약 단 한 사람이라도 기분을 상하게 했다면'이라는 조건을 단 사과를 했다.[4] 그리고 제품 전량 회수라는 필요 이상의 큰 손실을 감수했다. 매우 값비싼 항복 신호를 보낸 셈이다.

스웨덴 국영 TV를 통해 발표한 별도의 성명에서 H&M은 죄송하다는 말을 한마디도 꺼내지 않았지만, 분명 그 내용은 사과문이었다. 하지만 이 패션업계에서 벌어진 사소한 위기의 대처 과정에서 H&M이 골치 아픈 선례를 남겼다고 생각한다. 그들은 제품에는 아무 문제가 없지만 고객들이 불만을 표시했기 때문에 제품을 회수하기로 결정했다고 주장했다. H&M의 양말 논란이 불거진 이후 갭(중국에 불쾌감을 주는 티셔츠 판매), 톱맨(리버풀 출신에게 불쾌감을 주는 티셔츠 판매), 넥스트(인종차별로 피소), 부후닷컴(성차별로 피소) 등의 동종 업계들도 문화적인 실패를 이유로 온라인에서 비난당한 다음 공개적으로 사과했다.[5~8]

> 양말에 인쇄된 레고 모양이 아랍어의 '알라'처럼 보이는 것은 전적으로 우연의 일치지만, 고객들의 항의로 해당 품목을 전량 회수하기로 했습니다.[9]

이 성명은 가벼운 방어로 시작한다. 그리고 양말에 인쇄된 레고 형상을 언급하면서 문제가 된 제품에 대해 설명했다. 여기까지는 아주 좋다. 하지만 그 다음부터 자기 입장을 명확히 하지 못하고 어긋나기 시작한다. 그들은 레고 모양이 아라비아 글자 '알라Allah'처럼 보인다는 점을 인정했다. 이에 대해서는 논란의 여지가 있다. 양말을 거꾸로 들어서 눈을 가늘게 뜨고 보면 살짝 닮아 보이기도 하지만 누구에게나 그렇게 보이는 것은 아니었다. 실제로 한 아랍 출신의 저널리스트 겸 연구원이 다음과 같은 트윗 글을 올리기도 했다.

> 이곳은 점점 우스꽝스러워지고 있다. 내가 보기에는 H&M 양말에 아라비아 글자로 '알라'가 인쇄된 것처럼 보이지 않는다. 내 말을 믿어라. 나는 아랍인이다. 트위터는 부정확한 주장들이 가득한 곳이다.[10]

하지만 H&M은 이미 방어적인 자세를 취했다. 사과 성명은 다소 주관적인 항의에도 양말이 불쾌감을 줬다는 사실을 받아들이고 사태를 진정시키는 쪽으로 입장을 정리했다는 것을 보여줬다. 그들은 "고객들의 항의로 해당 품목을 회수하기로 했습니다"라며 백기를 흔들었고, 거대 기업이 몇몇 소셜미디어 사용자들의 항의를 이유로 이미 만들어진 상품을 회수하고 폐기하는 비용과 불편을 부담한 선례를 남긴 것이다.

소셜미디어가 기업의 책임에 긍정적인 영향을 미칠 때도 많지만, 이 사건에서는 긍정적인 면과 부정적인 면을 모두 보여주고 있다. 필자는 사실 H&M이 고객들의 항의에 맞서 더 꿋꿋이 버티기를 기대했다. H&M은 왜 그렇게 신속히 백기를 흔들 준비가 되어 있었을까? 그 배경에는 후드티 인종차별 사건이 있다.

2018년 1월 양말 논란이 있기 2주 전, H&M은 기업의 평판에 영원히 흠집을 남길 수도 있는 문화적 실패를 겪었다. 예민한 소셜미디어 사용자들뿐만 아니라 농구 스타에서 교육 자선가로 변신한 르브론 제임스Lebron James와 래퍼 디디Diddy 같은 세계적인 유명 인사들까지 분노하게 만든 진정한 위기였다. 이 위기는 남아프리카공화국 폭동으로 절정에 올랐다. H&M에서 만든 아동용 후드티의 품질에는 이상이 없었으나 후드티 앞면에 프린트된 문구가 문제를 일으켰다. '정글에서 가장 건방진 원숭이'라는 문구가 적힌 후드티를 흑인 아이에게 입히자 심각한 인종차별 문제로 불거진 것이다. 논란이 일자 아이의 어머니는 그 후드티에 인종차별 의도가 있었다고 생각하지 않는다고 말했지만, H&M은 사과했고 제품을 회수했다.

H&M은 매우 심각한 문제가 될 수도 있었던 후드티 사건에 재빠르게 대처하여 큰 타격을 입지는 않았기 때문에 양말 문제가 터졌을 때도 별일 아니라고 생각했던 것 같다. 따라서 소셜미디어의 격분한 소비자들에게 별 대응을 하지 않았는데 예상 외로 비난이 거세게 일자 결국 추가 피해를 막기 위해 재빨리 사과했다. 후드티 사건이 벌어지기 전이었다면 조금 더 상황을 지켜볼 수도 있었겠지만, 이미 문화적 실패로 큰 위기를 경험했던 H&M은 더 이상 버틸 수 없었다. H&M의 간부들은 사과하지 않고 버텼을 경우 벌어질 일을 이미 잘 알고 있었기 때문이다.

어떻게 위기에 대처하는지는 H&M가 결정하고 책임져야 할 일이지만, 그렇게 쉽게 물러서는 태도는 조심해야 한다. 주의 깊게 들어보면 기업을 비난하는 분노의 목소리도 있지만 물러서지 말고 소신대로 행동하라고 지지하는 목소리도 분명히 있을 것이다. 어떤 조직이든 사과하면 평판에 흠집이 날 수 있다. 그동안 어떤 어려움에도 꿋꿋이 버텨온 노력의 크기보다 그 흠집이 더 클 경우도 있다. H&M은 그 위험을 떠안은 결정을 내린 것이다.

뉘우침의 강도

–

사과가 넘쳐나는 문제는 앞서 논한 조회 수 인센티브에 변화가 있을 때까지 분명히 사라지지 않을 것이다. 우리는 너무 많은 사과를 요구하고 성사시키며 이에 대한 댓글을 단다. 또 한 가지 골치 아픈 일은 조직들이 '미안하다(죄송하다)'라는 단어의 의미를 완전히 왜곡하면서 적절한 뉘우침의 강도를 지키지 못하는 것이다. 과잉 금지의 원칙을 완전히 포기한 조직도 있다. 이는 비난을 듣고 실패에 대처하는 과정에서 기업이 근본적으로 불안을 느낀다는 뜻이다.

테스코는 영화 〈블랙 팬서〉 관련 상품을 '다크 팬서'로 잘못 표기하고 판매해 일부 영화 팬을 당황하게 한 것에 대해 "대단히 extremely 죄송하다"라고 말했다. 한편 라이언항공의 크로아티아행 항공기가 상공에서 급하강한 후 독일에 비상착륙했을 때 항공사는 "일체의 불편에 대해 진심으로sincerely 사과드립니다"라는 성명을 발표했다. 승객 중 일부는 갑작스러운 하강으로 귀에서 피가 나오는 부상을 입었는데도 불구하고 놀랄 만큼 평범한 사과였다.

테스코는 지나쳤고 라이언항공은 부족했다. 실생활의 사과 유형과 비교해보면 이 두 사례는 기업 공개 사과의 뒤틀린 시각을 보여준다. 보통 사람이라면 길에서 다른 사람의 앞을 막은 것에 대해 미안해하는 정도와 이웃집 개를 자동차로 친 것에 대해 미안해하는 정도가 매우 다를 것이다. 하지만 기업들은 정도를 제대로 파악하지 못하는 것 같다. 게다가 공감과 뉘우침의 강도를 적절하게 조절하지 못해 (그 정도가 지나치게 낮을 때도 있지만, 대개는 너무 높다.) 사과의 내용과 표현 사이의 관계를 왜곡한다. 결국 사과가 우스꽝스러워진다.

지난달에 샌프란시스코의 숙소 중 하나가 투숙객에 의해 비참하게 파손되는 일이 있었습니다. 저희는 이 사실을 알고 가슴이 내려앉았습니다. 저희는 아무것도 할 수 없이 마비된 느낌이었고 지난 4주 내내 일을 제대로 할 수 없었습니다.[11]

2011년 숙박업자가 제공하는 숙소가 파손된 것에 대한 에어비앤비Airbnb의 반응은 '비참하게', '마비된'이라는 두 단어로 요약할 수 있다. 그들은 진정하고 진실된 서비스를 지향하고 있지만, 사과는 상당히 과한 부분이 있다. 이 같이 과장된 사과에 드러난 문제는 명백하다. 활용 가능한 감정 폭을 줄여버린다는 것이다. 숙소 파손 정도를 업무가 '마비'되고 '비참한' 사건으로 설명해버리면, 그 이상의 문제가 발생했을 때 사용할 수 있는 감정과 단어는 지극히 제한된다. 그래서 2017년 호주에서 에어비앤비의 숙소를 이용한 투숙객이 숙박업자에 의해 살해됐을 때 '매우 슬펐으며 분노했다'라고 표현한 에어비앤비의 성명은 절대적으로 강력한 언어를 사용한 앞의 사과문과 비교돼 매우 약하게 들린다.[12]

실생활에서처럼 기업 사과도 "어이쿠, 미안해"에서부터 "조만간 저를 용서해주시기를 희망합니다"에 이르기까지 뉘우침의 정도에 차이가 있어야 한다. 그러나 기업의 과민 반응으로 인해 감정의 고저와 뉘우침의 강도에 일관된 원칙이 없어서 당혹스럽다. 오늘날 기업의 '미안하다'라는 말은 "우리에게 트윗 글로 공격하지 마세요"에서부터 "우리는 엄청난 실수를 저질렀어요"에 이르기까지 폭넓게 사용된다. 그러니 소비자가 기업의 사과를 신뢰하지 않는다고 해도 놀랄 일이 아니다.

사과의 제한

–

대다수의 사과 문제는 만족보다 불만이 많을 때 발생하며, 고객의 불만 어린 피드백을 받아들이는 일은 기업이 사과해야 하는 일로 직결된다. 너무 많은 기업이 부정적인 피드백에 대한 유일한 반응은 사과하는 일이라고 믿는 듯하다.

다양한 종류의 사과가 너무 많이 떠돌아서 이제 그 내용이 잘 들리지 않을 정도다. 이 시점에 주장하기에는 다소 이른 감이 있지만, 사과의 양은 줄어들어야 한다. 양보다 질이다. 커뮤니케이션 업계는 모두가 늘 사과해야 한다고 착각하고 있지만, 상업적 관점에서뿐만 아니라 도덕적 관점에서도 이는 명백히 사실이 아니다.

부적절한 사과가 난무하는 이 현상을 멈추기 위해서는 모두가 자신의 입장을 확고히 다져야 한다. 반사적으로 사과하거나 진심 없이 더 잘하겠다고 약속하지 말고, 비판을 받아들이는 법을 배워야 한다. 불필요한 사과는 평판에 나쁜 영향을 줄 수 있다는 부정적인 측면을 알고 있다면, 두렵더라도 꿋꿋하게 버텨야 한다. 영국의 전 총리 고든 브라운Gordon Brown의 사례를 참고해보자.

2010년 고든 브라운은 선거 유세 기간 중 만난 한 청중을 비난한 발언으로 재선 가능성에 스스로 찬물을 끼얹었다. 하지만 정작 그의 재선에 결정적으로 타격을 입힌 것은 문제가 된 발언이 아니라 그이후 이뤄진 사과였다.

유세를 마치고 차에 오르던 고든 브라운은 내내 그를 따라다니며 집요하게 질문을 퍼붓는 여성에게 "만나서 매우 반가웠다"라고 말한 후 차에 올랐다. 그런데 방송사 무선 마이크가 옷깃에 달린 것을 잊은 그는 차 안에서 그 여성을 "끔찍한 고집불통 bigoted "이라며 비난했고, 그의 발언은 미디어를 통해 공개됐다. 미디어의 입장에서는 그야말로 놓칠 수 없는 특종감이었을 것이다. 그 사건은 재선캠페인에 엄청난 악영향을 미쳤고, 미국의 코미디언 존 스튜어트는 "한 사람의 정치적 성공이 그의 몸을 떠나는 순간을 우리가 실제로본 겁니다"라고 말하기도 했다.[13]

일단 브라운은 그녀를 찾아가 정중하게 사과했다. 그의 사과를수긍한 사람도 많았지만, 중요한 것은 브라운이 진심으로 사과했다고 믿지 않는 사람이 더 많았다는 점이다. 문제는 브라운이 그저 사과해야 한다는 의무감에 이끌려 행동했다는 데 있었다. 미디어와 대중이 그 여성에게 사과하라고 요구하자 마지못해 응했을 뿐이다. 그는 사과하는 것 이외에 다른 방법을 떠올릴 생각도 못했던 것 같다.

누군가에게서 사과해야 한다는 말을 듣는 것은 매우 난감한 일로, 이러지도 저러지도 못하는 상황을 맞이하게 된다. 사과하지 않고질질 끌다가는 적절한 사과 시점을 놓칠 수 있다. 하지만 사과하는순간, 새로운 뉴스 제목이 만들어질 수도 있다. 그러므로 잘못을 저질렀다고 확신할 때만 사과해야 한다.

결국 브라운에게 사과를 받은 여성은 BBC〈뉴스 나이트〉와 스카이뉴스에 출연해서 지지하는 정당에 관한 인터뷰를 하는 등 유명세를 탔고, 브라운은 유권자를 뒤에서 욕한 총리로 조롱거리가 됐다. 몇 달 전만 해도 '올해의 세계 정치인'으로 지명됐던 영국 총리 고든 브라운은 그 사건 이후 재선에 실패했다.

한편으로 과거와 달리 호출 문화가 발달하고 바이럴 뉴스가 활발해진 요즘이라면 위기에 빠진 브라운의 재선 캠페인이 되살아났을지도 모른다고 생각해볼 수 있다. 만일 고든 브라운이 2018년에 같은 여성에게 똑같은 발언을 했다면 미디어 아울렛을 이용해 승리자가 됐을지도 모른다. 뉴스 제목은 "고든 브라운, '고집불통' 발언에 이어 사과 발언으로 구설수"가 아니라, "영국 총리 고든 브라운, 인종차별주의자에게 사과 거부"가 됐을 것이다(그 여성은 브라운에게 동유럽 이민자를 받지 말라는 취지의 질문을 했다-옮긴이).[14] 바이럴 뉴스 제목의 패러다임을 적용하면 그는 영웅이 되고 그 여성은 악당이 될 수도 있었다. 이것은 가정이 아니라 실제로 있었던 일을 재구성한 것으로 주인공을 캐나다 총리 쥐스탱 트뤼도Justin Trudeau에서 고든 브라운으로 바꿨을 뿐이다.

트뤼도는 2018년 8월 고든 브라운과 똑같은 일을 겪었지만 사과하지 않았다. 트뤼도는 사과하기를 마다하지 않는 지도자로 알려져 있었는데도 말이다. 다행스럽게도 그는 사과하지 않는 것이 얼마나 강력할 수 있는지 생생하게 보여줬다. 사건의 구성은 거의 같다. 현직 총리가 대중을 만나고, 군중 속의 한 여성이 이민정책에 관해 목소리를 높였다. 총리는 이 문제에 대한 자기 생각을 말했다. 그리고 이 대화는 "캐나다의 총리 쥐스탱 트뤼도, 인종차별주의자에게 사과 거부"라는 제목으로 보도됐다.[15]

브라운의 사과는 불필요했다. 트뤼도의 사례가 이를 입증한다. 하지만 불필요한 사과보다 더 나쁜 것은 문제를 해결할 방법으로 사과 이외의 것을 생각하지 못했다는 점이다. 그는 '고집불통'이라는 단어를 연상시키는 이미지에서 벗어나 엉망이 된 선거 분위기를 반전시킬 기회를 놓쳤다.

고든 브라운은 사과하지 말아야 했다. 2006년('고집불통 사건'이 벌어지기 4년 전) 정치평론가 니콜라스 존스는 고든 브라운의 브라운주의와 직전 총리인 토니 블레어의 블레어주의가 결정적으로 다른 점에 관해 비교하면서, 불편한 상황에서 질질 끄는 것을 싫어하는 브라운의 방식에 특별히 주목했다. 브라운은 스핀닥터spin doctor (정부 수반이나 각료 곁에서 정책을 구체화하거나 알리는 역할을 하는 정치 홍보 전문가 - 옮긴이)를 별로 좋아하지 않았다.

토니 블레어가 피터 만델슨과 알라스테어 캠벨과 같은 스핀닥터를 활용한 것과는 달리 고든 브라운은 스핀닥터를 전혀 활용하지 않았다. 브라운 지지자들은 미디어의 음흉한 기술black art에 의존해온 블레어를 혐오했다.[16]

브라운에게도 자신만의 피터 만델슨이나 알라스테어 캠벨이 있었다면 사과하지 않고 꿋꿋하게 버틸 때 아직 드러나지 않은 해결책을 발견할 수 있으리라는 조언을 받았을지도 모른다. 사과는 일회용 비닐 봉지와 비슷하다. 둘 다 하나의 목적에는 도움이 되지만, 너무 쉽게 제공하면 엉뚱한 장소에서 문제를 일으킬 수 있다. 개인이든 조직이든 이제부터라도 사과를 자제해야 한다.

CHAPTER 9

CEO들은 어떻게
사과를 망치는가

자존심을 내세우는 사과의 오류

이 사태가 끝나기를 저보다 더 바라는 사람은 없습니다.
제 인생을 되찾고 싶습니다.

– 2010년 6월 BP의 CEO 토니 헤이워드

사과를 망치는 방법은 많다. 예를 들자면 보상이 빠져 있는 경우, 투명성이 부족한 경우, 잘못을 원래대로 바로잡기를 꺼리거나 현실적으로 바로잡을 수 없는 경우 등이다. 사과의 여러 가지 결격 요소 중한 가지만 있어도 원래의 목적을 달성하지 못할 것이다. 그럴 리야없겠지만, 너무 바빠서 제대로 사과할 시간도 없고 그다지 하고 싶은생각도 없는 사람에게는 실패로 가는 쉽고 빠른 지름길이 있다. 자기입장만 주저리주저리 늘어놓으면 된다.

평판에 지장을 줄 것이 명백한데도 불구하고 스스로 골칫거리를 만들어내고 과실의 책임을 키우기 위해 기를 쓰는 것처럼 보이는 조직도 있다. 앞서 자신의 장점을 부풀려 책임을 축소하는 슈뢰딩거식 사과의 진면목을 살펴봤다. 이런 식의 헛수고는 지금까지 본 부적절한 사과에서 고질적으로 나타나는 현상이지만, (조직에 피해를 주고 사과 대상에게 아무런 위안이 되지 못하지만) 최소한 이해할 수는 있다. 비난받는 조직이 이전에 행한 선행에 호소함으로써 자신의 잘못에 명분을 부여하려는 것은 본능이다.

하지만 자존심을 내세우는 사과는 이해할 수 없다. 이 사과가 나쁜 이유는 사과하는 사람이 사과를 받는 사람에 전하는 메시지가 바로 사과라는 가장 중요한 원칙을 어겼기 때문이다.

BP의 CEO 토니 헤이워드

–

2010년 'BP 원유 유출'로도 널리 알려진 딥워터 호라이즌(BP의 해상 오일 생산 설비-옮긴이)의 원유 유출은 굴착 장치에서 11명이 죽고 17명이 다친 큰 사건이었다. 이 사건으로 위기를 맞은 것은 환경만이 아니었다. BP는 처음부터 수많은 문제에 부딪쳤다. 굴착 장치에서는 계속해서 원유가 유출됐고, BP의 주가는 곤두박질쳤다. 예상되는 피해 지역은 광범위했고, 이로 인해 미국의 해안가 지역, 동물 복지 단체들까지 모두 불안에 떨어야 했다.

원유 유출 사건은 누구의 책임인지 규명하는 문제로 한층 더 복잡해졌다. 미국의 언론은 BP를 'British Petroleum'이라고 호칭했다. 이는 1998년 미국의 화학 및 석유 거대 기업 아미코와 BP가 합병한 이후 한 번도 사용되지 않았던 명칭이다.[1] BP는 그 사고를 '멕시코만 원유 유출'이라고 했지만, 오바마 대통령은 'BP 원유 유출'이라고 언급했다.

유출에 관한 BP의 대응은 첫날부터 엉망이었다. BP는 상황을 파악하느라 정신이 없었고, 임원들은 각자 유출의 심각성과 대략적인 뒤처리 시간을 다르게 설명했다. 유출된 원유가 플로리다 해안에 도달할 것인지, 멕시코만에만 머무를 것인지부터 불분명했다. 동물과 환경 문제는 차치하더라도 이 사고가 미국의 어업과 관광업에까지 영향을 미친다면 유출 그 자체보다 몇 배 더 나쁜 결과를 가져올 것이었다. 게다가 BP의 CEO 토니 헤이워드Tony Hayward가 '매우 적당한' 양의 유출이라고 언급함으로써 상황을 악화시켰다.

지질 전문가인 헤이워드는 동료들 사이에서 솔직하고 직설적으로 소통하는 스타일로 알려져 있었지만 이번 사태에서만큼은 신중했어야 했다. 그의 발언은 매우 경솔했으며, 적어도 상황이 확실해지기 전까지는 말을 아꼈어야 했다. 유출의 범위가 분명하지는 않았지만, 그가 말하던 그 시간에도 손상된 굴착 장치 때문에 약 300만 리터의 석유가 멕시코만으로 쏟아지고 있었기 때문이다.[2]

이미 원유가 유출된 상황에서 유출량이 많고 적고는 중요하지 않다. 전문가라면 정확한 결론을 내릴 수 있었겠지만 일반인에게는 매우 많은 양이 유출되어 심각한 것처럼 보이며, 이것이 현실적으로도 문제가 되기 때문이다. 바다에 기름이 둥둥 떠다니는 상황에서 '그 정도면 적당하다'라는 발언은 비난을 불러일으켰다. 물론 헤이워드도 그때까지 정확한 상황을 알지 못했던 것 같다. 당시 유출 사고는 헤이워드의 발언처럼 적당한 수준이 아니라 석유 생산 역사상 최대의 해양 원유 유출 사고였기 때문이다.[3] 조금 과장해서 표현하자면 우주에서도 기름이 떠다니는 해역을 볼 수 있을 정도로 피해 범위는 광범위했다. 적당하다니 터무니없는 소리였다.

토니 헤이워드의 경솔한 언행은 여기에서 그치지 않았다. 그는 라디오 방송에 출연해 "우리가 일으킨 사고가 아닙니다"라고 말해 책임을 회피하려 했다. 심지어 미국의 여러 조직이 BP의 상황을 이용하려는 것 같다는 생각을 넌지시 비추기까지 했다.[4] 보상 청구에 대해 물어본 기자에게는 다음과 같이 말하기도 했다. "여기는 미국이죠. 어디 해보라고 해요. 우리에게 부당한 청구를 많이 해올 겁니다. 그러겠죠."[5]

이후 경솔한 언행으로 인한 후폭풍이 밀려오자 헤이워드는 자신의 모든 발언은 우발적인 실수라며 사과하려고 했지만, 또 한번 이어진 말실수로 BP 유출 사건은 대표적인 PR 실패이자 참사가 됐다. 헤이워드는 모여든 기자들 앞에서 "죄송합니다"라는 말로 사과를 시작했다. 기업 공개 사과에서 흔히 빠뜨리기 쉬운, 강하고 간단한 뉘우침의 표현이었다. 거기까지는 좋았다.

그는 다음과 같이 말을 이어갔다. "사람들의 목숨을 앗아간 엄청난 혼란이 벌어진 것에 대해 죄송하게 생각합니다." 그러고는 이렇게 덧붙였다. "이 사태가 끝나기를 저보다 더 바라는 사람은 없습니다." 이 발언은 매우 위험했다. 여기서 헤이워드는 자신의 바람을 말하지 말았어야 했다. 그는 피해자에 초점을 맞추고 유가족에게 상황을 바로잡기 위해 자신이 무엇을 할 것인지를 말해야 했다. 마지막으로 그는 "제 삶을 되찾고 싶어요"라고 마무리했다.

이것은 BP의 위기관리 역사에 있어서 엄청난 참사였다. 많은 사람들이 죽었고, 환경은 파괴됐으며, 엄청난 금전적 손실이 발생했지만 수년이 지난 지금도 BP 유출 사건에서 가장 기억에 남는 것은 헤이워드의 그 짧은 한탄이다. 심지어 《내 삶을 되찾고 싶다: 기업의 인성과 BP의 원유 참사》라는 제목의 책이 발간되기도 했다.[6]

희대의 사과 성명을 발표한 다음날, 헤이워드는 자신의 사과에 대해 또다시 사과해야만 했다.

제가 경솔한 발언을 했습니다. 특히 이 비극적인 사고에서 목숨을 잃은 11명의 유가족들에게 사과드립니다. 이 비극에 관한 저의 생각을 그 말로 대신하려는 뜻이 아니었습니다. 저의 최우선 과제는 멕시코만 지역 주민과 그 가족의 삶을 되찾아드리기 위해 최선을 다하는 일입니다. 제 삶이 아니라 그분들의 삶을 되찾아드리기 위해서 말입니다.[7]

사과에 대해 또 사과했지만 헤이워드는 결국 자신을 방어하는 데도 실패했다. 그는 미디어 노출을 꺼리는 CEO였고, 달변가도 아니었다. 두 번째 사과도 유가족들에게 위로가 되지 않았을 것이다. BP

는 결국 미국의 전 부통령 딕 체니의 선거 공보 보좌관을 지낸 베테랑 커뮤니케이션 전략가 앤 워맥 콜튼Anne Womack Kolton을 채용하여 상황을 바로잡기 위해 노력했다. 헤이워드는 나중에 사과 광고 시리즈에 출연하여 다시 사과했지만 그닥 효과는 없었다.

단순성을 유지하라

–

사과는 간단해서도 안 되지만, 복잡해서도 안 된다. 조직이나 대변인이 사과를 전할 계획을 세울 때, 사과의 핵심 기능을 잊어서는 안 된다. 사과의 핵심 기능은 안타까움을 표현하고, 해명하고, 책임을 인정하고, 뉘우치고, 보상을 제시하고, 마지막에는 용서를 구하는 것이다. 가능하다면 이 순서대로 사과하는 것이 바람직하다.

사과를 해야 하는 사람들에게 상황이 자기 조직에 어떤 영향을 미치고 있는지를 내세우고 싶은 유혹은 외부와 공감하려는 의지보다 더 강력하다. 조직이 많은 비판과 조롱을 받는 이유가 바로 이 때문이다. 헤이워드는 위기가 자신의 조직과 개인 생활에 어떤 영향을 미쳤는지를 강조했을 뿐만 아니라 "이것은 우리가 저지른 사고가 아니었다"라고 말하며 책임을 떠넘기려 했다. ⁸

이러한 '남 탓하기'식 위기관리 접근법은 피해자들에게 불쾌한 감정을 남겼다. 또한 조직의 재정에도 큰 타격을 줬을 것이다. 1993년부터 2009년까지 보도된 150건의 언론 기사를 분석해서《기업재정저널Journal of Corporate Finance》이 발표한 논문에 따르면, 비난을 겸허히 받아들인 기업은 재정적인 안정을 유지한 데 반해 잘못을 인정하지 않고 다른 곳에 전가한 조직은 재정적인 타격을 받았다고 한다. 물론 남 탓하는 조직이 이전보다 더 나아진 사례도 없지는 않다.[9] 심지어 문제가 발행했을 때 책임을 인정하는 조직보다 책임을 남에게 떠넘기려는 조직이 두 배 이상 많다는 사실도 밝혀졌다.

게다가 책임을 떠넘기는 조직은 사과하는 측에 꼭 필요한 요소인 신뢰를 잃게 된다. 위기를 맞았을 때 소비자나 규제 기관, 정치인들이 얼마나 분노했는지와 관계없이 그들에게 가장 필요한 것은 신뢰다. 미국 스탠퍼드대학교의 라리사 티덴스Larissa Tiedens 교수는 신뢰도에 관한 연구에서 설문 참가자들에게 모니카 르윈스키 사건에 대처하는 빌 클린턴에 대해 어떻게 생각하는지 등급을 매겨달라고 요청했다. 참가자들은 클린턴이 그 스캔들에 대해 각각 다르게 대처하는 방법이 담겨 있는 영상물을 시청했다. 클린턴에 대한 신뢰도는 그가 어설프게 슬퍼했을 때 급락했다. 설문 참가자들은 그를 용서하지는 않았지만, 그가 슬퍼하거나 우울한 모습을 보일 때보다 화를 냈을 때 더 신뢰를 보냈다.[10] 이는 뉘우침과 진정한 공감이 신뢰 형성에 나쁘다는 뜻이 아니라 위기에 대처할 때 클린턴과 헤이워드처럼 문제해결이나 사과보다 자신의 내면을 더 중시하는 듯한 모습을 외부로 드러내서는 안 된다는 뜻이다.

진정한 사과를 동반하고 개선을 향한 구체적인 움직임으로 이어지는 자기반성은 바람직하다. 조직이 사안의 잘못된 지점을 확인하는 데 도움을 주기 때문이다. 지금껏 살펴본 자기 연민이 우선된 사과는 조직의 발전에 아무런 도움이 되지 않는다. 사과하는 일이 어렵다는 것은 누구나 알고 있다. 여기서 얻을 교훈은 간단하다. 사과는 사과하는 사람의 감정을 털어놓는 곳이 아니라는 점이다.

CHAPTER 10

세계적 기업이 한
세 번의 사과

반복해서 사과하는 이유

이 사건은 우리 유나이티드항공의
모든 임직원에게도 당황스러운 사건이었습니다.
그 고객을 재배치할 수밖에 없었던 점에 대해 사과드립니다.

– 2017년 4월 10일 유나이티드항공 CEO 오스카 무뇨스

이 항공기에서 벌어진 참으로 끔찍한 사건으로 인해
'모욕감을 느꼈다', '분노했다', '실망했다' 등 고객들께서 보내주신 반응은
다양했습니다. 저는 이 모든 감정을 공유하며, 무엇보다
공유하고 싶은 감정은 저의 가장 진실한 사과입니다.

– 2017년 4월 11일 유나이티드항공 CEO 오스카 무뇨스

2010년 진행된 세 가지 실증연구를 통해 사람들은 앞으로 받게 될
사과를 늘 과대평가한다는 사실이 밝혀졌다. 장차 사과를 받으리라
는 전제하에 상상하며 느끼는 만족은 실제로 사과를 받으며 느끼는

만족보다 훨씬 높았다.[1] 그리고 이 '예측 오차'는 실망으로 이어진다. 사람들은 자신이 마땅히 받아야 한다고 생각하는 사과에 높은 가치를 부여하지만, 실제로 받는 사과는 그에 못 미치기 일쑤다. 조직은 이를 염두에 두고 한 번에 제대로 사과할 수 있도록 최선을 다해야 한다. 한 가지 사안으로 여러 번 두들겨 맞았을 때 입는 평판의 피해는 실로 어마어마하다.

페이스북의 사과

–

2018년 3월 페이스북의 CEO 마크 저커버그가 '케임브리지 애널리티카' 데이터 유출 사건에 대해 발표한 최초의 사과 성명은 무려 934개의 단어로 이뤄져 있었다.[2] 그런데 이 사과문에는 '죄송하다', '사과한다' 또는 애매하게 둘러대는 '유감'이라는 단어조차 없다는 점이 눈길을 끌었다.

저커버그는 피해 범위를 제한하고 책임을 회피하려는 심정을 그 성명에 담았다. 그는 성명에서 페이스북의 정책을 설명하고 '케임브리지 애널리티카'가 그 정책을 어떻게 침해했는지를 강조한 다음, 사용자 데이터를 보호하기 위해 페이스북 측이 이미 취한 조치들을 늘어놓았다. 그러고는 앞으로 이를 어떻게 확대할지 소개하며 마무리했다. 성명을 작성할 때만 해도 저커버그와 페이스북은 그 스캔들로 인해 회사의 평판과 사업에 나타날 손실이 어느 정도일지 짐작조차 못했을 것이다. 법적으로 혹은 규제 기관의 입장에서 볼 때 페이스북이 어떠한 상황에 처해 있는지를 전혀 알지 못했기 때문에, 저커버그는 섣불리 단정하지 않도록 단어 하나하나에 신중을 기했다.

다음은 성명의 마지막 부분으로 저커버그가 잘못을 인정하기를 얼마나 망설였는지 단적으로 보여준다.

> 2015년, 저희는 알렉산드르 코건이 자신의 앱을 통해 수집한 데이터를 케임브리지 애널리티카와 공유했다는 사실을 《가디언》을 통해 알게 됐습니다. 이는 앱 개발자들이 고객의 동의 없이 데이터를 공유해서는 안 된다는 저희의 정책에 반하므로 즉각 코건의 앱을 저희 플랫폼에서 추방했고, 코건과 케임브리지 애널리티카가 부적절하게 취득한 모든 데이터를 삭제했는지를 공식적으로 증명하라고 요구했으며, 그들은 이를 증명했습니다.[3]

저커버그가 이 성명을 발표한 다음 페이스북의 주가는 폭락했다.[4] 그러자 페이스북 측에서는 신문 전면광고를 내서 다시 용서를 구하기로 했다.[5] 또한 CNN과의 인터뷰를 통해 깊이 뉘우치는 듯한 표정으로 비로소 "진심으로 죄송합니다"라는 마법의 어휘를 입 밖에 냈다. 하지만 그 정도로는 사람들을 만족시킬 수 없었다. 페이스북이 고객들의 마음을 돌리기 위해서는 한 번 더 사과해야 했다. 페이스북의 사용자들과 국회의원들은 정확히 무슨 일이 일어났으며, 페이스북을 사용해도 보안에 문제가 없는지를 알고 싶었다. 같은 CNN

인터뷰에서 저커버그는 자신이 청문회에 출석할 적임자라면 흔쾌히 출석하겠지만, 페이스북에는 기술적인 문제를 대답할 적임자가 따로 있음을 넌지시 내비쳤다.[6] CNN의 로리 시걸 기자가 사람들은 페이스북의 리더이자 페이스북이라는 브랜드 그 자체인 저커버그가 하는 말을 듣고 싶어 한다며 반박하자, 자신이 출연한다고 해서 미디어에 특종을 터뜨릴 기회가 생기지는 않을 것이라고 되받았다.[7]

2015년 4월 저커버그는 의회 청문회에 출석해서 10시간 동안 의원들의 질문에 시달렸지만, 미디어가 특종을 터뜨릴 기회를 잡지 못하도록 최선을 다했다. 그렇지만 최초로 성명을 발표할 때부터 문제가 됐던 책임 회피는 여전했다. 자신은 더 이상 제공할 정보가 없고 이미 서면으로 모든 것을 밝혔다며 질문의 3분의 1 정도를 피해 갔다. 하지만 이 청문회를 계기로 페이스북이 처한 상황은 나아졌으며 이에 호응하여 주가도 회복되기 시작했다. 로이터통신에는 다음과 같은 기사가 실렸다. "마크 저커버그는 이틀에 걸쳐 10시간 동안 100명 가까운 의원들이 던지는 질문을 막아내면서도 별다른 타격을 받지 않았고, 여유롭게 그들의 질문을 받아냈다."[8]

페이스북은 고객들의 사랑을 되찾기 위해 TV 광고를 제작했다. 그 광고 역시 사과 표현이 없다는 점에서 눈길을 끌었다. 하지만 페이스북이 했어야 할 최선의 방안은 잘못됐음을 인정하는 일이었다.

유나이티드항공의 사과

–

2017년 3월 16일 유나이티드항공의 거만한 CEO 오스카 무뇨스는 PR 위크의 연례 갈라쇼 무대에 올라 '올해의 커뮤니케이터' 상을 받았다. 이 상은 전년도에 PR 업계 외부의 전문가로 탁월한 커뮤니케이션 기술을 보여준 사람에게 수여하는 권위 있는 상이다. 무뇨스는 유나이티드항공의 전체 임직원을 대표해 수상하면서 "커뮤니케이션과 커뮤니케이션 전략은 게임의 일부분이며 게임 그 자체입니다"라고 말했다.[9] PR 위크는 뉴욕에서 열린 행사를 앞두고 수상자 선정에 대해 언급하면서 "무뇨스는 커뮤니케이션의 가치를 이해한, 현명하고 헌신적이며 탁월한 리더임을 몸소 보여줬다"라며 그를 극찬했다.[10] 그때까지만 해도 무뇨스나 PR 위크는 앞으로 어떤 일이 벌어질지 예상하지 못했다. 그로부터 24일 후, 무뇨스에게 상을 준 PR 위크가 그를 '소셜미디어 위기의 어머니'라고 소개하게 될 사건이 줄줄이 이어졌다.

가장 황당한 것은 무뇨스에게 상을 받을 만한 자격이 있었다는 점이다. 2015년 그가 CEO에 취임한 이래 놀라운 성과를 보여준 것은 사실이다. 유나이티드항공은 무뇨스가 경영을 맡은 후 1년 만에 창사 이래 최고의 정시 운항률을 기록했고 주가는 27퍼센트나 상승했다. 이 성공은 무뇨스가 훌륭한 커뮤니케이터였기 때문이었다. 노조 간부들도 노사 간의 신뢰를 회복했다며 그를 칭찬했다.

PR 위크는 유나이티드항공의 새로운 성공은 '무뇨스가 최종 기한보다 앞서 모든 노조 단체와 새로운 계약을 체결해서 고객 서비스 문제를 줄이는 데 도움을 준 것'이라고 언급했다.[11] 게다가 그는 심장이식 수술을 받고 회복하는 중에 이 모든 성과를 거뒀다. 하지만 이제부터 소개할 오스카 무뇨스의 행태를 살펴보면 PR 위크의 수상이 저주가 된 것 아닐까 하는 생각이 들 정도다.

3일이라는 짧은 시간 동안 무뇨스와 유나이티드항공의 평판은 이루 말할 수 없이 손상됐는데, 이것은 모두 얼버무리기식으로 사과하고 대응한 결과였다. 유나이티드항공의 위기는 4월 9일 일요일에 시작됐다. 시카고에서 루이빌로 가는 유나이티드 익스프레스(유나이티드항공의 자회사 - 옮긴이) 3411편은 대기 승무원의 좌석이 부족하여 이륙할 수 없었다. 자진해서 다음 항공기에 타겠다는 승객이 없음을 확인한 항공사 측은 이른바 '비자발적 탑승 거부' 절차를 시작했다. 쉽게 말해서 누군가를 강제로 항공기에서 내리게 하고 보상금으로 천 달러를 지급하는 절차다.

항공사 측이 비자발적 탑승 거부자로 선택한 데이비드 다오 박사는 앞서 언급했던 대로 아침에 환자를 봐야 하고 일정을 조정하기를 바라지 않았기 때문에 그 제안을 거절했다. 내릴 생각이 전혀 없던 다오는 항공사 측을 고소하겠다고 항의했다. 그러자 안전 요원이 나타나 그를 항공기 밖으로 억지로 끌고 가려고 하면서 사태는 걷잡을 수 없어졌다.

사건을 찍은 동영상이 인터넷에서 퍼지자 무뇨스가 이끄는 유나이티드항공 측은 어리석은 결정을 내렸다. 그들은 우선 사건이 일어난 날 저녁, '초과 예약 상황'이었다고 사과했다. 여기에는 두 가지 잘못된 점이 있다. 첫째, 사람들이 분노한 이유는 예약을 초과로 받았기 때문이 아니었다. 둘째, 실제로 초과 예약 상태도 아니었다.

다음 날 아침 무뇨스는 '당황스러운 사건'이라고 말하면서 다시 사과했다. 그러면서 전 세계적으로 비웃음거리가 된 '재배치'라는 표현을 언급했다. 이후 유나이티드항공은 트위터에서 120만 개, 페이스북에서는 13만 5천 개의 댓글을 받았다. 온통 악플 천지였다. 그날 이후 유나이티드항공은 애매모호한 말로 얼버무리며 잘못을 인정하는 방식에서 남을 탓하는 것으로 접근방법을 바꿨다. 회사 내부 직원들을 위로할 목적으로 작성된 문건이 유출됐는데, 그 문건에는 다오가 '파괴적이고 호전적인' 성향의 인물로 공항의 안전 수칙을 '무시했다'라고 적혀 있었다. 엄밀히 따졌을 때 그가 항공사의 조치를 무시한 것은 사실이지만, 이 사건에서 주목해야 할 부분은 그것이 아니다. 위기는 걷잡을 수 없이 나락으로 치닫고 있었다.

3일이 지나고 목요일이 돼서야 비로소 유나이티드항공과 무뇨스는 전적으로 책임질 준비가 됐으며, 다시 사과 성명을 발표했다.

이 항공기에서 벌어진 참으로 끔찍한 사건에 대해 여러분께서는 모욕, 분노, 실망 등 많은 반응을 보여주셨습니다. 저는 이 모든 감정을 공유하며, 무엇보다 공유하고 싶은 감정은 저의 가장 진실한 사과입니다. 이 비행기에서 벌어진 일로 여러분처럼 저도 괴로운 나날을 보내고 있으며, 강제로 자리를 옮긴 승객과 그 항공기에 탑승해 있던 모든 승객

께 깊이 사과드립니다. 어떤 사람도 이런 식으로 억압을 받아서는 안
됩니다.[12]

이는 위기가 시작될 때 마땅히 발표했어야 할 성명이었다. 그런
데 왜 그러지 못했을까? 페이스북처럼 유나이티드항공도 어느 정도
까지 사과해야 할지 눈치를 보고 있었던 것 같다. 그러다 결국 사과
메시지를 주가와 연동시키려는 듯이 주가가 낮아질수록 그만큼 더
고개를 숙여야 하는 지경에 이르고 말았다. 처음에는 얼버무리기식
으로 사과하고 책임을 회피할 여유가 있었다. 하지만 주가가 급락하
기 시작하자 책임을 인정하고 고소당할 때의 위험이 더 큰지 아니면
주가가 계속해서 급락할 만큼 평판에 치명상을 입을 때의 위험이 더
큰지를 가늠해야 했다. 결국 치킨 게임이 된 상황에 유나이티드 측이
먼저 항복 선언을 했다. 사건이 벌어진 지 며칠 만에 14억 달러의 주
식 가치가 하락했으니 차라리 사과하고 보상하는 것이 더 싸게 먹힐
것이라고 결론을 내린 것이다. [13]

파파존스, 세 번의 사과

-

KFC는 이전에 켄터키 프라이드 치킨으로 알려졌으며 지금도 비공
식적으로는 그렇게 불린다. 미국 켄터키 주에는 KFC 이외에도 유명
한 패스트푸드 브랜드가 하나 더 있는데 바로 피자 전문점인 파파존

스Papa John's다. 루이빌 시내에 있는 KFC 본사에서 멀지 않은 파파존스 대로에 파파존스 피자 본사가 있다.

1984년에 설립된 파파존스는 피자헛, 도미노 피자, 리틀 시저즈 피자 다음으로 미국에서 네 번째로 큰 피자 체인이며 영국, 아일랜드, 스페인, 러시아, 벨라루스 등 세계 45개국에서 프랜차이즈를 운영하는 세계적인 기업이다.

KFC와 파파존스는 루이빌에 본사가 있는 패스트푸드 업체라는 점 외에도 비슷한 점이 많다. 파파존스도 KFC처럼 설립자의 이미지를 브랜드화했다. 파파존스를 설립한 '아빠papa' 존 슈내터John Schnatter의 성공 스토리는 KFC의 상징인 커넬 샌더스의 현대식 버전인 셈이다. 식당 하나로 시작한 점, 자수성가형 거물이라는 점도 빼다 박았다. 그럴듯한 애칭으로 대중의 호감을 자아내는 매력적인 이미지를 입힌 점도 비슷하다. 샌더스는 1980년에 사망했지만 존 슈내터는 여전히 활발하게 활동하고 있으며, 유명한 억만장자들이 으레 그렇듯 거만하고 재수 없는 언행으로 구설수에 오르고 있다.

슈내터는 일반적인 기업 설립자의 모습과 다소 거리가 있다. 그는 카리스마 넘치는 지도자도 아니었고, 도덕적으로 본받을 만한 인물도 아니었다. 오히려 간통과 스토킹 사건을 합의금으로 해결하는 등 사회적으로 물의를 일으키는 등 문제가 많은 인물이었다.[14] 2012년 그는 파파존스의 직원들을 버락 오바마의 '부담 적정 보험법'(이른바 '오바마케어' - 옮긴이)에 따른 보험에 가입시키면 라지사이즈 파파존스 피자 비용보다 14센트 더 들어간다며 공개적으로 불만을 터뜨렸다. 이 발언으로 그가 사방에서 비난과 조롱을 받게 된 것은 충분히 예상된 결과였다. 위기관리 전문 커뮤니케이션 회사의 도움을 받아 그 상황에서 벗어날 방안을 모색하기는 했으나 2017년에 또 다른 위기가 기다리고 있었다.[15]

2017년 11월 그는 "NFL 지도부가 파파존스 주주들에게 피해를 입혔다"라며 파파존스 판매 급감의 책임을 미국 프로미식축구 리그NFL, 특히 흑인에 대한 경찰의 차별행위에 항의하는 뜻으로 국가가 연주되는 동안 무릎을 꿇은 미식축구 선수들에게 돌렸다. 2018년 2월 NFL은 파파존스와 8년간 이어온 관계를 끝냈다. 파파존스는 NFL의 공식 피자 체인에서 제외됐고, 슈내터는 CEO에서 이사회 의장으로 물러났다.

2018년 5월 파파존스는 당면한 위기를 해결하기 위해 뉴욕 브루클린에 기반을 둔 마케팅 회사 런드리 서비스Laundry Service와 계약을 맺었다. 이전에 나이키, 폭스, 아마존과 같은 대형 브랜드와 함께 일한 회사였다. 그들은 자신들이 "대단한 것을 만든다make amazing sh!t"며 웹사이트에 홍보하고 있었는데, 파파존스의 경우 분명 그랬다.

런드리 서비스와 파파존스 경영진은 슈내터가 더는 경솔한 언사로 PR 참사에 연루되지 않도록 계획을 세웠다. 그들은 몇 차례 모의 인터뷰를 진행하면서, 슈내터에게 돌발 질문을 던지고 인종 간 관계 등 민감한 주제에 관해 올바르게 답변할 수 있도록 준비시켰다. NFL을 물고 늘어지며 판매 부진의 책임을 전가하다가 역풍을 맞은 것과 비슷한 일이 벌어지지 않도록 하기 위해서였다.

그러나 슈내터는 여전히 제멋대로였다. 언론 대응을 위한 전화 회의에서 그는 온라인상의 인종차별주의 집단과 연루되지 않도록 거리를 두는 방안에 대해 답하면서 갑자기 KFC의 샌더스는 흑인들을 비하적 단어인 'nigger'로 불렀는데도 자신처럼 대중의 반발을 사지 않았다고 주장했다. 런드리 서비스는 그 회의 직후 파파존스와의 계약을 끝냈다. 얼마 후 그의 발언이 언론에 보도됐고 슈내터는 이사회 의장직에서도 물러나 회사를 완전히 떠났다. 그나마 다행인 것은 자신이 한 발언을 부인하지 않고 의장직에서 물러났다는 점이다. 슈내터는 성명에서 "제가 언론 대응 회의에서 인종과 관련해서 마음에 상처를 주는 부적절한 용어를 사용했다고 비난한 뉴스 보도는 사실입니다"라고 말하고는 "이유를 막론하고 사과드립니다. 한마디로 인종차별주의는 우리 사회에 발붙이지 말아야 합니다"라고 덧붙였다.[16]

슈내터가 떠났지만 파파존스의 문제는 해결되지 않았다. 리처드 브랜슨이나 스티브 잡스 또는 KFC의 샌더스처럼 설립자가 회사와 서로 밀접한 관계를 맺고 있을 때, 그 조직에는 설립자의 개성이 고스란히 배어 있다. 설립자는 곧 그 조직이다. 죽을 때까지 스티브 잡스는 곧 애플이었고, 잡스가 예지력이 있는 리더였기에 애플도 예지력이 있는 회사가 된 것이다. 이와 마찬가지로 존 슈내터는 곧 파파존스였다. 그리고 존 슈내터가 회의에서 내뱉은 망언 때문에 파파존스는 극단적인 조치를 마련하지 않고서는 '인종차별주의 피자 회사'라는 멍에를 벗을 수 없었다.

슈내터가 떠난 이후 문제를 해결하기 위해 파파존스는 세 번이나 사과했다. 첫 번째는 지나치게 감상적인 1분짜리 동영상을 통해서였다. 파파존스는 자신들에게 가장 아픈 부분을 표면에 드러내기로 작정했다. 동영상은 차분한 음악이 적절하게 깔리면서 "여러분의 말씀을 새겨듣겠습니다", "여러분의 기대에 못 미쳤습니다" 같은 가장 흔해 빠진 몇몇 상투적 문구로 시작했다. 이후 "야단쳐주셔서 감사합니다", "비판해주셔서 감사합니다", "솔직하게 말씀해주셔서 감사합니다", "이 때문에 저희는 더 나아질 것입니다"라는 문구가 이어졌다. 그게 다였다. 끝까지 "죄송합니다"라는 말은 없었다.

두 번째 사과도 크게 나아지지 않았다. 새로운 CEO 스티브 리치Steve Ritchie는 파파존스의 웹사이트에 올린 공개편지에서 피해를 최소화하기 위한 전략을 채택했다. 파파존스 피자를 존 슈내터와 분리하려고 한 것이다. 리치는 설립자가 조직을 떠난 이후 파파존스가 달라진 부분들에 대해 늘어놓았다. 또한 경청의 시간을 갖고 내부 문화를 개선하며 고객과 '양방향 대화'를 활성화하는 등 조직의 쇄신 방안을 내놓았다. 하지만 여전히 사과는 없었다. 그리고 사람들은 파파존스가 사과하지 않는다는 사실을 알아채기 시작했다.

PR 컨설턴트 겸 위기관리 전문가 데이비드 오츠David Oates는 《허핑턴 포스트》와 인터뷰에서 파파존스의 대응에 대해 다음과 같은 평가를 내렸다. "이것은 좋은 방법이 아닙니다. 분명한 것은 현재 CEO나 경영진이 설립자의 어리석은 언행과 아무런 관계가 없다고 해도 그들은 (내부에서든 외부에서든) 회사의 이름 아래 일어난 모든 커뮤니케이션에 여전히 책임을 져야 한다는 사실입니다."[17]

결국 파파존스는 세 번째로 사과했다. 이번에는 표현은 적절하지 못했으나 최소한 꼭 필요한 단어는 빠뜨리지 않았다. 리치는 기본적으로 두 번째 사과 내용과 비슷한 내용을 발표했지만 "죄송합니다"라는 중요한 요소를 추가했다.

"이번 주는 제가 파파존스와 함께 한 22년 중 가장 힘든 주였습니다." 사과 성명은 이런 식으로 시작했다. 이것은 자신이 하지 않은 일로 골치가 아픈 경우에 할 수 있는 말이었다. 현실적으로 그가 선택할 수 있는 유일한 전략은 파파존스 브랜드를 설립자와 떼어놓는 일이었으므로 이를 염두에 두고 그의 사과를 평가해보면 그를 넓은 마음으로 이해해줄 수도 있다. 하지만 이 성명에서 처음 사과할 때 왜 최선을 다해야 하는지에 관한 교훈도 얻을 수 있다.

마크 저커버그, 유나이티드항공, 그리고 파파존스는 하나같이 약한 사과로 비난을 받은 다음에야 더 충실하고 진실되게 사과했다. 저커버그나 유나이티드항공의 경우 주가가 폭락하기 전에는 제대로 사과하지 않았다. 존 슈내터는 회사에서 물러나기 직전까지도 적절한 사과가 무엇인지 깨닫지 못했으며, 그의 후임자는 슈내터가 저지른 잘못을 만회하려고 세 번이나 더 사과해야 했다.

위기를 마주한 조직의 최초 대응은 대개 약하고 모호할 때가 많다. 그들은 의도적으로 그렇게 행동한다. 미안하다고 말하지 않고도 미안해하는 것처럼 보이고 싶은 유혹은 떨쳐버리기 힘들다. 책임을 인정하면 소송이 이어질까 봐 두려워서 조직은 조심스럽게 사과하고 침묵으로 문제가 사라지기를 바란다. 그들은 스스로 위기를 억누를 수 있다고 생각하기에 메시지를 고의적으로 모호하게 만든다. 소비자들은 둘러대기식 사과나 얼버무리기식 사과는 쉽게 들을 수 있지만, 진정 듣고 싶은 사과를 들을 수 없을 때가 많다. 조직은 위기와 맞닥뜨렸을 때 사과할 책임이 있는지 빠르게 파악해야 하며, 만약 사과하기로 작정하면 망설이지 말고 아무런 조건 없이 사과해야 한다. 그렇지 않으면 비웃음을 사게 될 것이다.

CHAPTER 11

사과를 강요하는 사회

조직의 탄력성과
고객 의도 파악의 상관관계

저희는 피터 래빗의 숙적이며 블랙베리를 먹으면
알레르기가 생기는 미스터 맥그리거를, 야단법석을 떠는 우스꽝스러운
사람으로 표현하지 말았어야 했습니다. 이 문제를 미처 깨닫지 못하고 제대로
신경 쓰지 못한 것에 대해 깊이 후회하며 진심으로 사과드립니다.

– 2018년 2월 12일 소니 픽처스

1985년에 종영한 영국의 시트콤 〈도와드릴까요?Are you being served?〉
가 2016년에 재방영됐다. 옛 추억에 빠져든 사람들은 한동안 엘리베
이터를 탔을 때 몇 층에 가느냐는 질문을 받으면 시트콤의 엘리베이
터걸 흉내를 내면서 "여성 속옷, 부탁해요!"(여성 속옷을 파는 층으로
가겠다는 뜻 - 옮긴이)라며 농담을 던졌다. 그런데 2018년 미국 샌프란
시스코에서 국제 정치학회ISA 학술대회가 열렸을 때 킹스칼리지 런
던의 나이 지긋한 교수 리처드 네드 르보우Richard Ned Lebow는 낯선 사

람들로 가득한 상자와 같은 엘리베이터의 분위기를 밝게 한답시고 무리수를 던졌다. 복잡한 엘리베이터 안으로 비집고 들어가며 "여성 속옷, 부탁해요!"라고 외친 것이다.[1]

르보우 스스로도 "시시했다"라고 인정한 그 농담은 학계 전체에 한바탕 소동을 일으켰다.[2] 당시 같은 엘리베이터에 탄 두 사람, 즉 〈도와드릴까요?〉를 전혀 보지 않은 것으로 짐작되는 사람들이 르보우의 농담을 듣고 ISA 조직위원회에 공식 항의문을 제출했다. 상황을 알게 된 르보우는 동료 참석자들에게 말도 안되는 일이라며 항의문을 일축했으며, ISA 지침에 따라 그 문제를 비공식적으로 해결하려고 했다.[3] 대다수의 참석자는 르보우가 대중문화 콘텐츠를 활용해 농담한 것이라고 이해했지만, 그가 누구에게 사과해야 하는지에 관한 문제는 논란거리로 남았다.

그 문제는 순식간에 학술 미디어의 범위를 벗어나《더 선》에서 《워싱턴 포스트》까지 온갖 미디어의 주요 화두가 됐다. 또한 인터넷에서도 표현의 자유와 정치적 올바름political correctness(인종이나 종교, 성 등에서 편견이 없는 용어를 사용해야 한다는 개념-옮긴이)에 대한 주장들로 불이 붙었다. 각종 해설기사에서는 그의 발언이 공격적이었다거나 심지어 언어 폭력의 소지까지 있다고 주장했지만, 일각에서는 '미쳐 날뛰는 정치적 올바름'이라는 시각에서 르보우의 입장을 두둔했다.[4, 5, 6] ISA는 르보우가 행동 규약을 위반했으며 명백한 사과를 표명하면 추가 조치는 없을 것이라고 발표했다. 그러나 르보우는 사과를 거부했고,[7] ISA를 고소하겠다고 으름장을 놓았다.

당시에는 별로 화제가 되지 못했지만 유고브에서 그 사건과 관련된 아주 흥미로운 여론조사를 진행했다.[8] 여론조사는 르보우가 '사과하도록 강요하는' 일이 정당한지를 물었다. 질문의 핵심은 '사과의 정당성'이 아니라 '사과 강요의 정당성'이었다. 이에 대해 영국 성인 3,317명의 표본 집단 중 16퍼센트가 '그렇다'라고 답했다. 18세에서 24세까지는 29퍼센트로 상당히 높은 수치가 나타났다. 설문 참여자들 중 젊은이의 3분의 1 정도는 르보우가 자신의 시시한 농담에 대해 사과를 강요받은 일이 옳다고 말한 것이다. 젊은이들 중 3분의 1이 강요된 사과에 동의함으로써 소비자들이 생각한 사과의 이유에 완전히 새로운 전기가 마련됐다.

르보우 논란이 불거진 후 웨인주립대학교 출판부는 사과하지 않기로 한 르보우의 결정을 지지하는 연구논문을 냈다. 그 논문에 따르면 '강요로 인한 후회의 표현'은 진심을 의심받기 쉬우며, 피해자의 감정을 회복하는 데도 효과적이지 못했다.[9] 나아가 강요받고 사과하는 사람은 '덜 좋다less nice'고 여겨졌다.

'덜 좋다'라는 표현이 흥미롭지 않은가? 다소 유치한 표현으로 들릴 수 있다. 사실 이 연구는 아이들을 대상으로 한 연구였다. 참가자 중 가장 나이가 많은 아이가 아홉 살이었다. 연구자들은 성인이라면 강요된 사과가 당연히 나쁘다고 생각하리라고 간주하고, 순수한 아이들은 어떻게 생각하는지에 관심을 가지고 연구를 진행했다. 연구 결과 미국의 아이들은 강요된 사과가 아무런 소용이 없다고 생각하고 있음을 보여줬다.

르보우는 끝끝내 사과하지 않았으나 인터넷에서 그의 이름을 검색하면 위키피디아 프로필 이외에 그 논란에 관한 새로운 언론 보도가 가장 먼저 눈에 띈다. 항의문을 제출한 동료 학자는 "그가 사과만 하면 끝나는 일이었어요"라고 말했다.[10] 물론 그가 강요를 받아 사과했더라도 그의 검색 기록은 크게 달라지지 않았을 것이다. 다만 "르보우 교수는 야한 농담에 관해 사과하기를 거부했다"라는 기사가 아니라 "르보우 교수는 야한 농담에 대해 사과를 강요받았다"라는 기사를 검색할 수 있게 될 뿐이다. 사과 여부와 상관없이 그는 성차별주의자로 그려졌을 것이다.

법원이 명령한 사과

–

공개 사과는 여론 이외에 법원도 강요한다. 법원은 법적 제재의 일환으로 뉘우침을 강요해왔다. 그러나 '법원이 명령한 사과'는 회복적 정의의 일종으로, 좋은 결과를 낳는다는 보장이 없어서 논란이 많다.

미국 뉴욕 주 피츠퍼드 타운에서 더글러스 램이라는 사람이 운전을 하다가 자전거를 타고 가던 열 살 소년을 들이받고 뺑소니를 치는 사건이 발생했다. 법원은 그에게 소년 앞으로 사과 편지를 쓰라는 명령을 내렸다. 사과 편지는 매우 정중한 사과를 좋아하는 사람에게 확실히 효과적인 수단이다. 더글러스 램은 법원이 명령한 대로 편지를 써서 보냈다.

줄리언 군, 9월 7일 내가 운전하던 차에 부딪친 점에 대해 정말 미안하게 생각해요. 다행스럽게도 사고 당일 구급차를 불러서 치료할 필요까지는 없었다니 정말 기뻐요. 안전하고 행복한 휴가를 보내기 바라요.

- 더글러스 램[11]

흥미로운 사과다. 피해자에게 책임을 떠넘기고 있는 데다가 그 소년이 병원 치료를 받을 필요가 없었다는 점을 강조함으로써 사고의 심각성을 축소하고 있기 때문이다. 나쁜 사과의 전형적인 형태다. 실제로 가해자의 책임을 축소하기 위해 과실을 인정하지 않게 하려는 변호사라면, 이보다 더 나쁜 사과문을 제시했을지도 모른다. 줄리언은 그 편지를 읽고 화가 났다고 말했으며, 그의 어머니는 구역질 나는 편지라고 표현했다.[12] 우리는 이것이 법원이 명령한 사과의 당연하고도 필연적인 귀결이라고 생각한다. 사람들에게 사과하라고 법적으로 강요해봤자 별 효과가 없는 것이다.

사과를 요구하는 일과 사과를 강요하는 일은 다르다. 사과를 요구하는 일은 대개 부당한 취급을 받은 당사자에게서 나온 필사적인 행위이거나 힘의 행사다. 하지만 사과를 강요하는 일에는 사과를 강요할 만한 권력과 영향력이 필요하다. 2018년 1월부터 2019년 1월 사이에 기억할 만한 사과와 관련된 미디어 보도를 분석해보면, 여러 조직과 공적 인물이 '사과를 강요받고 있다'는 수백 건의 뉴스가 보도됐다. 이들 중 상당수는 의미가 왜곡됐다. 조직은 자진해서 사과했는데 기자들이 그것을 '강요받았다'라는 프레임 속에 넣었을 뿐이다.

2018년 7월 《파이낸셜 타임스》는 "페이스북, 욕설 게시물로 다시 사과를 강요받다"라고 보도했다.[13] 그러나 페이스북은 절대로 강요받지 않았다. "트위터 CEO 잭 도시, 프라이드 먼스(성 소수자 인권의 달인 6월 – 옮긴이)에 칙필레에서 식사한 것에 대해 사과를 강요받다"라는 보도도 마찬가지다.[14] 사과하라고 정중한 요청을 받았거나 권고를 들었을지는 몰라도 사과를 강요받지는 않았다.

그러나 거대하고 강력한 조직들을 향해 미안하지 않더라도 미안하다고 말하라고 압박하는 몇 가지 시나리오가 있는데, 다음 살펴볼 시나리오에서는 '강요받았다'만이 정확한 표현이다. 이러한 유형의 사과에는 공통적으로 세 가지 요소가 필요하다. 관심을 거의 못 받는 피해자, 중간쯤 관심을 받는 활동가와 지지단체, 그리고 미디어 간의 협력이다. 이 같은 음모론적 행태의 유형을 검토하면, 공격을 받는 조직이 어떻게 압력에 굴복하게 되는지 확실히 알 수 있다.

알레르기 환자 대 소니 픽처스

–

소니 픽처스는 2018년 판 〈피터 래빗〉의 한 장면에 대해 사과를 강요받았다. 의인화한 주인공 피터 래빗과 플롭시와 몹시가 새총을 사용해서 사람 캐릭터와 블랙베리 알레르기 환자 미스터 맥그리거를 향해 과일과 채소를 발사하는 장면이다.

미국 천식 알레르기 협회AAFA라는 자선단체로부터 압력을 받은 직후 소니 픽처스는 사과했다. 이 자선단체는 10만 명의 페이스북 팔로워를 보유한 비영리단체 '음식 알레르기가 있는 아이들KFA'과 함께 〈피터 래빗〉의 캐릭터들이 알레르기 유발 항원을 무기화했다고 지적했다. 이들 단체는 소니 측이 주장한 '재미'가 음식 알레르기가 있는 사람들에게는 치명적인 '위험'이 될 수 있다고 비난하는 공개편지를 보냈다.[15] 자칫 과민 반응으로 보일 수도 있는 이 일은 사실 이들 단체의 기발한 캠페인 전략이었다. 이 단체들은 모욕의 대상을 '음식 알레르기와 함께 살아가는 1,500만 명의 미국인'으로 넓히면서 소니에 분노하는 사람들을 합법적으로 끌어모았다.

소니 측에는 이러한 비난에서 벗어날 수 있는 합리적인 방법이 얼마든지 있었다. 그들은 피터 래빗이 영화에서 많은 악행을 저질렀으나 결국에는 스스로 잘못했음을 깨닫고 멈췄으며, 그 멈추는 장면은 괴롭히는 행위를 반성하는 중요한 묘사였음을 언급할 수도 있었다. 그러나 소니 측은 그렇게 하지 않았다. 소셜미디어를 등에 업은 비난은 거세졌고 문제는 점점 크게 불거졌다.

이 사건에는 미디어가 필요로 하는 모든 요소가 들어 있었다. 영화의 한 장면에 관한 작은 불만에서 시작한 사태가 중요한 사회적 논란으로 비화했다. 이 논란은 모든 알레르기 환자에 대한 공격이라는 프레임으로 확대됐다. 사실 소니는 뜻밖의 비난을 받고 놀랐을 것이다. 말하는 토끼가 비옷을 입고 등장하는 이 비현실적인 영화에는 에피펜 주사를 사용해서 알레르기 반응을 치료하는 현실적인 장면도 포함되어 있다. 소니는 영화를 통해 음식 알레르기의 심각성을 부각시키고 치료법도 현실적으로 묘사했는데, 이는 KFA가 캠페인을 벌이는 목표이기도 했다. KFA 웹사이트에서는 알레르기 환자의 부모들에게 "10대 자녀에게 비상시에 해야 할 일을 확실히 알려주고, 알레르기 반응이 나타났을 때 주사를 놓는 방법을 아는지 자녀에게 물어보라"고 권고하고 있다.[16]

비평가와 미디어가 세간의 이목을 끄는 사과를 애써 끌어내지 않았다면 소니는 비난받기는커녕 음식 알레르기의 심각성을 현실적으로 묘사한 장면으로 호평을 받았을지도 모른다. 2003년 제작한 리메이크 영화 〈노래하는 탐정The Singing Detective〉이 건선에 대한 사실적인 묘사로 높이 평가받은 것처럼 말이다.[17]

그러나 현실은 1만 8천 명이 넘는 사람들이 소니 측에 사과를 요구하는 탄원서에 서명했으며, 불매운동을 지지한다는 해시태그도 등장했다. 또한 《뉴욕타임스》, 《가디언》, 《배니티 페어》, CNN 등 모든 주요 미디어가 이를 헤드라인으로 다뤘다.

조직이 얼마나 큰지 또는 얼마나 현명한지는 상관없이 이 정도의 비난을 받으면 방향감각을 잃어버리기 쉽다. 소니는 남다른 영향력을 행사할 수 있을 만큼 큰 기업이었고, 스스로 방어 논리를 펼칠 만한 근거가 분명했음에도 불구하고 버티려는 의지가 별로 없었다. 소니는 다음과 같은 사과 성명을 발표했다.

음식 알레르기는 심각한 문제입니다. 저희는 영화에서 피터 래빗의 숙적이며 블랙베리를 먹으면 알레르기가 생기는 미스터 맥그리거를, 야단법석을 떠는 우스꽝스러운 사람으로 표현하지 말았어야 했습니다. 이 문제를 미처 깨닫지 못하고 제대로 신경 쓰지 못한 것에 대해 깊이 후회하며 진심으로 사과드립니다.[18]

소니는 사과했지만 다분히 평소 업무를 보듯이 평범하게 대처했다. 탄력적인 조직은 이렇게 반응하지 않는다. 진심으로 미안해하는 조직도 이렇게 반응하지 않는다. 현재의 기준을 적용했을 때 분노의 주기 중 이 단계에서 이뤄져야 할 일은 제품 회수다. 제품 회수를 통해 미안해한다는 마음을 실체화하여 보여주는 것이다. 제품에 흠이 있다고 인정하면 제품을 없애는 것이 당연한 절차며, 제일 쉬운 방법이다. 그러나 소니는 영화 개봉을 취소하지 않았고, 영화는 불매 운동의 위협 속에서도 개봉 첫 주에 1억 달러 이상을 벌어들였다.

어떻게 보면 이 사례에서는 모든 주체가 승자다. 미디어는 관련 기사로 분노를 조작했고, 영화 비평가들은 사과를 받아냈으며, 정작 소니는 사과 성명 한 번 발표하는 것 말고는 달리 한 것이 없었다. 《포브스》의 영화 평론가 소콧 멘델슨의 말마따나 "좋든 싫든 소니는 사과했다. 그것이 그나마 가장 쉬운 조치였기 때문이다."[19]

조직의 통제 범위 밖에 있는 사건으로 인해 조직이 평판의 참사를 겪을 때도 있다. 타이레놀은 아무런 잘못도 없이 살인자 누명을 고스란히 뒤집어썼다. H&M은 양말에 대한 음모론 때문에 문화적 위기를 겪어야 했다. 인생은 때로 공정하지 않다. 그래서 실제 잘못이 있었든 순전히 불운 탓이든 미디어가 조직이 '사과를 강요받은'

일을 보도하면서 지나치게 즐거워하는 것은 사실 이상하고 기분 나쁜 일이다. 조직이 사과할지 말지에 미디어가 큰 영향을 미친다는 점을 고려해보면 더더욱 그렇다. 미디어는 공정한 관찰자가 되어야 하지만 그것은 매우 어려운 일이며, 대개는 가장 먼저 만만한 희생자를 찾아내서 치명상을 입히며 어떻게든 분노를 불러일으킨다.

탄력적인 조직이 되는 방법

–

고객의 입장에서 분노하는 일이 불매운동을 하겠다고 위협하는 일보다 훨씬 더 쉽다는 점을 이해하면, 탄력적인 조직을 향해 힘차게 출발할 수 있다. 소니가 〈피터 래빗〉 문제에 대해 사과하지 않았더라면 오히려 더 성공적인 결과를 이끌어냈을지도 모른다. 유나이티드 항공과 스타벅스도 마찬가지다. 불매운동을 하겠다는 움직임은 대체로 위협에 그칠 때가 많다. 이를 알면 평판을 회복하기 위해 한층 탄력적으로 행동할 수 있다. 실제로 미식축구 선수들이 인종차별에 대한 항의 표시로 국가가 연주될 때 무릎을 꿇은 이후 NFL은 거의 매주 불매운동의 위협을 받아왔다. 하지만 NFL은 지금도 건재하다.

조직은 사과가 고객과의 마찰을 피하기 위한 비결이 아님을 제대로 이해해야 한다. 고객의 분노는 고객의 뜻과 같지 않다. 소셜미디어에서 조직에 분노하는 사람들은 대부분 고객이 아니다. 그래서 소셜미디어에서 벌어지는 분노는 실제 조직에 영향을 미칠 수 있는 분노와 같지 않다.

앞에서 살펴보았듯이 사과의 가능성에 영향을 미치는 핵심 요인은 분노의 수준이 아니라 특정 업계의 시장 마찰 수준이다. 예를 들어 은행업은 시장 마찰이 큰 산업이다. 한 은행에서 다른 은행으로 옮기려면 복잡한 과정을 거쳐야 하기 때문이다. 연구 결과에 따르면 은행업은 가장 인기 없는 산업 중 하나지만, 번화가의 은행은 대안을 제시하는 도전자들이 있는데도 여전히 많은 고객을 보유하고 있다.[20] 은행의 고객들은 분노를 부추기는 소셜미디어에 큰 영향을 받지 않는다. 이는 시장 마찰이 큰 조직은 고객을 푸대접해도 된다는 뜻이 아니라 불매운동의 위협과 분노한 트윗 글이 반드시 위기로 이어지지 않는다는 뜻이다.

고객이 실제로 얼마나 분노했는지를 판단하는 좋은 방법은 그들이 당황했을 때 실생활에서 하는 행동을 관찰하는 일이다. 우리는 사과의 진정성이 사과를 전하는 비용과 직접적인 상관관계가 있음을 알고 있다. 연관된 행위가 없는 빈껍데기 사과 성명은 실제로 무가치하다. 말로만 분노하는 것도 마찬가지다. 고객이 실력 행사를 하면 시간이든 에너지든, 아니면 현금이든 이에 따른 비용이 든다.

고객의 분노가 반드시 불매운동으로 이어지지 않는다는 사실은 축구 팬을 보면 잘 알 수 있다. 축구 팬은 자신이 응원하는 팀이 뻔히 질 경기의 표를 사기 위해 웃돈을 지불할 정도로 브랜드 충성도가 대단히 높은 고객이다. 축구 팬들은 대개 불평하기 좋아하며, 적어도 이론상으로는 응원하는 팀을 쉽게 바꿀 수도 있다. 그러나 대부분의 축구 팬들은 웬만해서는 응원하는 팀을 바꾸지 않는다. 또한 은행과 마찬가지로 부모 세대가 좋아하는 팀을 자녀들도 좋아하게 될 가능성이 매우 높다. 따라서 축구 팬은 소비자 만족의 가장 믿을 만한 비공식 척도라고 할 수 있다. 축구 팬이 응원하던 팀을 배척하려면 엄청난 무리가 따른다는 사실을 잊지 않도록 하자.

축구 클럽의 단장은 고객만족도를 측정하기 위해 따로 조사할 필요가 없다. 그저 경기 당일에 빈 좌석이 얼마나 있는지 주변을 둘러보기만 해도 된다. 물론 축구 팬들도 소셜미디어에서 뜨거운 분노를 뿜어낼 수 있다. 그들은 투덜거리기 좋아하고 변덕스럽지만, 특정 축구 클럽에 반감을 표시하면 사회적으로 큰 비용을 치러야 한다. 상대방 팬들에게서 조롱을 받을 수도 있고, 동료 축구 팬들에게서 따돌림을 당할 수도 있는 위험을 감수해야 하기 때문이다.

2016년 경기 결과에 불만을 품은 뉴캐슬 유나이티드의 한 팬이 형편없는 경기력을 보여준 당시 감독 스티브 매클래런에게 항의하며 정기권을 내던졌고, 결국 시즌의 남은 기간에 경기장 입장을 금지당했다.[21] 그것은 사회적 비용과 금전적 비용이 들어가는 항의였다. 영국 통계청은 뉴캐슬의 주당 평균 정규직 임금을 448파운드로 잡았다.[22] 그 시즌에 뉴캐슬 유나이티드의 가장 싼 성인 정기권은 525파운드였다.[23] 단 몇 초면 분노의 트윗 글을 보낼 수 있고 그에 따른 비용도 거의 들지 않지만, 그 팬은 자신의 분노를 비용이 드는 행동으로 보여줌으로써 희생을 치른 셈이다. 그만큼 새겨들을 만한 표현이었다. 뉴캐슬 유나이티드 측은 닷새 후에 감독을 경질했다.

정기권을 내던지는 행위와 달리 소셜미디어상의 분노는 고객 만족을 예측하는 도구로 사용하기에 별로 효과적이지 않다. 사우스 웨스트항공이 올린 트윗 글의 64퍼센트가 사과임을 기억하기 바란다. 그러니 그들의 트위터는 사과 요구와 사과로 후끈 달아오르는 곳이라고 가정해도 무방하다. 그러나 수많은 사과 트윗에도 상관없이 그들은 변함없이 고객만족도 조사에서 최고 등급을 받는 항공사 중하나다. 사우스웨스트항공과 같은 저가 항공사인 라이언항공은 분노의 트윗 글과 고객의 뜻 사이의 격차가 얼마나 큰지를 이해하고 있으며, 조직의 탄력성에 관해 훌륭한 교훈을 제공한 기업이다.

2018년 라이언항공이 10kg 무료 수하물 제도를 없앴을 때 소셜미디어상의 반응은 대단한 정도를 넘어 실로 끔찍했다. 수많은 소셜미디어 사용자들이 불매운동을 하겠다고 위협했다. 하지만 라이언항공은 이 위협이 외부와 단절된 소셜미디어에서만 이뤄졌음을 확신하고 그들의 불매운동에 효과적으로 맞서는 성명을 냈다.

저희 항공은 다시는 저희 비행기를 타지 않겠다고 다짐하는 고객들로 늘 꽉 차 있지만, 다른 항공사와 비교해 최저 요금을 제공하고 있고, 우수한 정시성으로 높은 재구매율을 유지하고 있습니다. 하지만 이는 모두 고객의 선택임을 잘 알고 있습니다. 그래서 높은 요금과 낮은 정시성을 원하신다면, 다른 항공사를 선택하시기 바랍니다. 빈 좌석을 차지할 고객은 또 있습니다.[24]

모든 조직이 라이언항공 같은 커뮤니케이션 전략을 채택해야 한다고 주장하는 것은 아니다. 하지만 이 사례는 주목할 만하다. 소셜미디어에서 비난받는 일과 고객이 진심으로 분노해서 피해를 보는 일이 다르다는 점을 이해하는 조직은 탄력을 유지하며 문제에 적절히 대응할 능력을 충분히 갖추고 있다. 반면, 온라인상의 분노 표현과 불매운동의 위협을 실제 고객 감소로 착각하는 조직은 불필요하고 반사적이며 하나 마나 한 사과를 계속해서 할 수밖에 없다.

CHAPTER 12

누군가의
강아지를 죽였다

어떤 상황보다 진정성이 보여야 하는 순간

분명한 것은 저희가 아무리 열심히 노력해도
항상 완벽할 수는 없다는 점입니다.

– 2018년 3월 22일 유나이티드항공 오스카 무뇨스

2015년 한 의학 연구 단체는 어떤 유형의 메시지가 더 많은 사람에게 기부를 유도하는지 알아보는 실험을 진행했다. 연구진은 "한 달에 5파운드를 기부하면 해리슨을 고통스러운 죽음에서 구할 수 있습니다"라는 똑같은 문안으로 두 개의 광고를 냈다.[1] 두 광고에서 다른 점은 그림뿐이었다. 한 광고에서는 '해리슨'이 남자아이였고, 다른 광고에서는 개였다.

결과적으로 어린아이보다 개가 기부금을 훨씬 더 많이 받았다. 또 다른 연구에서는 학생 240명을 대상으로 어떤 사람이 야구방망

이를 휘둘러 살이 찢기고 다리가 부러진 '희생자'가 생겼다는 가짜 신문 기사를 보여줬다.[2] 연구진은 '희생자'를 성인, 유아, 어린이, 개 등으로 바꿔가며 학생들의 얼굴 표정을 촬영해 반응을 살폈다. 실험 결과, 유아가 가장 많은 공감을 이끌어냈고, 그 다음으로 개가 성인 과 어린아이보다 더 많은 공감을 끌어냈다.

저희가 잘못했습니다

–

2018년 3월 휴스턴에서 뉴욕으로 가는 유나이티드항공 기내의 객석 머리 위 짐칸에서 10개월 된 프랑스 불독 강아지 코키토가 질식사했 을 때, 사람들은 유나이티드항공에 대해 진심으로 안타까워하지 않 을 수 없었다. 유나이티드항공의 시카고 본사에서도 불운이 아직 끝 나지 않았다며 틀림없이 괴로워했을 것이다. '재배치' 위기에서 겨우 벗어나고 있던 시점에 대형 사건이 또 터졌으니 말이다. 상황을 반전 시킬 방법은 무엇일까? "저희가 잘못했습니다"에 그 답이 있다.[3] 유 나이티드는 또 사과했지만, 사람들은 사과 이상을 원했다. 해명을 원 했고 해명을 들을 자격도 있었으며 실제로 듣게 됐다. 비행기에서 개 가 죽어나간 이후에야 유나이티드가 위기를 대처하는 실질적인 방 법을 마침내 깨닫게 됐다는 것은 참으로 부끄러운 일이다.

코키토가 죽자마자 시카고 본사에서 열린 임원 회의의 발언 내 용을 보면 무뇨스는 "제 삶을 되찾고 싶습니다"라고 한 BP의 수장

토니 헤이워드의 말실수를 보고 조금이라도 배운 바가 있는 듯했다. 무뇨스는 '재배치' 사태를 언급하면서 그 논란이 끝났다고 자신이 기뻐했다며 업계 동종 기업들이 비난했던 사실을 떠올렸다. 무뇨스는 "그런 감정을 티끌만큼도 갖지 않았다"라고 강조했는데, 이는 "해결되지 않는 부분을 조금도 남겨두지 않겠다"라며 점화 스위치 위기에 모범적으로 대처한 제너럴 모터스의 CEO 메리 바라Mary Barra의 단호함을 떠올리게 했다. 무뇨스는 이렇게 덧붙였다. "우리는 사안이 얼마나 순식간에 잘못될 수 있는지를 늘 상기해야 합니다."[4]

무뇨스는 사람들의 기대에 어긋나지 않게 이 문제를 잘 처리했다. 게다가 또 다른 흥미로운 대응법을 보여줬다. 개가 죽은 것은 개인의 실수가 아니라 회사의 규정 때문이었다고 주장한 것이다. 기내 승무원이 강아지가 들어 있는 상자를 머리 위 선반에 넣은 것은 분명한 실수지만 그 승무원은 규정에 따라 그렇게 행동한 것이라고 설명했다. 다시 말하지만 제너럴 모터스의 점화 스위치 위기처럼 이는 운영상의 실패로 나타나는 문화적 문제였다. 그 사건 직후 유나이티드 측은 비행기에 같이 탑승하는 동물이 기내 반입용 수화물로 다뤄지지 않도록 개선된 표시법을 도입하는 조치를 취했다.

오스카 무뇨스가 무대에 올라 기업의 리더로서 반성하는 사과 횟수는 점점 줄어들고, 항공사 운영에 대한 특별한 도전을 반영하는 사과 횟수는 점점 더 늘어났다. 그는 다음과 같이 말했다.

지금 이 순간도 수백 대의 유나이티드항공 비행기가 수만 명의 고객을

태우고 공중에 떠 있는데, 이는 곧 예상하지 못한 사건이 일어날 가능성이 수만 번 있다는 뜻입니다.[5]

항공업처럼 고도가 높은 곳에서 발생하는 실패일수록 더 위험하다. 그 때문에 뭐라고 말할 것인지 고민하기 전에 실제로 어떤 일이 발생했는지를 살펴보는 일이 훨씬 더 중요하다. 어떤 면에서는 재앙에 가까운 실패라도 솔직히 인정하고 사과하는 편이 현실적으로 더 마음이 편하다. 깨끗하게 사과하고 나면 동정심을 자극하려는 유혹이 사라지기 때문이다. 기내에서 강아지가 죽었을 때 "우리가 잘못했다"라고 말하는 일 말고 더 좋은 대처법이 어디 있겠는가. 그리고 정말 중요한 것은 사과한 다음에 무엇을 할 것인가다.

유나이티드가 새로 도입한 조치가 적절할지는 시간이 말해줄 것이며, 얼마나 잘 정착되느냐에 따라 그들이 얼마나 미안해하는지를 증명하게 될 것이다. 새로운 조치가 적절했다는 사실이 밝혀지면 "저희가 잘못했습니다"는 개선을 향한 여정의 출발점이 될 것이다. 그러나 새로운 조치가 아무런 효과가 없어서 유사한 사고가 다시 발생한다면, 사람들은 그 사과를 입에 발린 말이었다고 판단할 것이다.

무뇨스는 이전의 실패를 발판 삼아 조직의 여러 문제를 공개적으로 반성하면서 만족스러워했다. "저희가 잘못했습니다"라는 사과가 "저희는 이렇게 바로 잡겠습니다"라는 실질적인 조치로 순조롭게 이어졌기 때문이다. 어떤 조직들은 실제로 어떠한 결과를 내놓지 않으면서 말로만 자기반성을 하고 만족스러워한다. 개선을 위한 특별한 조치 없는 자기반성은 그저 책임 회피일 뿐이다.

저희의 예상이 빗나갔습니다

–

처음 들으면 이 말은 유나이티드항공처럼 진지하면서도 흔쾌히 자신의 잘못을 인정하는 것처럼 들린다. 그러나 사실 이 말은 그런 뜻이 아니다. 2010년 개인정보 유출 스캔들이 터졌을 때 페이스북 측은 실리콘 밸리에서 널리 쓰이던 전형적인 메시지를 선택해서 자신들의 잘못을 정직한 책임이라는 미사여구로 포장했다. 페이스북의 CEO 마크 저커버그는 페이스북을 소박하게 출발하여 자수성가한 기업으로 묘사한 편지를 《워싱턴 포스트》에 발표했다. 그 편지의 첫 대목은 이렇다.

"저희는 몇 가지 간단한 아이디어를 기반으로 페이스북을 만들었습니다. 저희의 의도는 사용자의 통제권을 대폭 축소하여 편의성을 높이겠다는 것이었습니다. 하지만 이것은 대다수 사람들이 원하는 일이 아니었던 것 같습니다. 저희의 예상이 빗나갔습니다."[6]

저커버그는 페이스북이 개인정보 유출 사건에서 교훈을 얻었고 이를 새기겠다고 약속했다. 또한 "동의 없이 정보가 공유되지 않도록 사용자에게 통제권을 부여하겠습니다"라고 약속했다.[7] 이렇게 약속을 했다면 페이스북이 할 일은 사용자 데이터를 보호하기 위한 실질적인 조치를 취하는 일뿐이다. 과연 그렇게 했을까? 결론부터 말하자면 2018년 또 다시 개인정보와 관련된 케임브리지 애널리티카 스캔들이 터졌고, 페이스북이 사용자 데이터 취급 방식을 개선하겠다는 2010년의 약속은 지켜지지 않았다.

저커버그는 페이스북을 시작하기 전에도 사람들의 사생활을 침해했다는 이유로 물의를 일으켜 사과한 전적이 있다. 2003년 페이스북의 전신인 페이스매시Facemash가 학생들의 사적인 사진을 임의로 올리고 다른 학생들을 초대해서 외모를 평가했다는 이유로 하버드 대학교 캠퍼스를 대혼란에 빠뜨린 것이다. 청년 저커버그는 당시에도 "제 의도가 잘못됐다는 점을 이제야 확실히 알겠습니다"라고 사과했다.[8]

페이스북의 경우 "저희의 예상이 빗나갔습니다"라는 말은 자신의 잘못을 인정하는 것도 사과하는 것도 아닌 정말이지 아무 의미가 없는 발언이었다. 이는 책임을 회피하려는 연막작전의 일종이라고 볼 수 있다. "저희의 예상이 빗나갔습니다"라는 문장은 기업의 공개 사과에서 자주 쓰이며, 그 의미는 분명하다. 2015년 버드와이저 브랜드를 소유한 앤호이저부시Anheuser-Busch는 버드 라이트 홍보 캠페인인 '뭐든지 하세요#upforwhatever'에 대해 사과했다. 국회의원을 포함한 비평가들은 상표 밑에 있는 "밤에 '싫어요'라고 말하지 못하게 해줍니다"라는 문구에 문제를 제기했다. 앤호이저부시 측은 "저희의 예상이 빗나갔습니다"라고 말하며 캠페인을 보류했다.[9]

2017년 생활용품 업체 도브Dove도 혹평을 받은 스킨케어 광고에 대해 "예상이 빗나갔습니다"라고 말했고,[10] 같은 해 펩시는 '통합, 평화, 상호 이해라는 세계 공통의 메시지'를 전하려 했지만 결국 놀림감이 되어 유명해진 광고에 대해 "예상이 분명히 빗나갔습니다"라고 말했다. 셀룰라이트 제거 용품을 홍보했다가 자기 몸 긍정주의를 실천하는 영국 배우 자밀라 자밀에 의해 공개적으로 호출된 화장품 브랜드 에이본Avon도 2019년 1월 "예상이 빗나갔습니다"라고 주장했다.[11]

하이네켄은 "때로는 더 가벼운 것이 더 좋은 것이다"라는 문구가 나오는 광고에 대해 "예상이 빗나갔습니다"라고 말했고, 이후 발표된 사과문도 정답에서 한참 빗나갔다. 문제가 된 광고에서는 하이네켄 한 병이 막대기를 따라 미끄러지다가 흑인 세 명을 지나 한 백인의 손으로 들어간다. 하이네켄의 대변인은 영국 소셜 매체 인디100 웹사이트에 다음과 같은 글을 올렸다.

수십 년 동안 하이네켄은 사람들이 분열하지 말고 하나로 뭉쳐야 한다는 취지로 다양한 마케팅 활동을 전개해왔습니다. 사람들은 하이네켄 라이트 맥주 광고가 인종차별을 의미한다고 생각했으며, 저희의 예상이 빗나갔습니다. 저희는 그에 대한 피드백을 마음에 새기고 있으며, 이를 향후 캠페인에 반영할 것입니다.[12]

인상적인 책임 회피인 동시에 전형적인 슈뢰딩거식 사과였다. 대변인은 문제의 광고가 불러온 인종차별 문제를 무마하기 위해 성공적이었던 다른 캠페인의 문구("우리는 분열하지 말고 하나로 뭉쳐야

합니다")를 끌어왔다. 자신의 장점을 내세워 상황을 호전시키기 위해 전혀 관계가 없는 문구를 끌어오는 나쁜 태도는 차치하더라도, 광고에 잠재된 문제가 명백하다면 예상이 빗나간 결과라고 평가받기도 어렵다. 예상이 빗나갔다는 이유로 용서받으려 하기 전에 예상이 과연 얼마나 정확했는가를 먼저 살펴봐야 했다. 이처럼 예상이 빗나갔다고 주장한 조직들 중에 진정 결과를 예상하지 못한 조직이 과연 있었을까?

'예상이 빗나갔다'라는 문장은 기업의 가식을 드러내는 표현으로, 대부분이 설립된 지 몇 년 되지 않은 스타트업에서 처음 사용했으며, 스타트업이 중견 기업으로 성장한 이후 임원실에서 사용하면서 가치가 높아졌다. 실리콘밸리 기업들은 자신을 비난하는 사람들의 의견에 반사적으로 대응하면서 달콤한 언어로 애매하게 빠져나가려 했다. 그러나 구차하게 말로만 반성하는 태도는 10년 전에나 먹혔을 졸속 조치에 불과하며, 자산이 수조 원인 기업에는 어울리지 않는 태도다.

마케팅과 광고는 예술에서 대단히 엄격한 과학으로 진화했다. 각 기업은 마케팅과 광고가 올바른 대상에게 정확히 적중할 수 있도록 창의성을 시험하고 초점집단 인터뷰를 거쳐 수정하는 데 수십억 달러를 사용한다. 소비자 분석정보와 소비성향 모형화를 통해 기업은 20년 전이라면 상상할 수 없는 수준의 정확성으로 자신의 메시지를 정밀하게 조정한다. 2018년 미국의 기업들은 정확한 메시지가 정확한 목표 고객에게 전달될 수 있도록 도움을 주는 마케팅 데이터를 확보하는 데 1,100만 달러 넘게 사용했다.[15] 그러므로 예상이 빗나갔다고 변명해서는 안 된다. 그들은 이미 그러지 않기 위해 많은 비용은 치렀다. 얼버무리기, 말장난하기, 눈치 보기는 세계적인 조직이 갖추어야 할 자질이 아니다. 예상이 빗나갔다고 해서 모든 것이 정당화되지는 않는다.

그럼에도 불구하고 우리는 너무 많이 용서하고 있다. 2017년 버드와이저의 모회사 앤호이저부시는 564억 4천 달러의 매출을 올렸고,[13] 도브를 소유한 유니레버Unilever는 530억 달러의 매출을 올렸다.[14] 펩시는 630억 달러, 하이네켄은 248억 달러 그리고 에이본도 57억 달러가 넘는 상당한 매출을 올렸다.[16, 17, 18]

청년 마크 저커버그가 후드티를 입고 사과했을 때, 소비자들은 그 젊은이를 용서하려고 마음먹고 있었다. 한 스타트업을 대표해서 직감에 의한 빠른 판단력으로 참신한 일들을 시도했던 능력을 고려했기 때문이다. 그런데 그의 사과를 보며 소비자들은 호감을 거둬들였다. '우리의 예상이 빗나갔다'라는 말은 PR로 실수를 덮으려고 기업이 늘어놓는 변명이며, 진심으로 뉘우치는 모습을 보고 싶은 소비자의 뒤통수를 치는 발언이었던 것이다.

한 조직이 미안해하는 척하면서 책임을 회피하는 방법은 몇 가지 자의적인 예상이 빗나갔다고 주장하는 것 말고도 많다. 최근 몇 년간 조직들은 축소하고, 둘러대고, 사과하는 것처럼 보이지만 미안하다고 말하지 않는 여러 가지 방법을 찾아냈다. "뭔가 잘못됐으나 우리의 잘못만은 아니다"라는 반쪽짜리 시인은 평판 관리의 전술이 되었다. 그러나 이것은 써먹을 수 있는 것은 다 사용하여 어쩔 수 없을 때 막연한 유감의 뜻을 나타낸 발언일 뿐이다.

가끔 실수가 발생할 때도 있다

–

여행 가격 비교 사이트인 트립어드바이저TripAdvisor에 한 음식점에 대한 평이 올라 있다. '그저 그런' 맛과 '대충대충' 서비스에 대해 불만을 털어놓는 내용이다.[19] 평가자는 신중한 태도로 "가끔 실수가 발생할 때도 있습니다"라며 어쩌면 평소에는 자신이 방문했을 때와 다른 맛과 서비스를 제공했을 수도 있다고 결론지었다. 이만하면 충분히 공정하다.

"가끔 실수가 발생할 때도 있다"는 말은 사우디아라비아의 외무부 장관이자 최고위 외교관인 아델 알 주베르Adel al-Jubeir가, 2018년에 벌어진 자말 카슈끄지Jamal Khashoggi 기자의 피살사건에 대한 조사 결과를 발표하면서 기자단에 한 발언이기도 하다.[20] 알 주베르는 사우디아라비아가 다시는 '그런 행위에 개입하지 않겠다'라는, 그리 믿기지 않는 약속도 덧붙였다.[21]

이는 옷만 새로 바꿔입은 전형적인 기업 사과로, 2013년 스탠다드차타드 은행의 CEO 존 피스John Peace의 발언과 놀랄 만큼 비슷하다.[22] 이 은행이 이라크와 리비아에 자금을 지원함으로써 미국이 정한 제재 원칙을 어긴 사실이 발각돼 벌금을 부과받은 후, 피스는 미국의 규제 기관에 이렇게 말했다. "고의로 제재를 위반한 것이 아닙니다. 아시다시피 사무 착오로 실수가 발생한 것입니다."

피스는 미국의 규제 기관이 스탠다드차타드 은행의 뉴욕 영업 허가를 취소하겠다고 으름장을 놓자, 그때서야 자신의 발언을 철회했다. 그런 다음 다음과 같은 사과문을 발표했다. "저는 매우 부정확한 발언을 한 것에 대해 대단히 유감스럽다는 말을 전하고 싶습니다. 당시 저의 발언은 잘못됐을 뿐만 아니라 책임을 인정한다는 저희의 입장과도 정면으로 배치됩니다."

사우디아라비아 정부는 현대 위기관리 방식 중 최악의 관행인 달콤한 메시지와 두루뭉술한 표현, 공허한 약속을 국제적인 비난에 대응할 방법으로 선택했다. 처음에는 책임을 인정하다가 엉뚱한 방향으로 빠진 페이스북과 우버의 사례를 떠올려 보면, 이치상 사우디 정부가 다음에 취할 조치는 (이제는 표준이 된) 유튜브 영상을 통해 뻔한 형식의 사과를 발표하는 것일지도 모른다.

물론 그 누구도 사우디 정부가 문제의 피살 사건에 대해 무릎을 꿇고 진심으로 용서를 구하리라고는 생각하지 않을 것이다. 사우디 정부는 거대 조직이 특정한 형태의 나쁜 사과를 활용하여 큰 피해를 보지 않고 상황을 해결했다는 점을 간파하고 그대로 답습하고 있다. 만약 권위주의 정부가 자신의 잘못을 감추기 위해 관행이라는 명목으로 행해지는 거대 기업 CEO의 위기관리 방식을 따라하고 있다면, 그것은 거대 기업의 잘못이다. 지금이야말로 기업의 공개 사과에 일대 전환이 필요한 시기다.

CHAPTER 13

셀프 사과

보여주기식 위기관리와
커지는 소비자의 기대

펩시는 통합, 평화, 상호이해라는 세계 공통의 메시지를 전하려 했습니다.
그러나 우리의 예상은 빗나갔으며, 이에 대해 사과드립니다

– 2017년 펩시 대변인

운영상의 위기에 대해 사과하는 일은 힘들지만 비교적 간단하다. 뭔가 잘못됐을 때 이를 마음에 새기고 진심으로 사과하면 된다. 그러면 대체로 용서받는다. KFC가 그 대표적인 사례다. 앞에서도 말했지만, KFC는 2018년 일시적으로 치킨 품절 사태를 빚어 유명세를 치른 적이 있다. 그때 소비자의 기대를 충족시켰다고 말하기에는 다소 미흡했으나 결국 용서를 받았다. 소비자들이 치킨 공급업체의 물류관리에 관해 크게 문제 삼지 않았기 때문이다. KFC에도 억울한 면이 있었다. 물론 제일 억울한 사람은 치킨을 사러 나갔다가 빅맥을 들고

귀가해서 화가 난 사람이었을 것이다.

하지만 레고 애호가들을 대상으로 기획한 양말을 판매하려다가 문화적 위기를 겪은 H&M은 그렇지 않았다. H&M은 불매운동이 벌어질 정도로 심각한 상황에 이르렀으며 평판에 피해를 입었다. 문화적 위기는 완전히 다른 문제다. 운영상의 위기에서 볼 수 없던 여러 가지 위험이 뒤따르기 때문이다. 문화적 위기가 닥쳤을 때 대체로 조직의 피해 규모는 단순한 물류 관리 차원의 실수를 저질렀을 때보다 훨씬 크며, 원상 복구를 위한 조치에도 상당한 비용이 든다.

문화적 과민 반응

–

이 난폭한 사태는 문화적 과민 반응으로 촉발됐다. 소비자 정체성 정치Consumer identity politics(소비자의 권리를 주장하는 데 주력하는 정치 운동 – 옮긴이)는 마케팅 전문가 에릭 아르놀드Eric Arnould와 크레이그 톰슨Craig Thompson이 대중화한 소비자 문화 이론의 한 갈래로 소비자들이 직접 선택한 것을 구매하는 행위를 통해 어떻게 통일되고 일관된 자아의식을 획득하는지 이해하는 데 도움을 준다. "소비는 자신을 규정하고 표현하는 행위다. 사람들은 대개 자신과 관련된 제품과 브랜드를 선택해서 특정한 정체성을 공유한다."[1] 소비자들이 본인의 기대를 반영하지 못한 조직에 보이는 분노를 이해하려면 이 말을 먼저 헤아릴 필요가 있다.

작가이자 조직 컨설턴트인 사이먼 시넥Simon Sineck은 2009년 TED 강연 〈위대한 리더들은 어떻게 사람들의 행동을 유발하는가〉에서 청중들에게 자기 생각을 이렇게 구체화했다. "중요한 것은 여러분의 신념을 신뢰하는 사람들과 거래하는 일입니다."

기업들은 현대 소비자들이 소비 대상을 선택할 때 정서적인 부분의 영향을 크게 받는다는 사실을 이제 막 이해하기 시작했지만, 정보를 어떻게 다뤄야 할지는 아직 정확히 알지 못한다. 이제까지 기업들은 소비자들에게 지키기 힘든 약속을 남발하며, 제품과 서비스를 팔기 위해서가 아니라 소비자들이 원래 열망하는 가치를 지키기 위해 존재한다고 주장하고 행동해왔다. 그 결과 기업들이 추구하는 문화적이고 도덕적인 이상에 대해 소비자들은 점점 더 과민하게 반응하기 시작했다.

소비자들은 기업으로부터 정서적인 타격을 받을 때에 비하면 KFC의 일시적 품절과 같이 운영상의 실패로 인한 가벼운 불편과 실망에는 훨씬 더 깔끔하게 대응한다. 그러나 자신이 애용하는 문구 체인 업체가 정치적이거나 도덕적으로 온당치 못하다고 알려진 신문에 광고를 내보내면 거부반응을 나타내는 것은 물론 그로 인한 후유증 또한 상당히 오래 간다. 심지어 이 '문화적 실패'의 후유증은 사라지는 데 여러 해가 걸릴 때도 있다.

결백하다는 주장의 무게

–

커뮤니케이션 전문가들은 대개 스스로 만든 수렁에 빠져 있는 경우가 많다. 2011년 브랜드 컨설턴트 밀워드 브라운Millward Brown과 짐 스텡겔Jim Stengel은 〈성장하다: 세계적인 거대 기업의 이상이 어떻게 성장과 수익의 동력이 되는가〉라는 논문을 발표했다. 짐 스텡겔은 세계 최대의 광고주 프록터 앤드 갬블P&G의 국제 마케팅 담당 임원을 지낸 인물이다.

그 논문에는 10년간 꾸준히 성장한 5만 개의 브랜드를 검토해서 성장을 이끌어가는 가장 중요한 요인을 실증적으로 분석한 내용이 담겨 있다. 고귀한 선higher good을 추구하는 사회적 목적을 가진 브랜드는 그렇지 않은 브랜드보다 더 빨리, 그리고 더 크게 성장한다는 것이 이 논문의 핵심 주장이다. 간단히 말해서 문화적 인식이 경제적 효과로 이어진다는 것이다. 짐 스텡겔은 "대형 브랜드는 그들의 제품과 서비스를 사 가는 사람들의 삶을 개선시킨다는 전제 위에 구축된다는 것이 저의 변함없는 믿음이었습니다. 그래서 최대의 이익과 높은 이상은 양립할 수 없는 것이 아니라 실은 분리될 수 없다는 사실을 증명하고 싶었습니다"라고 말한 바 있다.

논문의 저자들은 특별히 주목할 만한 브랜드 중 50개를 '스텡겔 50'으로 선정하여 '기쁨을 끌어내고', '행복의 경험을 활성화하고', '관계를 연결해주는' 숭고한 미덕을 보여줌으로써 두드러지게 성장한 브랜드들이라며 찬사를 보냈다. 연구의 결론에 등장하는 커뮤니케이션 전문가들은 그중에서도 이노센트 스무디나 도브 스킨케어, 애플과 같은 감성적인 브랜드를 사회문화적 목적이 어떻게 성장을 촉진하는지 보여주는 모범 사례라고 평가했다.

하지만 결론 부분은 당시 연구 방법론과 함께 비판받았고 지금도 논란거리로 남아 있다. 호주의 마케팅과학 전문가 바이런 샤프 Byron Sharp는 이 연구가 마케팅 전문가를 '전혀 신뢰할 수 없는 사람'이라고 깎아내리는 등 심각한 결함을 지녔다고 혹평했다.[2] 또한 샤프는 방법론상의 핵심적인 결함으로 '후광효과 halo effect'를 들었다. 후광효과란 이미 유명해진 대상을 더 높이 평가하는 경향을 뜻한다. 다수의 수상 실적이 있는 세계적인 미디어 에이전시 매닝 고틀리브 OMD Manning Gottlieb OMD의 행동과학 팀 팀장으로 오랫동안 활동했으며 '스텡겔 50'을 가장 강력하게 비난한 리처드 쇼튼 Richard Shotton도 연구 내용 중 여러 대목의 타당성에 의문을 제기했다.

'우리의 목적이 코카콜라의 목적과 같으므로 우리도 코카콜라만큼 성장할 수 있다고 생각한다'라는 것이 이노센트 스무디의 주장입니다. (……) 문제는 코카콜라보다 매출이 미미한 이노센트 스무디를 같은 척도로 측정한 탓에 엉뚱한 결론이 도출됐다는 것입니다.[3]

브라운과 스텡겔의 '스텡겔 50'은 비난을 받기도 했고 논란의 여지도 있었으나 마케팅 분야에 엄청난 영향을 미쳤다. 마케터들은 자신이 관리하는 브랜드가 제품 판매 이외의 목적을 지니고 있다는 브라운과 스텡겔의 주장을 열렬히 환영했고, '스텡겔 50' 브랜드의 타고난 훌륭함과 문화적 매력을 모방하려 했다. 그렇게 하면 마케팅 분야에서 일하고 있다는 죄책감을 용서받는 기분이 들기 때문이다.

익살스러운 마케팅 문안과 감상적인 사회적 열망을 제시하는 것으로 잘 알려진 이노센트 스무디는 스텡겔 50에 선정되면서 수많은 아류를 낳았다. 갑자기 동네 슈퍼마켓이 사람들에게 말을 걸어오며 홀딱 반할 이야기를 들려줬고, 상품 포장지는 마케터들의 거대한 사회문화적 열망을 그린 캔버스로 변했다. '왜키징wackaging'(wacky와 packaging의 합성어로, 귀엽고 재미있는 요소를 담은 상품 포장 - 옮긴이)이라는 용어를 만들어낸 저널리스트 리베카 니컬슨Rebecca Nicholson은 이 현상에 주목하면서 브랜드들이 지나치게 친근하고 자극적인 방식으로 소비자에게 제품 이상의 존재임을 부각하려 한다고 우려했다.

도브의 '리얼 뷰티 캠페인'은 사실 이익만을 추구하면서도 이상을 좇는 것처럼 생색낸다는 이유로 미디어 평론가와 소비자들에게서 엄청난 비난을 받고 있지만, 당시에는 여성들에게 불건전한 미의 기준에서 벗어날 수 있는 권한을 부여했다는 이유로 환영받았다.[4, 5] 이 캠페인 역시 수많은 아류를 낳았다. 아류 브랜드들은 도브처럼 여성의 권리를 옹호한다고 홍보한 다음 얻게 된 호감을 통해 어떻게든 이익을 내고자 했다. 팬틴 샴푸 포장에는 '강한 것이 아름답다'라는 문구가 박혔고 '소녀처럼'이라는 문구도 항상 어딘가에 붙어 있었다. 이는 팬틴을 소비자로 하여금 머릿결을 지켜줄 뿐만 아니라 그 이상의 무언가를 제공하는 브랜드로 느끼게 하기 위한 문구였다. 실제로 제품에 많은 결함이 있다는 사실과 상관없이 브랜드는 문구와 같은 이미지로 자연스레 굳어졌다. 브랜드들은 제품이 아니라 이야기와 이상을 판매하고 있었다. 소비자들은 브랜드의 지향점이나 고귀한 선에 관심을 기울이라는 속삭임에 넘어가 브랜드가 자신들과 사회문화적 가치를 공유한다고 생각하게 됐다.

그러나 '스텡겔 50'이 등장하지 않았고 소셜미디어가 소비자들의 비판 수단이 되기 전인 2008년 이전에도 브랜드는 스스로 추구한다고 주장한 이상에 미치지 못했다. 그래서 최근 10년간 기업들은 브랜드 인지도와 평판을 관리하기 위해 나름대로 최선을 다했지만, 별다른 성과는 없었다. 기업들이 문화적인 차원에서 소비자와 관계를 맺으려고 스스로에게 거의 불가능한 임무를 부여했기 때문이다. 이처럼 소비자의 문화적 기대에 부응하지 못한 거대 기업은 많지만, 소비자와 미디어에 의해 거부당한 기업은 페이스북과 우버뿐이다. 자신의 목적에만 충실했던 기업에 대한 불신이 수년간 쌓여 있다가 그제야 터진 것이다.

환경에 대한 불안을 파고들면서 친환경 이미지를 만들어간 이노센트 스무디는 소비자들에게 자신들의 제품이 탄소를 적게 배출한다고 큰소리쳤다. 스무디 병에는 기업 특유의 어투로 탄소 배출을 줄이기 위해 모든 과일을 대규모 농장이 아닌 교외의 시골 지역에서 가져온다며 소비자들을 안심시키는 정보가 적혀 있다. 물론 어디에 있는 시골인지는 밝히지 않았지만, 영국의 소비자들은 당연히 국산

과일을 사용하리라 생각했다. 그런데 2006년 영국의 일간지《텔레그래프》의 조사 결과, 이노센트 스무디가 사용한 과일은 네덜란드 로테르담 외곽에서 수입한 것으로 밝혀졌다. 이는 국내 산업에 대규모로 투자한 토종 기업이라는 이미지와 맞지 않았다.

이노센트 측은 소비자들이 제품의 원재료를 과일 가공시설이 있는 산업단지보다 시골에서 가져온다고 상상하는 것을 더 좋아할 것이라고 추측했다. 국산이 아닌 외국에서 수입해온 것이라도 상관없이 말이다. 그리고 그 사실을 구체적으로 밝히지 않음으로써 소비자들이 이노센트의 제품을 국내산 친환경 제품이라고 자연스럽게 생각하도록 했다. 장삿속을 숨기고 사회성이 있는 언어를 멋대로 해석해서 사용한 것이다. 환경운동단체 라이징 타이드Rising Tide의 활동가 샘 체이스는 그것을 '위장 환경주의greenwashing'라고 칭하며 이렇게 말했다. "환경적으로 안전하다는 기분이 들면 사람들은 제품을 살 때 기꺼이 더 많은 돈을 낼 겁니다. 좋은 기분을 느낀 것에 대해 웃돈을 얹어서 내는 셈이죠."[6]

많은 기업에 목표나 문화, 높은 윤리 의식 따위는 소비자가 뭐라고 부르든 그저 마케팅 전략일 뿐이다. 브랜드는 소비자들의 사회문화적 불안(대표적으로 탄소 배출과 외모 지향주의)을 다시 포장한 다음, 소비자들에게 웃돈을 받고 불완전한 해법을 되팔아서 이익을 얻는다. 소셜미디어라는 소비자용 확성기와 결탁한 이런 대담한 속임수로 브랜드가 소비자들을 위해 스스로 설정한 기대치에 턱없이 못 미치는 일이 다반사로 일어나고 있다. 이러한 상황에 요즘 소비자들이 브랜드의 이미지 메이킹을 경계하고 의심하는 것은 당연하다. 실제로 요즘 소비자들은 문화적 이미지를 파는 브랜드에 주저 없이 실망감을 드러낼 뿐만 아니라 보여주기식 마케팅에 대해 기꺼이 불쾌감을 표한다.

그렇다고는 해도 소비자들이 조직에 거는 비현실적인 기대를 재설정하는 것은 어려운 일이다. 소비자들의 기대 수치를 현실 가능한 수준으로 낮추려면 수년이 걸릴 테고 비용까지 막대하게 들 것이다. 하지만 걸핏하면 사과하는 것도 좋은 생각은 아니다. 판에 박힌 문구로 이뤄진 뉘우침은 조직이 자신의 평판을 보호하거나 개선하는 데 아무런 도움을 주지 못하며, 조직과 소비자 간에 약하게나마 있던 신뢰를 더 약하게 만들 수 있다.

현대 커뮤니케이션 도구 중 방치하거나 지나치게 남용해온 '기대 관리'라는 도구를 제대로 사용할 때가 왔다. 소비자에게 간이라도 빼줄 듯이 수많은 약속을 한 기업들은 스스로 내세운 이상이 공개적으로 검증받는 상황을 맞아 불안해하고 있다. 그간 기업들은 값비싼 비용을 주고 고용한 컨설턴트가 하라는 대로 소비자들에게 기업의 가치를 공유할 뿐 아니라 사회정의나 환경, 외모 지상주의 철폐와 같이 팔아먹기 쉬운 대의에 관심이 있다고 목소리를 높였다. 하지만 기업의 존재 이유가 제품을 팔고 서비스를 제공해서 돈을 버는 데도 있다는 사실을 깜박 잊고 소비자들에게 이를 상기시키지 않았다.

원칙에 부합하는 기대

–

시작부터 사회적 목적을 실천한 기업도 있다. 이러한 기업은 사회적 목표를 추구하면서 동시에 매출도 올릴 수 있다. 아웃도어 의류 브랜드 파타고니아Patagonia는 1985년부터 해마다 매출액의 1퍼센트, 누적액으로 천억 원 이상을 환경운동에 기부했다. 그들은 투명한 공급 라인을 보유하고 있으며, 재활용이 가능한 제품을 만들어 꾸준히 소비자와 환경을 이롭게 하고 있다. 2016년 미국 대통령 선거 기간 중 투표일에는 미국 파타고니아 직원들에게 하루의 유급 휴가를 주려고 점포 문을 닫은 적도 있다.

파타고니아의 유럽 마케팅 책임자 알렉스 웰러Alex Weller는 진심으로 추구하는 사회적 목적과 사회적 양심으로 변장한 마케팅 캠페인의 차이를 정확히 알고 있다. "사회적 목적을 마케팅을 위한 사명과 가치로 이용해서는 안 됩니다. 후자로 고심하는 기업은 사회적 가치보다 마케팅을 우선시하는 조직입니다."[2]

아이스크림 제조업체 벤앤제리스Ben & Jerry's도 사회적 목적을 제대로 수행하고 있다. 이 업체는 1988년부터 평화 구축 기금인 '평화를 위한 1%'에 기부했으며, 기금의 기부 활동을 촉진하기 위해 '피스 팝스'라는 신제품 아이스크림까지 출시했다. 그리고 2005년부터 북극 석유 시추에 반대해왔으며 2006년부터는 탄소 배출을 최소화했다. 또한 점거 운동Occupy movement(사회적, 경제적 불평등 해소를 요구하는 진보적 정치 운동 – 옮긴이)과 같이 혁신적인 비주류 운동에도 참여했다. 벤앤제리스는 반대 세력에 의해 타격을 입을 수도 있지만, 자신들이 추구하는 대의를 지지하기 위해 위험을 감수한다.

파타고니아와 벤앤제리스는 '스텡겔 50' 명단에 오르기 한참 전부터 투명성과 책임이라는 기반 위에 기업을 굳건히 세웠다. 명단에 이름을 올림으로써 더욱 확실하게 자신들의 이상을 추구하게 됐으며, 사업 또한 대단히 성공적으로 운영할 수 있었다. 따라서 이들은 비난을 받아도 사과하지 않고 해명할 수 있다고 확신했다.

2018년 10월 벤앤제리스는 트럼프 행정부의 인종 및 성차별주의, 기후변화, 난민과 이민자 인권 관련 정책에 반기를 들고 '피칸 레지스트Pecan Resist'라는 이름의 아이스크림을 출시했다. 이 제품은 논란이 많은 정치 활동가 린다 사서Linda Sarsour가 관여한 반트럼프 캠페인과 연관이 있다. 이스라엘 출신의 비평가인 사서의 견해는 미국 최대 유대인 단체인 반명예훼손 연맹Anti-Defamation League, ADL에 의해 '문제가 많다'라고 평가받은 바 있다.[8] 유대계 출신인 벤 코헨과 제리 크린필드가 설립한 이 아이스크림 회사는 사서와 제휴했다는 이유로 비난받았다.《더 타임스 오브 이스라엘》은 "그 아이스크림은 이스라엘인의 두뇌를 얼어붙게 한다"라고 비난했고, 이스라엘 소비자들은 불매운동을 하겠다고 위협했으며, 벤앤제리스의 이스라엘 가맹점은 제품 반입을 거부했다.

그러나 벤앤제리스는 사과하지 않았다. 다만 트위터를 통해 다음과 같이 해명했다. "의견에 감사드립니다. 그러나 우리는 모든 의견에 동의할 수는 없습니다. 여성의 권리를 고취하기 위해 린다가 해온 일들은 대단히 중요하며, 제품을 출시하는 데 그녀와 함께하게 된 것을 자랑스럽게 생각합니다."

이 얼마나 간단명료한 해명인가? 벤앤제리스는 자신들의 의도를 명확하게 전했다. 사회적 이상에 대한 수년간의 헌신이 쭈뼛쭈뼛 사과하는 대신 당당하게 해명하는 힘이 됐다. 파타고니아의 유럽 마케팅 책임자 알렉스 웰러가 마케팅을 우선시한다고 지적하며 101가지 기발한 사회적 목적으로 소비자들에게 접근해서 사기를 친다고 꼽은 기업의 경우 절대 벤앤제리스처럼 할 수 없을 것이다. 그러한 기업에는 상업적 실체와 문화적 편견이 충돌할 때 벤앤제리스처럼 선택할 수 있는 재량권도 없으며, 꿋꿋하게 버틸 고유의 진정성에 대한 확신도 없다. 그래서 이들 기업은 해명만으로 끝낼 수 있을 때도 뻔질나게 사과하는 것이다.

보여주기식 위기관리

–

사과를 공연 예술의 한 형태로 생각하는 브랜드도 있다. 대표적으로 도브 스킨케어를 들 수 있다. 도브 광고의 일부 장면을 따서 짧게 편집한 영상물이 소셜미디어에 업로드된 후, 도브를 소유한 생활용품 기업 유니레버는 인종차별에 둔감하다는 비난을 받았다. 그 광고는 원래 다양한 인종의 모델이 연속으로 등장해서 티셔츠를 벗으며 다음 모델과 자연스럽게 겹치는 식으로 구성되어 있다. 하지만 소셜미디어에 돌아다니는 영상물은 교묘한 편집으로 스킨케어 사용 전에는 흑인 모델이, 사용 후에는 백인 모델이 나오는 것처럼 보인다. 편집된 영상만을 본 사람들은 흑인이 스킨케어를 바르면 백인으로 바뀐다는 광고를 만들었다고 오해하고 분노했다.

그 광고에 출연한 흑인 모델 로라 오구니에미가 그 장면은 앞뒤 맥락을 잘라낸 것으로 인종차별과 무관하다며 광고를 옹호했지만, 도브 측에는 그녀와 같은 확신이 없었던 모양이다. 해명하기가 두려웠던 도브는 덜컥 사과해버렸다. 그러자 반발은 점점 커지며 도브 전 제품에 대한 불매운동으로 이어졌고, 마침내 유니레버는 광고를 철회했다. 도브는 사회적 목적에 대한 헌신의 진위를 의심받아 면밀히 조사받은 적이 있던 탓에 같은 일이 반복되지 않을까 두려워 이러한 값비싼 결정을 내렸을 것이다.

기업이 해명을 늘리고 사과를 줄이면 '미안하다(죄송하다)'라는 말의 적절한 의미를 되찾을 수 있을 뿐만 아니라 이전에 빈번했던 사과로 소비자들에게 나쁜 인식을 심은 바람에 입은 피해를 조금이나마 바로잡을 수도 있다. 하지만 때로는 '사회적 선'의 확고한 역사가 있는 조직도 해명이 아닌 사과를 선택해 난감한 상황에 놓이기도 한다. UCL은 자칭 '런던에 있는 세계적인 대학교'다. 세속적인 가치에 기반을 두고 적극적으로 모든 종파의 학생들에게 문호를 개방한 자랑스러운 진보주의 역사 덕분에 세계에서 가장 존경받는 학술 기관 중 하나로 꼽힌다. 이 대학교는 1878년에 여성을 남성과 같은 조건으로 받아들인 선구적인 교육기관이기도 했다. 이 정도로 확실한 사회문화적 역사를 보유한 조직이라면 논란이 발생했을 때 사과 대신 해명할 수 있다는 자신감을 가질 법도 하다.

하지만 상황이 예상대로 흘러가지는 않았다. 2017년 크리스마스를 앞둔 12월의 어느 날, UCL은 학생들이 영국의 궂은 날씨 때문에 학사 일정에 차질이 생기지 않을까 걱정한다는 사실을 감지했다. 그래서 학생들에게 유쾌한 내용의 트윗을 날려 캠퍼스가 평소처럼 열려 있다는 사실을 알렸다.

하얀 캠퍼스를 꿈꾸시나요? 12월 11일 월요일, 저희는 캠퍼스를 열어 놓고 온종일 학사 업무를 볼 테니 여러분은 계획한 일을 하시기 바랍니다. (눈이 내린다고 장담할 순 없으나 내리도록 힘써보겠습니다!) #눈오는날 #런던의눈[9]

유명한 캐롤송 '화이트 크리스마스'를 아는 사람들이라면 (그렇지 않은 사람이 얼마나 많겠냐마는) 일종의 말장난으로 여길 수 있는 내용이었다. 하지만 트윗 글을 보고 유명한 캐롤송을 떠올릴 수 없었던 극소수는 '하얀 캠퍼스white campus'라는 단어가 UCL의 인종차별주의와 백인 우월주의를 나타낸 것이라고 확신했다. 그 농담을 듣고 오해할 준비가 된 소수가 모여 운영하던 아주 작은 소셜미디어에서 소동이 시작됐다. 논란이 일자 메시지의 의도가 명백했음에도 불구하고 UCL은 글을 올린 지 24시간 28분 만에 머리를 조아리며 사과했다.

저희는 어제 빙 크로스비의 유명한 노래 '화이트 크리스마스'를 떠올리며 글을 썼지만, 대단히 형편없는 단어를 선택했습니다. 죄송합니다. 앞으로는 단어를 더 신중하게 선택하겠습니다.[10]

사과가 나온 지 24시간도 안 돼서 《데일리 메일》, 《텔레그래프》, 《메트로》는 사과문과 이 상황의 시작이 된 트윗 글을 모두 보도했고, 주말 늦게 《더 선》과 《더 타임스》가 가세하면서 UCL의 당혹감은 더욱 길어졌다. 결국 영국 전 지역의 미디어가 이 사건을 보도했다. 영국 전체가 UCL을 주목하게 된 것이다.

사실 이 사건은 UCL이 전말을 해명하기만 하면 되는 일이었으며, 아무리 양보해도 사과할 일은 아니었다. 사람들은 UCL이 실제로 인종차별주의를 옹호하고 있다고 생각해서 화가 난 것이 아니었다. 그저 그렇게 보일 가능성이 있다는 사실에 벌 떼같이 달려든 것이다. 평소 UCL을 비난해온 사람들은 드디어 결정적인 순간이 다가왔다며 기뻐했다. 그리고 이에 대응할 어떤 계획도 준비하지 못한 UCL은 속수무책으로 당할 수밖에 없었다. UCL은 '화이트 캠퍼스'라는 말 한마디에 꼬투리를 잡고 달려들어 분노를 쏟아내는 (시늉을 하는) 사람들에게 대응할 방법을 찾지 못했고, 마침내 사과했다.

부동산 웹사이트 주플라Zoopla는 UCL 사태가 벌어진 지 몇 달 후 그와 비슷하면서도 훨씬 더 사소한 논란에 연루돼 특이한 주문형 사과를 표명했다. 런던 지하철역 곳곳에 한 줄로 늘어선 게들이 각각 집을 한 채씩 등에 지고 그 '집'을 어떻게 팔 계획인지 논의하는 광고가 게시됐다. 첫 번째 게는 "나는 주플라에 올려 집을 팔고 있다"고 말한다. 두 번째, 세 번째, 네 번째 게는 하나같이 "미투me too"라고 말한다. 다섯 번째 게는 두 번째, 세 번째, 네 번째 게를 '흉내 내는 게'로 부른다. 언뜻 봐서는 위험 요소가 전혀 없어 보이는 그저 그런 광고일 뿐이다.

하지만 기업들은 자신의 언행과 문화적 감수성이 어떻게 해석되는지를 사전에 하나도 빠짐없이 예상해야 한다고 생각하는 소비자도 개중에는 있기 마련이다. 주플라 광고에 나오는 '말하는 게'가 반복하는 대답인 "미투me too"는 무심코 동의를 나타내는 문구이기도 하지만, 소셜미디어에서 해시태그가 붙은 미투#metoo는 성적 학대에 대항하는 투쟁에서 매우 중요한 상징이며, 세계적으로 성적 억압에 취약한 사람들을 응원하는 문구이기도 하다. 이 운동의 활동가들과 지지자들이 이 용어를 비웃거나 도용하려는 광고는 비난받아야 한다고 생각하는 것은 정당하다. 하지만 주플라의 광고는 그런 의도가 없었다.

불행하게도 주플라의 광고에 그런 의도가 있다고 주장하는 극소수가 모여 미투 운동을 '도용하고', '조롱하고', '이용했다'라는 이유로 주플라를 고발했다. 하지만 그냥 '미투me too'와 해시태그가 붙은 '#미투#metoo'는 근본적으로 다르다. 광고 관련 잡지 《캠페인》은 다음과 같이 보도했다.

소비자들은 트위터로 몰려가 한 사용자가 말한 '역겨운 도용repulsive

hijacking'이라는 용어를 동원해가며, "책임 있는 사람들은 책임을 지고 여성 자선단체에 기부금을 내야 한다. 누구든 이 구역질 나는 광고에서 이득을 본다면 참으로 부끄러운 일이다"라고 말했다.[11]

부동산 웹사이트가 미투 운동을 조롱함으로써 얻을 이득은 없다. 그러니 주플라가 뭔가를 도용하려 했거나 그 운동을 조롱하려 의도했다는 것은 상상하기 어렵다. 하지만 굳이 따지자면 주플라에도 잘못이 없지는 않다. 소비자들이 나쁜 의도가 있다고 애써 꼬투리를 잡을 수도 있다는 점을 예상하지 못했기 때문이다.

영국 광고표준위원회ASA에는 조롱하거나 비웃는 광고에 대한 규정이 있다. 그 규정은 광고주에게 나이, 성별, 인종, 장애와 같은 특성을 보호하는 데 신중을 기하라고 권고하고 있다. 그러나 ASA는 주플라의 광고에 대한 일부 소비자의 불만을 받아들이지 않았다. ASA 대변인은 다음과 같이 말했다.

광고에서 '미투'라는 구절을 사용했지만, 사람들 대부분은 미투 캠페인으로 이어진 최근의 성적 학대 주장에 대한 언급이라기보다 게들이 모두 주플라를 통해 집을 판다는 것에 대해 동의했다는 의미로 해석할 것입니다. 따라서 이러한 맥락에서 우리는 그 광고가 심각하거나 광범위한 모욕을 초래할 가능성이 없다고 판단했으며, 광고는 규정에 어긋나지 않습니다.

ASA는 대단히 명쾌한 결론을 내려줬다. 그들은 주플라에서 만든 문제의 광고와 그 의미를 이해하며 다른 사람들도 이해하기를 기대한다고 말하고 있었다. 그런데도 주플라는 사과의 유혹을 견디지 못하고 다음과 같이 사과했다.

최근 광고에서 평상시처럼 유쾌한 어조로 집을 팔거나 빌리려 할 땐 인기 있고 유명한 부동산 웹사이트인 저희 주플라를 이용해달라고 말했습니다. 그 외에 다른 의미를 전하거나 다른 맥락을 암시할 의도는 전혀 없으며, 이로 인해 조금이라도 불편하게 해드린 점에 대해서는 사과드립니다.

주플라의 사과에서 잘못된 대목은 한두 군데가 아니다. 난데없이 앞부분에서 당당하게 자화자찬하는 문구도 이상하고, 반쯤 지나서 애매하게 뉘우치는 톤으로 어물쩍 넘어가는 대목도 거슬린다. 하지만 내용을 따지기에 앞서 이 사과와 관련된 가장 큰 문제는 사과의 필요성이 전혀 없었다는 점이다. 주플라도 그 이유를 정확히 알고 있었다. 광고 규제 기관도 문제없는 광고라고 말하지 않았는가.

문구 체인점 페이퍼체이스Paperchase도 광고 때문에 곤욕을 치렀다. 하지만 이 경우 소비자들이 문제 삼은 것은 광고의 내용이 아니라 크리스마스 행사의 일환으로 무료 포장지를 제공한다는 광고를 《데일리 메일》에 게재했다는 사실이었다. 문제의 핵심은 신문을 잘못 선택했다는 점이다.

비영리 단체 스톱 펀딩 헤이트Stop Funding Hate는 소셜미디어를 활용해서 이주민이나 소수자들에 대한 혐오를 확산하는 것으로 보이는 신문에 광고를 싣는 기업의 명단을 공개하는 캠페인을 펼치고 있다.《데일리 메일》은 그런 신문으로 꼽혔으며 그 신문에 광고를 실은 페이퍼체이스도 당연히 명단에 들어갔다. 페이퍼체이스의 크리스마스 행사 광고가 실린 직후 스톱 펀딩 헤이트는 "독자들이 성전환자를 부정적으로 다룬《데일리 메일》의 기사로 몇 주간 몹시 힘들어 했는데, 페이퍼체이스와 함께하는 이번 행사를 과연 보고 싶어 할까요?"라는 트윗 글을 올렸다.[12] 페이퍼체이스는 즉각 사과하지 않고, 우선 다음과 같은 트윗 글을 올려놓고 반응을 지켜봤다.

귀 단체의 의견을 공유할 시간을 갖게 해주셔서 감사합니다. 저희는 진심으로 고객의 생각을 알고 싶습니다. 다만 트윗을 통한 귀 단체의 피드백에는 듣기 불편한 부분도 있습니다. 분명히 약속드리지만, 저희는 이 행사에 대한 모든 피드백을 자세히 살펴보겠습니다.

그리고 하루가 지난 후, 페이퍼체이스는 사과했다.

저희는 이번 주말 신문 광고에 대한 귀 단체의 의견을 들은 바 있습니다. 이 광고가 잘못됐다는 점을 이제 알겠습니다. 진심으로 죄송하며 다시는 이런 일이 발생하지 않도록 하겠습니다. 귀 단체가 진심으로 무엇을 원하는지 알려주셔서 감사하며, 저희가 이 일로 실망을 안겨드렸다면 사과드립니다. 이 일로 많은 교훈을 얻었습니다.

페이퍼체이스는 당연히 《데일리 메일》에 광고를 낼 자격이 있으며, 사과해야 한다는 확신이 들었을 때 사과할 자격도 완벽하게 갖췄다. 곤란한 처지에 몰린 그들은 모든 것을 고려해서 사과해야 마땅하다는 결정을 내린 것이다. 페이퍼체이스는 반사적으로 사과하지 않고 심사숙고했다. 하지만 그들이 결정적으로 깨닫지 못한 것은 사과를 요청한 사람들이 페이퍼체이스 문구 체인점을 이용하는 사람 전체를 대표하지 않는다는 점이다. 페이퍼체이스에 가장 먼저 화를 낸 이들은 스톱 펀딩 헤이트의 추종자들이었다. 페이퍼체이스의 또 다른 실수는 트위터에 올라온 의견을 듣고 커뮤니케이션 전략을 세웠다는 점이다. 그들은 위기에 대한 확고한 입장을 전하기 위해 자기반성을 먼저 했어야 했다. 페이퍼체이스가 아무런 잘못도 저지르지 않았다는 점은 반복해서 말할 필요가 있다. 몇몇 사람들에게 잘못으로 보이는 일을 했을 뿐이다.

페이퍼체이스가 결국 사과하기로 한 것을 보면, 고객을 유지하려는 욕망이 얼마나 컸는지 뿐 아니라 나쁘게 인식될까 봐 얼마나 걱정했는지도 매우 잘 알 수 있다. 모든 커뮤니케이션 결정에는 돈이나 시간, 또는 에너지 등 많은 비용이 든다. 여러 기업이 이와 같은 이유에서 사과만으로 사태가 끝나기를 바란다. 하지만 특별한 이유 없이 하는 사과는 공허하기만 할 뿐 문제를 해결하지 못해서 오히려 나중에 더 큰 비용이 들어갈 수도 있다.

페이퍼체이스가 벤앤제리스의 접근법을 취했다면 어땠을까? "우리는《데일리 메일》의 모든 보도 내용에 동의하지 않지만, 고객들에게 포장지를 선물하고 싶었고, 이 사실을 많은 사람에게 알리고 싶었습니다. 따라서 수백만 명의 독자를 보유한《데일리 메일》을 선택한 것뿐입니다"라고 말이다. 도브가 "문제의 광고 영상물은 임의로 편집된 동영상으로 원작과는 완전히 다른 의도를 표현하고 있습니다. 우리가 만든 광고는 바로 이것입니다"라고 말했다면 어땠을까?

사과하지 않고 정면으로 맞서 사실을 해명하는 것에는 위험이 따른다. 하지만 무작정 사과하는 일보다 덜 위험하며, 비용도 더 적게 들 수 있다. 도브와 페이퍼체이스는 사과했으나 이를 통해 문제가 해결되지 않았다. 요즘처럼 걸핏하면 사과하는 현상이 오래가서는 안 된다. 실제로 어떤 사안인지를 당당하게 해명하지 않고, 사안이 어떻게 보이는지에 대해 사과하는 데 급급한 것은 완전히 보여주기식 태도다. 그렇게 하면 평판을 지킬 수 없다. 사과는 사실 피해자를 위한 것이라기보다 조직의 '청중'을 위한 것이다. 여기서 청중이란 충성스러운 고객뿐 아니라 조직의 의사소통 내용을 비판하고 감시하는 일을 자신의 역할로 생각하는 미디어 인플루언서와 고객이 아닌 사람을 모두 포함하는 말이다.

보여주기식 위기관리에는 청중과 조직의 긴밀한 야합이 필요하다. 이는 문화적 위기에 연루된 당사자들을 모두 포함한다. 예를 들어 UCL의 경우 농담에 시비를 건 사람들과 메시지를 작성한 대학교의 소셜미디어 팀은 모두 진실을 외면하고 공개적으로 사과하라는 유혹을 받았다. 농담을 비난하는 사람들은 UCL이 백인 학생들만 다닌다는 의미의 '화이트 캠퍼스'가 아니라 흰 눈으로 뒤덮였다는 의미의 '화이트 캠퍼스'를 꿈꿨다는 명백한 사실을 외면했다. UCL은 대다수 사람이 농담이라고 알고 있는 명백한 실상을 외면하고 사과하라는 요구를 받았다.

셀프서비스 사과
–

어떤 조직도 자신이 추구하는 도덕적 이상의 수준에 도달할 수는 없다. 조직의 잘못된 결정을 사후에 합리화하려고 도덕적 이상주의를 이용할 때는 특히 그렇다. 펩시는 '사회적 선'에 슬쩍 발을 담그면서 결국 《애드 위크》의 표현대로 "최근 기억나는 광고 중 가장 비난을 많이 받은 광고"를 만들었다.[13] 광고의 내용은 다음과 같다. 톱스타 켄들 제너가 다양한 인종과 성 소수자의 시위를 지켜보다가 함께 참여한다. 그러고는 시위대를 막고 있는 경찰에게 다가가 펩시를 건네고, 시위는 다시 원활하게 진행된다.

펩시를 저항운동의 공식 음료로 자리 잡게 하려는 의도로 만들어진 광고는 역효과를 낳았다. 마틴 루터 킹의 딸 버니스 킹은 트위터에 자신의 아버지가 경찰에게 거칠게 대하는 사진을 "아빠가 #펩시의 위력을 알았더라면……"이라는 글과 함께 올리며 광고를 비웃었다. 펩시의 예상이 크게 빗나갔다는 사실보다 더 인상적인 것은 상황의 전개가 상당히 빨랐다는 것이다. 광고가 방영되고, 비웃음을 사고, 패러디되고, 사라지기까지 겨우 하루가 걸렸다. 아무리 빨라도 대개 열흘 이상 걸리는 일련의 사건이 신속하게 펼쳐지자 마치 펩시가 만약을 위해 사전에 사과를 준비라도 한 것처럼 보였다. 자동판매기 버튼을 누르자 사과가 툭 떨어진 것처럼 말이다. 사과를 요구하던 사람들은 세계 최초의 셀프서비스 사과라고 느꼈을 것이다.

펩시의 대변인은 이렇게 말했다. "펩시는 통합, 평화, 상호 이해라는 세계 공통의 메시지를 전하려 했습니다. 그러나 우리의 예상은 빗나갔으며, 이에 대해 사과드립니다."[14] 펩시의 사과문은 나쁜 사과의 유형을 그대로 답습했다. 스텡겔 이후 조직과 소비자가 마치 새로운 사회적 계약을 맺기라도 한 것 같았다. 나쁜 사과에는 천편일률적으로 조직이 멋지게 보이려고 애를 썼지만 일이 잘 안 풀렸고 이에 소비자들이 불평해서 조직이 사과한다는 내용이 들어 있다.

반사적 사과에 들어간 창의성 비용

–

사람들이 쉽게 용서해주리라는 희망으로 두루뭉술하게 사과하는 일은 조직의 평판을 높이는 데 전혀 도움이 안 된다. 이런 식의 사과는 오히려 '미안하다'라는 단어의 가치를 떨어뜨리고 향후 행동에 많은 제약을 준다. 주플라가 '말하는 게' 광고 건으로 사과해야 한다면, 다음에도 사소한 일로 계속해서 사과해야 하지 않을까?

믿을 만하고 진실된 사과의 핵심은 앞으로 더 잘하겠다는 분명한 약속이 담겨 있어야 한다. 아무런 잘못도 하지 않았는데 비난을 받아들이며 사과하면 조직은 스스로 불가능한 과제를 떠맡게 된다. 내심 어떤 잘못도 저지르지 않았다고 생각할 때는 더 잘하겠다는 약속에 진정성을 담을 수 없기 때문이다.

UCL이나 주플라, 페이퍼체이스와 같은 이들이 사과하면서 그럴싸하게 약속할 수 있는 개선사항은 과연 무엇이었을까? 몇몇 사람들이 싫어하는 농담을 다시는 하지 않겠다는 것일까? 모든 해석 가능성을 고려해서 자신들이 담은 메시지가 불쾌하게 받아들여질 만한 티끌만큼의 요소도 없애겠다는 것일까? 더 심사숙고하겠다거나 단어를 더 신중하게 선택하겠다고 약속할 수밖에 없고, 이는 불분명하고 규정할 수 없는 목표다. 이러한 것은 커뮤니케이션 전략이라고 할 수 없다. 그저 기업에 대해 사람들이 우려하는 부분을 무기력하게 인정하는 것이다.

잘못했을 때 사과하는 것은 필요한 일이면서 좋은 일이기도 하다. 이러한 행동은 조직이 문제를 심각하게 여기고 있고 피해를 복구할 것이라는 확신을 준다. 가령 제트블루는 고객 권리장전을 만들어 요령껏 개선을 약속할 수 있었다. 그것은 특별한 개선을 향한 특별한 약속이었다. 하지만 조직이 실제 잘못한 행동에 대해서가 아니라 사람들의 인식이 나빠졌다는 이유만으로 사과하면 어떤 종류의 개선도 약속할 수 없다. 사람들의 인식을 통제할 수는 없기 때문이다.

이러한 접근법은 비즈니스에도 악영향을 미친다. 얼마나 많은 기업이 앞서 언급한 논란들에 연루되지 않으려고 추가 계획을 세우고 초점 집단을 조사해야 할지 상상해보라. 비난을 피할 방도를 찾기 위해 광고인, 마케터, 그리고 커뮤니케이션 전문가는 끝없이 확장하는 문화 위험구역을 건드리지 않는 방향으로 끊임없이 애쓰지만 결국 좌절하게 될 것이다.

다행히도 우리는 낡은 문화적 권위주의로부터 해방된 탈권위 시대에 살고 있다. 하지만 조직들이 다시는 사람들의 감정을 상하게 하지 않겠다며 지금처럼 얼렁뚱땅 무엇인가를 약속하려 한다면, 문화적 권위주의 시대로 회귀하는 현상이 벌어질지도 모른다. 그러면 조직들은 사소한 잘못에도 굽신거리며 권위주의 시대에 성직자나 귀족, 판사, 관청을 대하던 방식과 똑같이 고객을 대하는 처지에 놓일 것이다.

조직이 스스로 설정해놓은 도덕적 순수성의 기준을 충족시키는 데 필요한 희생은 어마어마할 것이다. 그러나 위험을 감수하지 않고는 효과적으로 메시지를 전달할 수 없다. 어차피 모든 일에는 최소한의 희생이 뒤따르기 때문이다. 베네통의 언헤이트UNHATE 캠페인이나 해양환경보호단체Sea Shepherd Conservation Society의 '참다랑어를 보면 판다를 생각하라' 캠페인을 생각해보라. 이들이 만든 상징적인 광고 캠페인은 논란을 일으킬 가능성을 감수하고 사회문화적 통설에 과감하게 도전했기 때문에 통했다.

커뮤니케이션 전략의 주된 목표가 고객을 만족시키거나 새로운 고객을 유치하는 데 있지 않고 사과할 필요가 없는 사안을 우선 보호하는 데 있다면, 커뮤니케이션 환경은 너무나도 따분하고 우울한 것이다. 한 가지 위안이 있다면, 기업들이 거창한 이상을 추구하던 브랜드를 담백하게 정화하는 방향으로 전략을 바꾸고 있으며, 사람들이 좋아하고 필요로 할 만한 제품을 파는 것에 집중하고 있다는 점이다. 그러한 접근법은 소비자들의 도덕적 과민 반응으로 잃어버릴 위기에 처했던 창의성과 즐거움을 되찾을 기회가 될 것이다. 코카콜라의 주스 브랜드 오아시스Oasis는 이미 이 방식을 적용하고 있다.

오아시스는 2015년부터 전 매체에 '상쾌한 맛#refreshingstuff'이라는 주제로 솔직하고 재미있는 광고 시리즈를 내보냈다. 한 옥외광고판에는 이런 문구가 등장했다. "여름입니다. 목이 마르시죠? 우리의 매출 타겟이 되어주세요." 또 이런 문구도 있었다. "이 옥외광고판 앞에 서 있지 마세요. 돈이 많이 들어요." 2018년에는 역설적인 동영상 광고를 통해 펩시를 비롯한 다른 경쟁 브랜드를 겨냥한 듯한 내용을 담았다. 즐거운 분위기에 두 사람이 함께 마실 수 있도록 입구가 양쪽 끝으로 나 있는 '함께하는 병togetherness bottle'이 등장하는 광고였다. 오아시스는 이 엉뚱하고 터무니없는 광고를 통해 단합을 강조하는 펩시를 대놓고 저격한 것으로 보였다. 애교 섞인 목소리로 '화합 그리고 수십억 달러의 매출'을 속삭이는 광고 속 내레이션은 이 시리즈 광고의 특징을 잘 담아내고 있다.

오아시스는 높은 이상을 추구하는 브랜드 목표의 통설에 역행했을 뿐 아니라 이를 노골적으로 조롱했다. 그런데도 사람들은 그 광고를 좋아했고 상까지 받았다. 이것은 사실 어떤 기업이나 할 수 있는 일이다. 물건을 사주기를 바란다고 정직하게 말할 때 오히려 소비자들은 혼란을 겪지 않을 수 있다.

기업이 사회적 가치에 관심 있는 척하기를 그만두지 않고서는 고객의 문화적 기대에 언제나 미치지 못할 것이 자명하다. 불가능한 사회적 이상을 팔지 않고 정직한 대화에 집중하는 기업은 불안에서 벗어날 수 있을 뿐만 아니라 사과 요구에도 현명하게 대처할 수 있을 것이다.

CHAPTER 14

상대방이 그렇게
생각할 줄 미처 모르고

옵틱스 예측 실패로 인한 사과

저희는 탑맨의 티셔츠 때문에 조금이라도
불쾌감을 느끼신 고객님들께 전적으로 사과드립니다.
리메이크 출시 연도가 적힌 밥 말리의 음반에서 힌트를 얻어
디자인된 그 옷은 현재 온라인과 오프라인 매장에서
판매가 중단된 상태입니다.

– 2018년 3월 탑맨 대변인

사소한 일이 불러올 엄청난 변화를 쉽게 예측하는 사람도 있지만, 그렇지 못한 사람도 있다. UCL과 주플라는 천신만고 끝에 불행은 대부분 아주 사소한 것들에서 시작된다는 이치를 터득했다. 사소한 사항에 주목하는 현상은 과거에서도 찾아볼 수 있다.

스위스 제네바 태생의 철학자 장 자크 루소^{Jean Jacques Rousseau}가 1782년에 낸 자서전《고백록》을 보면, 그가 빵집에 가기 전에 옷차

림이 너무 사치스러운 것이 아닐까 걱정했다는 내용이 나온다. 평상시에는 하인이 사다 주는 빵을 먹었지만, 방금 구한 와인을 빵과 곁들여 먹고 싶어서 혼자 갈 수밖에 없는 상황에 놓였다. "차마 직접 가서 살 수 없었다. 말쑥한 신사가 어떻게 빵집에 들어가 작은 빵 한 덩어리를 살 수 있다는 말인가? 도무지 엄두가 나지 않았다."[1]

서민들이 가는 빵집이라 내키지 않았다는 말이 아니다. 서민들은 하루 한 끼 때우기도 어려운데 화려한 의상을 차려입고 서민들이 가는 빵집에 발을 들여놓음으로써 '빵이 없으면 케이크를 먹으면 되지'라는 말이 연상되는 순간을 만들고 싶지 않았던 것이다. 루소는 이렇게 썼다. "마침내 나는 공주의 철없는 발언을 기억해냈다. 백성들이 먹을 빵이 없다는 말을 전해 들은 공주는 '빵이 없으면 케이크를 먹으면 되지'라고 대답했다고 한다." 루소는 옵틱스optics (어떤 사건이나 행위에 대해 대중들이 지닌 또 다른 관점 – 옮긴이)를 이해한 인물임이 분명하다. 화려한 차림의 귀족이 서민들이 주로 이용하는 빵집에 갑작스레 방문하면 위화감을 조성할 수도 있다는 사실을 직관적으로 안 것이다.

작은 부분의 중요성

–

도요타 자동차의 CEO 아키오 도요타Akio Toyoda가 '뜻하지 않은 가속 페달 결함'으로 인한 급발진 사고에 대해 처음 공개적으로 언급한 것은 2010년 1월 스위스 다보스에서 열린 국제행사에서였다. 처음에는 급발진의 원인이 잘못 디자인된 바닥 매트 탓이라고 주장했지만, 결국 가속페달에 결함이 있다고 인정한 것이다. 미국 캘리포니아 주에서 일가족 네 명이 사망한 자동차 사고로 세상을 떠들썩하게 만들어 900만 대가 넘는 차량을 회수한 지 넉 달 이상 지난 시점이었다.[2] 설립자 키이치로 도요타의 손자인 그는 기자들을 모아놓고 "대단히 죄송합니다"라고 말했다. 그는 지금도 문제를 찾는 중이며 도요타를 타는 모든 사람의 안전을 보장하겠다고 약속했다. 그리고 몇 시간 후 그가 검은색 아우디를 타고 호텔에서 나오는 모습이 목격됐다.[3]

이는 옵틱스를 예측하는 능력이 부족하면 어떤 일이 벌어지는지를 잘 보여주는 생생한 사례이자 딱히 나쁜 일이 아닌데도 사소한 일로 나쁘게 보일 수 있다는 교훈을 주는 전형적인 예시였다. 물론 아이코 도요타의 거주지는 일본이므로 스위스에서까지 도요타 차를 운전하라는 법은 없다. 게다가 주최 측이 마련해준 차를 기꺼이 운전하는 도요타의 모습은 '보통 사람의 진정성'을 담은 PR의 훌륭한 소재가 될 수도 있다. 그러나 엄청난 위기를 겪고 있는 도요타의 CEO라면 다른 회사 차를 운전해서는 안 된다는 지적도 일리가 있다.

앞에서 BP의 CEO 토니 헤이워드가 '내 삶을 되찾고 싶다'는 발언으로 곤욕을 치른 사건을 살펴보았듯이 이사회 참석자들은 기업의 실상과는 단절되어 있을 수 있으며, 그 때문에 인식의 사각지대가 생길 수 있다. 사안이 어떻게 보이는지는 사안의 실상만큼이나 중요하다. 사소한 부분이 거대한 시각적 상징으로 변할 가능성이 있기 때문이다. 도요타의 CEO가 몰고 나온 아우디는 맥락과는 상관없는 세부사항이었지만 나중에는 맥락이 있는 엄청난 논란거리가 됐다. 따라서 위기 상황이 벌어졌을 때 모든 세부사항을 관찰하고 평가하려면 옵틱스를 예측할 수 있어야 한다.

2008년 영국에서 '운영비 스캔들'이 터진 후 하원의원 389명은 부당하게 청구했던 운영비를 반납하라고 요구받았다.[4] 결과는 어마어마했다. 몇몇 의원의 반납 금액은 수십만 파운드 규모였다. 그중에서 국민들의 분노를 극대화시킨 사람은 연못에 오리섬을 만들고 그 비용을 청구한 피터 비거스 경이었다.[5] 이것은 큰 논란을 불러일으켰고, 오리섬은 스캔들을 상징하는 결정적인 증거가 됐다. 여러 가지 복잡한 주택담보대출 제도와 관련된 편법을 이해하는 일보다 한 의원 자택의 정원 연못에 오리섬이 둥둥 떠 있는 장면을 떠올리는 편이 더 쉽기 때문이다. 물론 비거스가 청구한 비용은 지급되지 않았을 가능성이 크다. 서류에서 담당 공무원이 그 청구를 거부했다는 기록이 나온 것으로 보아 오리섬을 만드는 데 단 한 푼의 공금도 투입되지 않았을 것이다.[6] 하지만 문제는 그 비용을 청구했다는 데 있다. 비거스는 "저는 터무니없게도 중대한 판단 실수를 저질렀습니다. 부끄럽고 창피합니다. 사과드립니다"라는 성명을 발표했다.[7]

기업 세계뿐만 아니라 정치 세계도 옵틱스를 예상하지 못하면 살아남기 어려운 곳이다. 하나라도 의심스러운 구석이 생기면 정치 생명이 끝날 때까지 그 이미지가 따라다니며 경력을 망치고 신뢰를 허물어뜨릴 수 있기 때문이다. 영국의 전쟁 희생자 추모일인 11월

11일 즈음 하원의원들은 남들에게 어떻게 보일지를 신경 쓰며 추모를 상징하는 붉은 양귀비 리본을 단다. 브렉시트 이후로 하원의원들이 탈퇴를 의미하는 '출구EXIT' 표지판 근처에서 사진 찍히기를 피하는 이유도(장난스러운 사진 편집자 손에 그 사진이 들어갔다고 상상해보라), 영국 노동당의 당수였던 에드 밀리밴드Ed Miliband가 베이컨 샌드위치를 이상하게 먹는 굴욕 사진이 언론에 대문짝만하게 실려도 웃어넘길 수밖에 없는 이유도 다 그 때문이다.

옵틱스 예측 능력이 꼭 필요한 분야로 석유 화학 부문도 빠질 수 없다. 화재가 발생해 폭발물이 터지고 폐기물이 유출되면 석유 화학 기업의 CEO들은 하나같이 남들의 시선에 즉각 불안을 느낀다. BP와 같은 기업이 이러한 위기 노출에 민감한 이유는 운영상의 실패가 사람들에게 매우 끔찍한 이미지를 남길 수 있기 때문이다. 원유 유출 사건을 떠올려보라. 사람들은 그 결과가 어떻게 마무리될지를 본능적으로 안다. 원유 유출은 대다수 사람에게 죽어가는 바닷새, 솜털이 벗겨진 어린 물개, 새까맣게 변한 해변의 이미지를 떠올리게 한다. 설령 육지에서 아주 멀리 떨어진 바다에서 원유가 소량 유출됐다고 해도 사람들의 머릿속에는 그런 그림이 떠오르기 마련이다.

크리스 루이스Chris Lewis는 전략적 커뮤니케이션 대행사 루이스LEWIS의 설립자이자 CEO로 커뮤니케이션 분야에서 30년 넘게 일했다. 그는 위기에 대처할 때 어떤 경우에도 세부적인 시각 요소를 빠뜨려서는 안 된다고 조언한다. "예를 들어 TV 방송은 어떤 배경화면을 내보낼지가 가장 중요한 고려 사항입니다. 가령 불타는 빌딩 앞에서는 말이 필요 없거든요. 그림이 메시지의 거의 전부죠."

옵틱스에 대한 불안

–

앞서 언급한 '옵틱스를 예측하는 능력이 부족하다'는 말을 좀 더 살펴보면, 이는 조직의 고질적인 문제를 설명하기 위한 새로운 표현이다. 오늘날의 위기를 관리하는 데 매우 요긴한 용어 '옵틱스'의 발원지는 2011년《토론토 스타》(캐나다에서 발행 부수가 가장 많은 신문 – 옮긴이)에 실린 한 기사다. NATO 주도로 리비아에 군사개입을 한 것에 대한 기사로 다음과 같은 구절에 옵틱스가 언급된다. "미국의 버락 오바마 대통령은 부시의 이라크전 실패 이후 다른 아랍 국가에서 또 전쟁을 벌인다는 옵틱스를 우려하면서 몇 주 동안 시간을 끌었다."[8]

옵틱스가 주류 언론에서 사용된 것은 이때가 처음이었다. 이 기사가 나온 지 한 달도 채 못 돼서《맥밀런 영영사전》에 "요즘 유행하는 이 새로운 용어가 널리 사용되기 시작한 것은 리비아에서 벌어진 분쟁을 다룬 캐나다 신문《토론토 스타》의 최근 기사에 등장하면서부터였다"라는 설명과 함께 '옵틱스'의 새로운 의미가 등재됐다.[9] 작가 케리 맥스웰Kerry Maxwell은 옵틱스라는 용어를 평가하면서 이렇게 결론지었다. "간단히 말해서 옵틱스는 개인이나 조직이 어떤 결정을 내릴 때 결정 그 자체의 실체보다 결정에 대한 대중의 인식을 더 우려하는 상황을 부각할 때 사용된다."[10]

사안이 어떻게 보이는지를 지나치게 중시하는 전략은 위험하다. 옵틱스에 대한 맥스웰의 평가에는 오늘날 기업 커뮤니케이션에 영향을 미치는 두 가지 중요한 쟁점이 명료하게 요약돼 있다. 조직들과 리더들은 옵틱스를 완전히 무시하고 있거나 과도하게 중시하고 있으며, 적절한 중간지대가 별로 없다. 이로 인해 조직은 눈에 확 띄지만 사소한 일에 대해서는 사과하면서도, 심각하지만 레이더에 잡히지 않는 일상적인 문제는 무시한다. 테스코는 영화 〈블랙 팬서〉 팬들을 화나게 한 것에 대해서는 기를 쓰고 사과했지만, 식품 포장지에 잘못 인쇄된 글자 때문에 소셜미디어의 공격을 받았을 때는 별다른 반응을 나타내지 않았다. 어떻게 보이느냐가 중요하고, 그것이 여론을 좌우하는 세상에서 누군가의 행동이 훌륭한지보다 나쁘게 보일 가능성이 없는지가 더 중요하다. 남들에게 보이는 모습이 곧 그 사람이 되기 때문이다.

탑맨 대 리버풀 주민들

–

의류업체 탑맨Topman은 2011년에는 가정폭력을 미화하는 것처럼 보이는 문안이 적힌 티셔츠를 판매했으며[11] 2014년에는 (의도한 것은 아니지만) 남성 재킷에 나치 휘장을 넣었다.[12] 탑맨은 이 실수들에 대해 모두 사과했지만 비슷한 논란거리가 계속해서 발생했다.

옵틱스를 예측하는 능력이 매우 부족했던 탑맨은 결국 2018년에 아주 사소한 잘못 때문에 굴욕적인 사과를 할 수밖에 없었다. 오해는 트위터에서 시작됐다(놀랍지도 않다). 이 특별한 오해를 정확히 이해하려면 사건에 관련된 두 가지를 알고 있어야 한다. 하나는 리버풀 팬 96명이 비극적으로 사망한 1989년 힐스버러 경기장 참사이고, 다른 하나는 뒷면 수록곡과 리메이크곡을 망라한 밥 말리의 모든 음악 목록이다. 그중 하나만 알고 있을 경우 문제가 발생한다. 바로 탑맨의 경우다.

한 트위터 사용자가 '뿌린 대로 거둔다what goes around comes around' 라는 문안과 숫자 '96'이 박힌 탑맨 티셔츠를 문제 삼으면서 사건은 시작됐다. 문안은 밥 말리 노래 중 하나의 제목이었으며 숫자는 밥 말리의 최종 리메이크곡이 발표된 해를 의미하는 것이었다. 그러나 그 숫자는 동시에 힐스버러 참사로 사망한 사람들의 수와도 일치했다. 참으로 놀라운 우연의 일치였다. 게다가 티셔츠는 리버풀 FC의 유니폼과 같은 붉은색이었다. 붉은색은 힐스버러 참사가 벌어진 요크셔 지방의 상징인 장미를 나타내며, 보통 힐스버러 기념품에 장미가 부착된다. 이 모든 요소를 통합하여 탑맨의 티셔츠를 보면 사람들이 왜 분노했는지 쉽게 알 수 있다. 탑맨의 옵틱스 예측 능력은 끔찍할 정도로 부족했다.

시간이 흐르면서 사태가 잠잠해지는 듯했지만, 새로운 뉴스 기사가 나오면서 그들을 가혹하게 비난하던 사람들은 다시 목소리를 높였다. 티셔츠에 대한 오해에서 비롯한 일이 순식간에 심각한 음모론으로 바뀌었는데, 음모론이 정점에 이르자 몇몇 사람들은 진심으로 탑맨이 영국 스포츠 역사상 최악의 참사로 희생당한 사람들을 조롱한다고 믿게 됐다. 하원의원, 피해자 옹호 단체, 패션 전문가, 주요 미디어 등이 하나같이 맹공을 퍼부었으며, 탑맨은 철저하게 공개 망신을 당하고 난 뒤에야 사과했다.

탑맨의 사과가 임박하고 있다

논란은 줄다리기 형태로 번져나갔다. 줄의 한쪽 끝은 티셔츠를 즉각 판매 중지하고 탑맨이 사과하기를 원한 사람들이 잡고 있었다. 리버풀 시민이나 리버풀 FC 팬들 대다수가 이쪽 편에 섰다. 그들에게 옵틱스를 예측하는 일은 무엇보다 중요했으며 리버풀을 의도적으로 조롱한 것이 아니라는 해명에도 만족하지 못했다.

모든 사안을 우연의 일치로 치부하며 그저 평화롭게 지나가기를 바라는 사람들이 줄의 반대편 끝을 잡았다. 이들은 주로 리버풀과 연결고리가 없는 사람들로 티셔츠는 밥 말리에 대한 헌사 그 이상도 이하도 아니라고 생각했다. 탑맨은 그 가운데 끼어서 옴짝달싹하지 못했다. 이 논란과 관련된 대부분의 사람이 동의하는 한 가지는 불운한 우연의 일치로 실제보다 훨씬 더 과장된 사건이라는 점이다. 문제는 이를 어떻게 처리할 것인가였는데, 탑맨이 사과하는 것만이 유일한 해결책이라고 생각하는 사람들도 있었다.

사실 이 문화적 위기를 모두 옵틱스를 예측하지 못한 탓으로 돌릴 수는 없다. 하지만 탑맨은 응당 벌어진 일들이 누구에게, 어떻게 보이는지도 고려해야 했다. 티셔츠에 관한 첫 번째 트윗 글이 올라온

지 하루도 지나지 않아 한 하원의원이 탑맨의 트위터에 당혹스러운 글을 짧게 올렸다. "이 뒤에 무엇이 있는지 모르지만, 매우 불운한 일입니다. 부디 귀사가 가급적 빨리 티셔츠 판매를 중단하기를 희망합니다." '불운하다'는 이유로 한 소매업체에 제품 판매를 중단하라고 요구하는 논리와 그 윤리적 기준이 무엇인지는 잠시 논외로 하고, 그 하원의원이 개입하는 순간 위기는 새로운 국면을 맞이했다. 탑맨의 문제는 그때부터 소비자 만족에 관한 쟁점을 벗어나 정치적인 쟁점으로 비화한 것이다.

정치인들이 소셜미디어에 직접 개입해서 쏟아내는 비난에 대응하려면 조직은 바짝 긴장해야 한다. 트위터에서 정치인들의 영향력은 일반 소비자의 영향력보다 그다지 크지 않다. 탑맨 문제에 개입한 이 하원의원만 해도 당시 팔로워 수가 4만 명에 그쳤다. 그러나 그가 올린 글이 미디어의 흥미를 끌어 보도될 가능성은 팔로워 숫자가 무색할 만큼 크다. 그가 개입한 순간 기사 제목이 '소비자들이 소매업체를 비난하다'에서 '하원의원이 제품 철수를 요구하다'로 바뀌었다.

탑맨을 비난하는 소비자들은 자신들의 역할을 분명히 이해하고 있었다. 3월 15일 한 트위터 사용자가 '탑맨의 사과가 임박하고 있다'는 글을 올렸다. 이 글은 순식간에 퍼져갔지만, 그때까지만 해도 사람들이 트위터에서 슬쩍 보고 넘어가는 정도였다. 그렇지만 '힐스브로 가족들을 지원하는 단체Hillsborough Family Support Group'에서 트위터에 댓글을 올리면서 상황이 급속도로 나빠졌다. 탑맨을 비난하는 트위터 사용자들이 시민들의 지지를 끌어내기 위해 HFSG 측과 생존자들에게 자신들이 겪은 트라우마에 대한 댓글을 올려달라고 부탁했고, 이 전략은 적중했다. 그들의 댓글이 쌓이면서 탑맨의 티셔츠는 비극의 희생자들을 떠올리는 제품이 됐다. 설령 실제로는 아무런 잘못이 없을지언정 탑맨이 선택할 방법은 사과밖에 없었다.

이 사건에서 탑맨은 아무리 봐도 악당이 아니다. 그러나 바이럴 뉴스 미디어와 주류 미디어들은 가장 자극적인 소셜미디어 댓글을 제목으로 인용해 탑맨을 악의적인 시각으로 그리면서 탑맨의 옵틱스 예측 능력 부족을 부풀리는 데 결정적인 역할을 했다.

> 탑맨, '티셔츠로 힐스버러 참사 모욕' 기사가 나간 뒤 격렬한 비난에 직면 -《메트로》[13]
>
> 탑맨, 리버풀 팬과 힐스버러 생존자의 분노로 붉은색 '96' 티셔츠 판매 중단 -《인디펜던트》[14]
>
> 탑맨 96 셔츠: '뿌린 대로 거둔다'는 구호와 함께 '힐스버러 참사를 무심코 흉내 낸' 붉은 상의가 맹비난받다. -《더 스탠더드》[15]

기자들은 중심에서 벗어난 소셜미디어 반응에 집중하면서 탑맨을 훨씬 더 곤란하게 만들기로 작정한 듯했다. 다소 비열해 보이지만 미디어는 원래 그렇다. 냉정하게 보면 그 사건은 운 나쁜 우연의 일치일 뿐이었다. 그러나 옵틱스를 예측하지 못했던 탑맨은 그 상황에서 품위 있게 벗어날 기회를 한 번도 잡지 못했다. 대중의 기대라는 중압감과 의도 왜곡으로 다른 조치를 취한다는 건 불가능에 가까웠다. 한 하원의원과 희생자 옹호 단체가 96명의 비극적인 죽음을 일깨운 상황에서 어떻게 사과하지 않을 수 있었겠는가?

탑맨의 불운은 문화적 감수성을 예측하는 조직의 책임에 한층 폭넓은 의문을 품게 만든다. 비평가들에겐 질문할 권리가 있었다. 탑맨은 참사와 티셔츠에 박힌 글자의 관계를 사전에 인지했을까? 몰랐을 것이다. 그들은 문제가 불거지기 전까지 관련된 모든 정보를 몰랐을 공산이 훨씬 더 크다. 그런데 왜 그들은 굴욕을 당하고 비용을 들여야 했을까? 이처럼 아무런 잘못이 없는데 사과 말고 다른 선택이 없는 경우는 매우 드물다. 안타깝긴 하지만 탑맨은 결국 사과했다. 충동적이고 공허한 사과를 거부하고 싶어도 사과로 시작하지 않고는 해명할 길이 없었던 것이다.

> 저희는 탑맨의 티셔츠 때문에 조금이라도 불쾌감을 느끼신 고객님들께 전적으로 사과드립니다. 리메이크 출시 연도가 적힌 밥 말리의 음반에서 힌트를 얻어 디자인된 그 옷은 현재 온라인과 오프라인 매장에서 판매가 중단된 상태입니다.[16]

탑맨은 일련의 소동 끝에 솔직하게 사과했지만, 그것만으로는 충분하지 않았다. 더 많은 사람이 볼 수 있는 공식 트위터 계정이 아니라 고객 서비스용 웹사이트에 사과문을 올린 것에 대해 대중은 분노했다. 그래서 탑맨은 공식 트위터 계정에 두 번째 사과문을 올렸다.

죄송합니다. '뿌린 대로 거둔다' 티셔츠 때문에 조금이라도 불쾌감을 느끼신 고객님들께 전적으로 사과드립니다. 불쾌감을 드릴 의도는 전혀 없었습니다. 그 디자인은 리메이크 출시 연도가 적힌 밥 말리의 음반에서 힌트를 얻은 것입니다. 저희는 진실된 사과를 담아 해당 품목을 온라인과 오프라인 매장에서 판매를 중단했습니다.

달리 말하면 '여러분이 이겼다'라는 내용이다. 하지만 이 정도로도 상황은 해결되지 않았다. 탑맨이 두 번째로 사과하자 사람들의 분노는 그다음 단계로 나아갔다. 책임자의 파면을 요구하고 나선 것이다. 사과를 요구하던 트위터 사용자들이 떼로 몰려가 누구든 좋으니 이 사태를 책임지고 자리를 떠나라고 요구했다. 이 모든 것은 어떻게 보이는가 하는 문제에서 비롯됐다.

옵틱스를 따르는 데 드는 비용

-

탑맨은 옵틱스를 예측하지 못했다는 사실만으로 비즈니스 과정에서 큰 손실을 볼 수 있다는 것을 극단적으로 보여준 사례다. 그런데 옵틱스 예측과 사실상 같은 수준으로 공개적인 검증을 받겠다고 자진해서 나서는 기업도 있다.

페이퍼체이스는 트위터에 《데일리 메일》에 실린 광고가 과연 문제가 있었는지를 알려달라고 요청했으며, H&M은 "고객의 항의로 인해 해당 품목을 회수하기로 했습니다"라고 말하면서 판매 중단을 옵틱스 탓으로 돌렸다. 도브는 오해의 소지가 있게끔 편집된 광고 영상물이 사람들에게 나쁘게 보인다는 이유로 광고를 중지했다. 이들 조직이 보여준 행동의 핵심에는 한결같이 '여러분이 나쁘다고 말하면, 우리는 없앨 것'이라는 묵종의 자세가 있었다. 지금 대형 브랜드들은 소비자들의 편향된 인식과 남을 헐뜯는 감정까지 위기관리 계획 속에 끼워 넣고 있다.

'어떻게 보일 것인가?'가 실행을 판단하는 중요한 지표라는 점을 수긍한다면, 조직은 예비 비평가들을 모아놓고 소셜미디어 게시물부터 제품 디자인까지 모든 부분에 있어 문화적으로 비난받을 소지가 없는지를 점검해야 한다. 물론 이렇게 하면 소셜미디어 책임자부터 CEO까지 모두가 불안해질 것이다. 게다가 옵틱스에 많은 관심을 가지면 뜻하지 않은 피해를 볼 수 있다. 페이퍼체이스의 경쟁사들은 선물 및 문구업계의 큰손인 페이퍼체이스가 140만 명의 독자를 보유한《데일리 메일》에 앞으로 다시는 광고를 싣지 않겠다고 공개적으로 약속한 것을 지켜보면서 기뻐했을 것이다. 규모가 작은 경쟁사들은 감당할 수 없겠지만 덩치가 큰 경쟁사들 입장에 해당 매체는 수익성을 보장하는 광고 채널이었기 때문이다.

사과를 밥 먹듯이 하는 브랜드에는 두 가지 중요한 공통점이 있다. 옵틱스에 대한 불안과 비난에 대처할 계획의 부재다. 기업은 좋아 보이지 않는 일을 해야 할 때도 있다. 악천후로 인한 운항 취소나 이미 출시된 제품의 회수가 바로 그런 일이다. 그런 일로 나쁜 기업이 되지는 않는다. 하지만 어떻게 보이는지에 너무 민감하게 반응하면, 소셜미디어에 상주하는 비난 꾼들의 장난질에 넘어가 파국을 맞을 수도 있다. 그러므로 기업이 비즈니스 활동과 문화, 평판에 대한 인식을 관리하려면 반드시 확고한 계획을 세워두고, 사안의 실체에 대해 정확히 파악한 후 자신을 지키겠다는 의지를 키워야 한다. 탑맨은 불운했고 사과를 피할 도리가 없었지만, 페이퍼체이스와 테스코, UCL과 주플라를 포함한 수많은 조직이 진실을 알려주고 해명할 기회를 잡는 대신에 사과를 선택했다.

사과하는 데 들어가는 거대한 비용을 감안할 때, 조직은 자신과 이해관계자를 위해 사과를 귀중한 자산으로 간직해야 하며, 사업상의 결정을 해명하지도, 책임지지도 않게 해주는 면죄부로 취급해서는 안 된다. 조직의 사과에는 소셜미디어의 광분보다 더 큰 명분이 있어야 한다.

CHAPTER 15

왜 현장 직원이
대가를 치르는가

기업 보상의 실제 비용

> 스타벅스가 공중화장실이 되고 싶지는 않지만,
> 저희는 어떤 경우든 100퍼센트 올바른 결정을 내리려 합니다.
> 모든 분에게 화장실을 개방하겠습니다.
>
> － 2018년 5월 스타벅스 회장 하워드 슐츠

2018년 4월 필라델피아에 있는 한 스타벅스 매장의 매니저가 고객과의 갈등으로 경찰을 부르면서 스타벅스의 기업문화가 완전히 탈바꿈했다. 또한 그 일련의 사건으로 수백만 달러의 비용이 들었으며, 브랜드에 대한 대중의 인식이 극적으로 바뀌었다.

당시 매니저는 라숀 넬슨과 돈테 로빈슨이라는 두 명의 흑인이 커피를 주문하지 않고 화장실을 사용해도 되는지 묻길래 거절하며 나가 달라고 했지만 그들이 응하지 않았다고 주장했다. 하지만 손

넘이었던 두 사람의 주장은 달랐다. 그들은 동료를 기다리면서 화장실에 다녀온 다음에 커피를 주문하려 했다고 말했다. 이후 커피를 주문하지 않고 화장실을 사용하는 백인을 봤다는 고객의 증언도 이어졌다.

이윽고 경찰이 도착해서 그 두 사람을 무단침입 혐의로 체포했다. 이를 지켜보는 사람들의 눈에는 매니저와 경찰이 그들을 흑인이라는 이유로 차별하는 것처럼 보였다. 스타벅스가 세계적인 주목을 받는 최악의 문화적 위기에 연루됐음을 알게 된 시점은 그로부터 몇 시간 후였다. 체포 광경을 목격한 한 고객이 당시 벌어진 일을 촬영해서 트위터에 올린 것이다. 그 동영상은 나흘 만에 조회 수 300만 이상을 기록했다.

이후 스타벅스 측에서 "저희의 정책을 되돌아보겠습니다"라며 사과했으나 그 정도의 표현은 불만족스럽다는 비난이 잇따르자 스타벅스의 CEO 케빈 존슨Kevin Johnson은 재차 사과했다. 그러나 공개 편지 형식의 공식 사과문에 '죄송하다'라는 말은 들어 있지 않았다.[1] 스타벅스에 대한 비난은 더욱 거세졌다. 주로 최초의 사건과 이에 대한 대응에 관한 비난이었다. 그러자 스타벅스는 어림잡아 1,670만 달러의 매출 손실을 감수하고 8천 개가 넘는 미국의 스타벅스 매장을 일시적으로 폐쇄한 다음 전 임직원을 대상으로 인종차별 예방 교육을 실시하겠다고 발표했다.[2] 칭찬할 만한 움직임이었다.

스타벅스는 적어도 적절한 대응책을 찾고 있다고 보이기 위해 분명히 노력하고 있었으며, 인종차별 예방 교육은 문제의 흑인 두 사람과 그 사건의 추이를 지켜보고 있었던 다른 고객들의 신뢰를 되찾는 설득력 있는 조치였다. 스타벅스는 근본적인 기업 실패를 정확히 확인해서 바로잡고 싶었다. 매장 폐쇄를 발표하고 난 직후에 스타벅스의 세 번째 사과가 올라왔다. 이번에는 무료로 커피를 제공하는 쿠폰과 함께였다.

> 죄송합니다. 저희는 더 잘할 수 있음을 알고 있습니다. 스타벅스는 모든 인종을 똑같이 대우할 수 있도록 직원들을 교육하고 있습니다. 가장 훌륭한 대화는 커피 한 잔을 놓고 시작되며, 여러분께 그 커피를 사드리고 싶습니다.

이 사과는 PR 교과서에 나오는 대로 자기 과실 인정이라는 특징을 다 갖추고 있었다. 그러나 문제는 이것이 스타벅스에서 올린 사과문이 아니라는 것이었다. 세 번째 사과문은 인터넷에서 만들어진 가짜 사과로 스타벅스에서 위기 수습용 PR 계획의 일환으로 흑인에게 무료 커피를 제공하고 있다며 수천 명을 속였다.

파급효과에 대한 불안

–

인종차별 예방 교육이 다 끝나기도 전에 가짜 사과문 퍼져나가면서 비난에 대한 스타벅스의 불안하고 예민한 심리는 코미디 프로그램에서 조롱의 소재가 됐다. 결코 바람직한 일이 아니었다.

그 사과문에 달린 쿠폰은 가짜였지만, 스타벅스에서는 진짜 커피를 제공했다. 작가이자 코미디언인 브라이언 샤프Bryan Sharpe가 스마트폰으로 촬영해서 올린 동영상(지금은 삭제됐다)을 보면, 샤프가 스타벅스 매장에 들어가 "스타벅스 직원들은 모두 인종차별주의자라고 하던데, 무료 커피 좀 먹으려고 왔어요"라고 말한다. 직원은 그 가짜 쿠폰을 받고 "이거 진짜인가요? 그럼 뭐, 드려야죠. 저도 어젯밤에 트위터에서 봤어요"라고 말하고는 정말 커피 한 잔을 건넨다. 나중에 샤프는 스타벅스가 보여준 인종차별과 '백인의 죄책감white guilt'(인종차별에 대해 백인이 갖는 죄책감으로 백인의 지배를 정당화하는 수단이 되기도 함 -옮긴이)을 조롱하려고 그런 장난을 쳤다고 해명했다.[3]

경찰에 체포돼 곤욕을 치른 두 명은 그 후 어떻게 됐을까? 그들은 소송하지 않고 필라델피아 시와 합의하는 조건으로 1달러라는 상징적인 금액만 받았으며 젊은 흑인 사업가들에게 20만 달러를 지원해달라고 요구했다. 두 사람은 스타벅스도 스타벅스지만 자신들을 체포한 경찰에게 더 큰 불쾌감을 느꼈던 것 같다.

스타벅스는 나름 그 상황에 잘 대처했다는 이유로 연구논문 등에서 훌륭한 위기관리 사례로 활용됐다. 스타벅스는 재빨리 행동했고, 진실된 사과와 보상을 제시했다. 뉘우침에는 어떤 의심의 여지도 없었다. 고객 서비스 전문가 하이켄Shep Hyken은 《포브스》에서 이를 '브랜드의 위기관리 방법에 관한 이상적인 사례'라고 높이 평가했다.[4] 그렇지만 스타벅스가 인정 추구approval-seeking(약자가 강자가 원하는 기준을 충족시키기 위해 맹목적으로 노력하는 일 – 옮긴이) 방식으로 위기를 관리한 태도가 과연 옳은지는 더 따져볼 문제다. 스타벅스는 전 세계가 지켜본다는 점을 의식해서인지 과민하게 대응해 속죄했으며 결과적으로 사내에서 가장 낮은 급여를 받는 말단직원에게 지나친 책임을 지게 했다.

인정 추구 정책을 바꿔야 한다

–

스타벅스는 매장을 폐쇄했을 뿐만 아니라 비용도 많이 들고 평판에도 큰 위험을 불러올 가능성이 있는 정책을 도입했다. 구매자에게만 화장실 사용을 허용했던 정책을 버리고 구매 여부와 관계없이 모든 사람에게 무료로 화장실을 개방한 것이다. 스타벅스는 긍정적인 보도가 나가기를 기대했겠지만, 화장실 허용범위 문제와 인종차별 문제라는 완전히 독립된 두 가지 쟁점을 얼렁뚱땅 결합시키는 바람에 어느 것 하나 제대로 해결하지 못했다.

매장 내에서 시간을 보내며 오랫동안 머무는 사람들을 기반으로 운영되는 기업은 시설물 사용에 돈을 내는 고객에게만 화장실 사용을 허용하는 정책을 시행할 권리가 있다. 미국 대도시에 있는 커피숍 대다수는 비슷한 정책을 시행하고 있다. 스타벅스의 위기는 화장실 정책 자체가 공정한지에 관한 것이 아니었다. 그 정책을 부당하게 적용하고 경찰을 불러 상황을 악화시킨 한 매니저에 관한 것이었다.

스타벅스의 주장대로라면 인종차별 예방 교육만으로도 이 문제를 이미 해결했을 것이다.

게다가 모두에게 화장실을 개방하는 정책이 사회적으로 반드시 옳다고 말할 수만은 없다. 상황에 따라 안전한 공간(공공 보호시설 등)에서 보호받아야 할 노숙자나 중독자와 같은 사회취약계층이 개방된 화장실을 사용할 수 있게 되면서 보호망에서 빠져나가는 결과를 낳을 수도 있기 때문이다. 하지만 스타벅스가 이 새로운 화장실 정책을 시행한 탓에 사과에 실패했다고 말하는 것은 아니다. 문제의 라손 넬슨과 돈테 로빈슨은 노숙자도, 약물 중독자도 아니었다. 그들은 아직 커피를 주문하지 않았을 뿐이다. 다시 한 번 말하지만 문제를 불러온 것은 정책 그 자체가 아니라 정책의 왜곡된 집행에 있었다.

스타벅스의 새로운 화장실 정책은 많은 사람에게 혜택을 제공했을지 몰라도 문제의 시작인 두 사람에 대한 대응 실패에 기초했거나 그들을 불쾌하게 만든 경험의 범위 안에 있었던 것은 분명히 아니었다. 정책의 공정한 집행에 대한 비난을 정책의 일괄 폐기로 해결하려 해서는 안 된다. 이는 원인을 살펴보지 않고 증상을 숨겨버릴 뿐이다. 스타벅스는 정책 자체를 바꿔버림으로써 자신들의 대응을 관리하는 것에서 대응에 대한 사람들의 인식을 관리하는 쪽으로 초점을 옮겼다. 그렇게 해서는 결코 안 되는 일이었다.

스타벅스의 실수에 대가를 치르는 사람은 누구인가?

–

스타벅스의 회장 하워드 슐츠Howard Schultz는 새로운 정책을 이렇게 소개했다. "스타벅스는 공중화장실이 되고 싶지는 않지만, 어떤 경우든 100퍼센트 올바른 결정을 내리려 합니다. 모든 분에게 화장실을 개방하겠습니다."[5] 슐츠는 사람들의 비위를 맞추겠다는 듯이 지킬 수 없는 도덕적인 기준을 제시했다. '어떤 경우든 100퍼센트 올바른 결정'을 내리겠다고 약속할 수 있는 조직이 과연 얼마나 있겠는가? 스타벅스의 매장 직원들이 그 발언을 듣고 느꼈을 압박감을 상상해 보라. 특히 세계적인 미디어의 기자가 취재차 스마트폰을 들고 불쑥 나타났을 때는 어떤 표정을 지어야 할지 몰랐을 것이다.

게다가 슐츠의 발언에는 과장된 보여주기식 위기관리의 주된 문제가 고스란히 드러나 있다. 공개적으로 깊이 뉘우칠 책임이 있는 사람이 변화를 실행할 임무를 맡는 경우는 드물다. 새로운 화장실 정책을 내놓은 사람은 청결을 유지하고 안전을 보장하고 매장으로 들어오는 인파를 정리하는 등 화장실 개방 정책에 따른 위험을 관리할 필요가 없다. 그 일들은 현장에서 일하는 말단직원과 안전 요원이 할 일이기 때문이다.

상황은 점점 더 꼬여갔다. 스타벅스는 새로운 화장실 정책으로 영업에 지장을 주는 행위를 처리해야 하는 문제가 불거지자 상황에 따라 화장실 접근을 거부할 수 있다는 애매한 단서를 달아서 모든 사람에게 개방한다는 약속을 완화하는 추가 지침을 발표했다. 스타벅스는 '영업에 지장을 주는 행위'에 자거나 시끄럽게 떠드는 행위를 포함시켰고, 이는 처음의 약속을 사실상 폐기했다고 봐도 무방하다. 스타벅스의 경영진은 결국 확실한 전면 개방 정책이 아니라 오히려 더 불확실한 정책을 만들어냈다.

다른 조직들처럼 스타벅스도 책임을 전가했다. 임원실에서 시작된 실패를 말단직원과 비정규직이 책임지게 한 것이다. 어쩔 수 없이 무료 커피를 제공한 매장 직원, '어떤 경우에도 100퍼센트' 제대로 결정해야 할 책무를 지닌 직원, 누구나 사용할 수 있도록 화장실을 깨끗하게 쓸고 닦아야 하는 직원, 이들이 바로 스타벅스의 문화적 실패에 대한 대가를 치르는 사람들이다.

CHAPTER 16

50억 달러짜리 사과

사과의 경제학

일전의 컨퍼런스 콜에서 무례하게 답변한 것에 사과드립니다.

– 2018년 테슬라 CEO 일론 머스크

나쁜 일을 저지르거나 심지어 잘못하지 않아도 평판 비용을 물게 될 때가 있다. 스타벅스, 유나이티드항공, H&M은 하나같이 여론재판을 받았으며 기업의 평판이 불길에 휩싸이는 모습을 지켜봤다.

평판이 훼손되어도 일부 고객을 잃는 정도에 그치리라고 낙관적으로 전망할 수 있는 업계도 있겠지만, 그렇지 않은 업계도 많다. 평판이 훼손되는 속도는 분야의 역동성에 따라 다르다. 두 기업이 똑같은 평판 상의 위기에 휘말리고 있다고 가정하더라도 업계의 조건에 따라 소비자 마찰의 정도가 결정되고, 이에 따라 평판이 훼손되는 속도는 달라질 것이다. 이렇게 생각해보자. 누구든 자신이 애용하던 패션업체가 낸 광고를 보고 불쾌했다면 그 매장에 가지 않으면 그만이다. 하지만 거래하던 은행이나 보험회사나 휴대전화 회사가 그럴 경우 당장 거래를 끊기란 쉽지 않다.

저마찰 산업(소비자가 상품의 선택 여부를 쉽게 결정할 수 있는 산업)에 속하는 조직은 고마찰 산업에 속한 조직이라면 겪지 않아도 될 수난을 겪는다. 2017년 우버가 뉴욕의 고객에게만 사과 편지를 보낸 것도 바로 이 때문이다. 뉴욕은 우버가 리프트와 치열하게 경쟁하던 곳이었다. 우버는 경쟁사가 없는 다른 지역의 고객들에게 뉴욕에서처럼 예의를 갖추지 않았다.

평판 비용이 얼마나 발생할 것인지 계산하는 일은 베개 싸움을 하면서 흩날리는 깃털 숫자를 세는 일만큼이나 어렵다. 베개에서 빠져나가는 깃털을 세기보다 베개 싸움을 그치는 편이 더 쉬울 것이다. 조직이 사과를 위해 구체적인 금액을 책정한 경우에는 평판 비용을 계산하기가 어렵지 않겠지만 그 적정한 금액을 책정하는 것은 쉬운 일이 아니다.

사과에 들어가는 실제 비용

-

사과에는 크게 두 가지 비용이 든다. 첫째, 무엇에 대한 사과든 (줄줄 새는 기름을 잘 틀어막고, 제품을 철수하고, 마케팅 소재를 바꾸는 등) 세부적인 해결책을 마련하는 데 들어가는 비용과 둘째, 실제로 사과하는 데 들어가는 비용이다.

1982년 미국 시카고에서 타이레놀 독극물 사건(누군가가 타이레놀에 독극물을 넣어 일반인을 죽게 만든 사건 - 옮긴이)이 일어났을 때, 존슨앤드존슨이 판매 중인 타이레놀 3,100만 병을 회수하는 데 1억 달러를 들였다. 변조 방지 포장으로 타이레놀 캡슐 판매가 재개된 것은 회수 조치 후 두 달이 지나서였다. 그 두 달 동안, 존슨앤드존슨은 필요한 사람들에게 타이레놀 정제를 낱개로 무상 공급했고, 그동안에 변조 방지 포장을 개발했다. 제품을 회수하고, 이미 판매한 제품을 무상으로 교환해주고, 매출 하락을 감수하고, 신속한 연구와 개발로 시장에 전혀 새로운 형태의 포장을 도입하느라 엄청난 비용이 들어간, 당대 최고로 비싼 위기였다. 이는 최고의 위기관리 사례 중 하나로도 꼽힌다. 존슨앤드존슨은 신속한 대응과 소비자 안전에 대한 헌신으로 대대적인 찬사를 받았다.

운영상의 위기가 터지는 즉시 조직은 사태를 수습하는 데 들어가는 비용을 생각해야 한다. 보상에 따른 비용뿐만 아니라 추가로 미디어에 사과 광고를 내기 위한 경비가 포함될 것이다. 사과만 한다고 비용이 적게 들지는 않는다. 2010년 딥워터 호라이즌 원유 유출 사고 당시 BP가 여러 미디어를 통해 진행한 사과 광고 비용은 총 5천만 달러에 달했다.[1]

하지만 유고브가 《허핑턴 포스트》의 의뢰를 받아 성인 천 명을 대상으로 수행한 여론조사 결과, 광고의 효과는 매우 미미했다. 유출 사고 3년 후 응답자의 59퍼센트는 그 광고가 BP에 대한 인식에 아무런 영향을 주지 않았다고 답했고, 11퍼센트는 BP의 이미지가 오히려 나빠졌다고 답했으며, 28퍼센트는 BP의 이미지가 더 좋아졌다고 답했다. 그리고 나머지 2퍼센트는 모르겠다고 답했다.[2]

결과는 변변치 않은데 큰 비용을 들였다고 생각할지 모르지만, 알고 보면 그 정도는 다른 사과 광고에 들어간 비용에 비하면 푼돈이다. 우버는 끔찍한 PR 기사와 비효율적인 사과를 남발하고 나서 전 세계 미디어에 사과 광고를 내느라 그 10배에 달하는 자금을 쏟아부었다. 새로운 CEO 다라 코즈로샤히Dara Khosrowshahi의 지휘 아래 무려 5억 달러를 들여서 TV, 빌보드, 온라인을 망라한 전 미디어에서 사과 광고 명목으로 '전진Moving Forward' 캠페인을 벌인 것이다. 행동보다 가치를 중시한 그 캠페인은 얼핏 보기에 사람들이 기대하는 사과의 모습과 느낌을 정확히 담고 있는 듯했다. 이 캠페인에서 코즈로샤히는 사람들의 의견을 경청하면서 새로운 문화를 만들고, 새로운 방향을 제시하고, 더 나은 서비스를 제공하겠다고 약속했다. 하지만 우버는 정확히 어떤 지점에서 달라지겠다는 것인지를 전달하는 데 실패했으며 사람들도 이를 알아챘다.

"우버는 어떤 의미 있는 방법으로 어떻게 문화를 바꾸고 싶다는 근거를 전혀 제시하지 못한 채 '전진'이라는 메시지에만 의존하고 있다." PR 전문가 빌 부르동이 《애드위크》에 쓴 글이다.[3] 막대한 비용을 들였음에도 그 캠페인은 무의미해 보였다. BP의 슬픔에 잠긴 연기는 미지근한 반응이라도 끌어냈지만, 우버의 '전진' 캠페인은 이렇다 할 반응을 이끌어내지 못했다. 주문형 인사이트 플랫폼 알파Alpha

가 수행한 연구에 따르면, 응답자의 29퍼센트는 우버의 광고를 기억하지 못했고, 32퍼센트는 우버를 용서해야 할지 말지를 결정하지 못했으며, 14퍼센트는 대놓고 우버를 용서하지 않겠다고 말했다. 31퍼센트만이 지난날을 잊어버리기로 마음먹었다고 한다.[4] 이처럼 생각보다 적은 사람들에게서 신뢰를 회복하는 데도 꽤 많은 돈이 들어간다.

자연에서 얻은 교훈

–

의미를 담은 제스처는 값싸지 않아야 한다. 진화생물학에서 이를 '값비싼 신호'라고 한다. '값비싼 신호'는 자연에서 나타나는 이타주의와 복종심 등 겉으로 보기에 진화에 반하는 특성을 설명하기 위해 생물학자 아모츠 자하비Amotz Zahavi가 제시한 핸디캡 원리에 나오는 내용이다. 브라질의 우림이나 세렝게티의 넓은 평원에서 적용되는 이 원리를 기업의 임원 회의실에서도 받아들여 입에 발린 말만 늘어놓지 말고 행동으로 옮겨야 한다. 이 원리에 따르면 발신자가 비용을 더 많이 들인 신호를 보낼수록 수신자에게는 더 믿을 만한 신호로 받아들여진다. 이 때문에 바우어새는 값비싼 에너지로 공들여서 둥지를 지으며 미래의 짝에게 깊은 인상을 남기기 위해 노력한다. 중요한 사실을 입증하려고 위험을 감수하는 것이다. 자연은 진화에 따라 허풍쟁이나 사기꾼을 식별할 수 있는 능력을 생명체에 부여했다.

조직의 커뮤니케이션도 마찬가지다. 어떤 제스처를 내보이며 조금이라도 신뢰받을 기회를 얻으려면 비용을 생각해야 한다. 말하는 데는 돈이 안 드니 사과야 누구나 할 수 있다. 하지만 진심을 담아 사과하려면, 생색만 내는 사과를 할 때보다 더 큰 비용이 들 수밖에 없다. 그래서 큰 조직일수록 눈이 휘둥그레질 정도로 비싼 사과를 표명하는 것이 이치에 맞다.

이 값비싼 신호 이론에는 저지른 잘못과 관련된 운영상의 비용이 포함되지 않는다. 운영상의 비용은 조직이 법적·제도적 이유로 물어내는 돈이다. 이 때문에 조직이 운영상의 비용을 물어낼 때는 진정성을 크게 더하지 않는다. 소비자들은 운영상의 비용 지출에 대해서도 진정성을 느낄 만큼 어리석지 않다.

진정으로 사과하려는 조직은 스스로 적정한 비용을 정하고 지불해야 한다. H&M이 제품을 회수했다거나 도브가 마케팅 캠페인을 변경하고 최근에 다양한 사과 광고를 내보낸 것처럼 말이다. 2018년은 사과 광고가 특히 많은 해였다. 6월의 NBA 농구 결승전 중계에서만 웰스파고, 우버, 페이스북이 회당 단가로 평균 76만 243달러씩을 들여 사과 광고를 냈다. 이것은 제작비를 제외한 액수다.[5] 이 광고들이 진지한 뉘우침의 제스처인 이유는 액수가 상당했기 때문만이 아니라 자발적이었기 때문이었다. 이것은 보상이 아니라 환원이라고 볼 수 있다.

환원과 마법의 숫자 2만 5천

–

2019년 1월 파파존스의 존 슈내터가 자신이 설립한 피자 회사를 떠날 빌미를 제공한 PR 사건 이후, 파파존스는 50만 달러를 베넷대학에 기부했다. 미국 노스캐롤라이나 주에 있는 베넷대학은 과거 흑인 여자 대학으로 시작했으며, 당시 재정난에 허덕이고 있었다. 50만 달러는 새로운 CEO 스티브 리치가 PR 활동의 일환으로 기부한 돈이지만, 장기간에 걸쳐 재구축한다는 명분으로 낸 금액치고는 매우 적었다. 그는 전임자의 잘못된 처신으로 세 번 사과하면서 두 번째 사과에서 조직을 재정비하겠다고 약속한 바 있다. 리치는 기부금에 대해 이렇게 말했다. "2018년 8월, 우리는 기업 재단 설립을 약속했으며, 그 첫 번째 조성금은 평등, 공정, 존중, 기회라는 우리의 가치를 공유하는 기관에 가게 될 것입니다."6 스타벅스에서 두 사람을 부당하게 체포한 사건에 최종적인 책임이 있는 미국 필라델피아 시는 그들에게 사과하는 데 무려 20만 2달러를 내야 했다.

그러나 환원한다고 해서 모두 용서받는 것은 아니다. 2018년 탑샵이 예정된 페미니스트 도서 전시를 취소한 지 24시간 후 걸업^{Girl} Up이라는 페미니즘 자선단체에 사과를 이유로 2만 5천 파운드를 기부한 것은 진정성이 있다기보다 조건 반사적인 행동으로 보였다. 도서 전시를 기획한 탑샵의 폴리 커티스는 그 기부금이 도서를 판매하지 못 하게 된 걸업이 입은 손실을 보전해줄 것이라고 말했다.7

정성을 다해 환원한다고 해도 용서받는다는 보장은 없다. 소비자들이 이러한 제스처에 어떻게 반응할지는 대부분 누가 반환을 주도하며 궁극적으로 누가 소비자에게 돈을 낼지에 달려 있다. 소비자들은 자신들이 비용을 물어내는 일만큼은 없기를 바란다.

영국 국세청HMRC이 사과를 전하고 싶다는 이유로 납세자들에게 줄 사과용 꽃을 사는 데 1만 파운드 넘게 썼다는 사실이 밝혀진 적이 있다. 납세자를 달랜다는 명목으로 사실상 납세자의 돈을 쓴 셈이다. 영국 납세자 동맹의 의장은 이를 두고 "제도에 실망한 납세자들에게 사과를 받으라고 강하게 압박하는, 터무니없고 한심할 정도로 부적절한 방법"이라고 했다. 그러자 HMRC은 그렇게 하면 한 사람, 한 사람에게 사과의 의미를 전달할 수 있다고 생각했다는 해명 아닌 해명을 내놓았다.[8]

사과를 이유로 기부금을 내는 행위는 평판 관리 절차의 표준이 됐다. 특히 상처받거나 모욕당한 행위를 신속하게 보상하는 방법으로 애용됐다. 그리고 그 경우 (달러든 파운드든 유로든 상관없이) 2만 5천이 가장 인기 있는 액수였다. 2013년 미국의 패션 브랜드 DKNY도 사진작가 브랜든 스탠턴Brandon Stanton의 사진을 동의 없이 사용해서 물의를 일으킨 후 탑샵처럼 2만 5천 달러를 기부했다. 그 사과용 기부금은 브랜든 스탠턴의 요청에 따라 YMCA로 갔다. 미국의 크라우드 펀딩 플랫폼 킥스타터Kickstarter 역시 여성에 대한 강제적이고 폭력적인 행위를 조장하는 데이트 지침이 언론에 크게 보도된 다음, 성폭행 예방 자선단체인 RIANN에 2만 5천 달러를 기부했다. 또한 2018년 아일랜드의 항공사 에어링구스Aer Lingus도 직원들의 절도 혐의에 대해 사과하면서 2만 5천 유로의 기부금을 두 자선단체에 나눠 냈다.[9] 2만 5천이라는 금액은 사과용 기부금에서 스위트스팟sweet spot(야구에서 배트로 공을 치기에 가장 효율적인 지점 - 옮긴이)인 듯하다. 기업이나 큰 조직 또는 부유한 재벌에게 부담스러울 만한 돈이 아니지만, 남들에게 의미 있어 보일 만큼 큰돈이라는 점에서 그렇다.

사과의 가치

–

환원을 통해 한 조직이 사과하는 데 들이는 비용을 알 수는 있지만, 사과의 가치를 재단할 수는 없다. 탑샵이 사과하는 데 들인 비용은 2만 5천 파운드고, 파파존스는 50만 달러(약 38만 6천 파운드)다. 그렇다면 파파존스의 사과가 탑샵의 사과보다 더 가치 있을까? 파파존스가 탑샵보다 15배 더 미안해했고 사과받는 사람을 15배 더 만족시켰을까? 그렇지는 않을 것이다. 이 금액들은 시장원리와 전혀 관계없이 스스로 부과한 비용이기 때문에 이를 사과의 적정 비용이라고 볼 수는 없다. 주는 사람이 임의로 결정한 비용일 뿐이다.

사과의 가치를 이해하려면 해당 조직이 발표하지 않아도 지출 비용을 알아야 한다. 예상 피해액을 측정하는 것은 여러 가지 이유로 어려운데, 일단 사과가 이뤄지면 사과하지 않음으로써 예상되는 피해가 사라지기 때문에 특히 어렵다. 사과하지 않은 조직에 예상되는 피해를 측정할 수 있는 방법 중 하나는 사과하기로 예정된 시점과 사과가 발표되는 시점 사이에 이루어진 자산 변동을 추적하는 일이다.
주식 시장을 보면 그 내역을 잘 알 수 있다.

테슬라의 50억 달러짜리 사과

–

2018년 8월 테슬라의 CEO 일론 머스크는 투자은행 케이뱅크 캐피
털 마켓이 인정한 대로 '아마도 역사상 가장 가치 있는 사과'를 했다.
이 사과로 테슬라의 주가가 8.5퍼센트 급등하면서 자산가치는 47억
5천만 달러 늘어났다.[10]

컨퍼런스 콜(상장사가 기관투자가와 증권사 애널리스트 등을 대상으
로 자사의 실적과 전망을 설명하기 위해 여는 전화 회의 – 옮긴이)에서 월스
트리트 분석가들에게 한 차례 무례한 태도를 보였던 머스크는 다음
분기의 실적을 발표하는 컨퍼런스 콜에서 잘못을 깊이 뉘우치며 사
과했다. 그는 이 사과를 통해 상처받은 감정을 달랬을 뿐만 아니라
CEO로서의 신뢰도 회복했다. CNBC의 보도에 따르면 머스크는 "일
전의 컨퍼런스 콜에서 무례하게 답변한 것에 대해 사과드립니다"라
고 말했다.[11] 영어로 따지자면 겨우 열 개의 단어로 이루어진 문장이
지만, 이 사과로 늘어난 테슬라의 주식 가치는 환산해보면 단어 하나
당 4억 7,500만 달러다.

사과는 제대로 해야 한다. 잘못된 사과는 회사의 주식에 실제
로 피해를 준다. 넷플릭스의 CEO 리드 헤이스팅스Reed Hastings는

2011년 합의 절차 없이 가격을 올린 다음 사과하라는 고객들의 요구에도 두 달 가까이 버티다가 결국 사과했다. 하지만 가격을 올린 이유와 같이 중요한 세부사항에 대해서는 명확히 해명하지 않고 얼버무렸고, 게임 임대 서비스라는 신상품 출시를 슬그머니 끌어들이며 논점을 흐리려는 시도까지 했다. 이후 주가는 7.4퍼센트 떨어졌다.[12]

페이스북 CEO 마크 저커버그는 2018년 3월 데이터 유출 스캔들이 보도된 다음 CNN과 인터뷰하면서 "이는 중요한 신뢰 위반이었으며 이런 일이 벌어져서 참으로 죄송합니다"라고 사과했다. 페이스북의 주가는 그 말이 떨어지기 무섭게 2.7퍼센트 하락했다.[13] 우버는 공개적으로 과실을 인정했는데도 평판 위기가 정점에 이르자 약 100억 달러의 자산 손실을 봤다.[14] CEO 트래비스 캘러닉은 결국 회사를 떠났고 우버는 여러 미디어에 사과 광고를 싣는 데 또다시 5억 달러를 투입했다. 이렇듯 사기업의 자산 변동을 통해 사과로 늘어난 가치나 줄어든 가치를 측정할 수 있다.

이것은 사실 신뢰에 관한 것이다. 조직의 실적과 함께 임원진이 이해당사자들에게 조직이 올바른 방향으로 나아가고 있다고 확신시키는 능력은 주가에 직접적인 영향을 미친다. CEO가 오락가락하면 그 회사의 가치도 요동친다. 유나이티드항공의 CEO 오스카 무뇨스가 재배치 스캔들로 처음 사과한 직후, 모회사인 유나이티드 콘티넨털 홀딩스UCH의 주가는 4퍼센트 떨어졌다. 이로 인해 그 회사의 시장 가치는 거의 10억 달러나 줄었다. 첫 번째보다는 좀 개선됐지만 완벽하지는 않았던 두 번째 사과 직후 조금 나아져서 시장 가치는 다

시 약 7억 5천만 달러 늘었다.[15]

조직이 평판 리스크를 겪는 동안 투자자 신뢰도도 시장 반응에 비례한다. 미디어와 소비자들은 감정적 제스처로 부풀려진 뉘우침을 좋아할 수도 있지만, 시장과 투자자는 그렇지 않다. 주가의 요동을 막으려면 사과는 잘못에 비례해야 한다는 주장을 펼친 2018년의 한 연구를 살펴보자. 이 연구는 사과 의무의 범위를 아주 명쾌하게 설정했다. 비난받는 사안이 진짜로 자신의 잘못인 경우에만 사과하라는 것이다. 불필요한 사과를 하는 것은 꼭 필요한 사과를 하지 않는 것만큼이나 피해를 준다며 "기업이 위기에 직접적인 책임이 없는데 사과하는 일이나 기업이 직접 책임이 있는데도 사과하지 않는 일이나 이해당사자의 재산을 줄인다는 점에서는 똑같다"라는 것이 이 연구의 결론이다.[16]

또 다른 연구에 따르면, 위기를 겪는 동안 투자자 신뢰도는 사과를 지휘하는 사람이 CEO인지, 그보다 낮은 책임자인지에 영향을 받는다고 한다.[17] 조직이 주어진 상황을 얼마나 심각하게 받아들이는지를 알려면 CEO가 얼마나 신속하게 나서는지를 보면 된다. 가령 멀린 엔터테인먼트는 위기가 불거지자 가장 먼저 CEO인 닉 바니가 나서야 한다고 판단했다. 안타깝게도 모든 기업이 이러한 결정을 내리지는 않는다.

그리고 조직은 사과를 활용해 소송과 같은 분쟁에 영향력을 행사할 수도 있다. 단 한 번의 사과만으로도 소송이 취하될 수 있다. 2013년 밥 딜런이 한 인터뷰에서 발언한 내용에 문제가 있다며 법적 행동에 들어가겠다고 위협한 크로아티아 공동체의 사례를 보자. 그 공동체의 대변인 이반 쥬라시노비치는《텔레그래프》인터뷰에서 이렇게 말했다. "그가 사과하면 우리는 소송을 취하할 것입니다. 우리의 목표는 누군가에게 상처를 주는 일이 아닙니다. 부디 그가 자신이 말한 내용이 진심이 아니며 이를 후회한다고 말하기를 바랍니다."[18]

사과 한 번의 가치 7만 3천 달러

–

주식시장은 투자자 신뢰도를 실시간으로 측정하는 데는 유용하지만, 공개적인 거래가 이루어지는 기업에만 적용된다는 한계가 있다. 다행히도 소송에 자주 연루되어 악명이 높은 미국의 개인 의료서비스 세계를 통해 사과의 실제 가치에 관한 정보를 얻을 수 있다.

1986년 미국 매사추세츠 주에는 다른 주에 없는 특이한 법이 생겼다. 의료사고에 대한 보상 청구 시 사과를 법적책임에 대한 증거로 사용하지 못하도록 하는 법이었다. 매사추세츠 주는 1986년 미국 내 50개 주 중에서 최초이자 유일하게 이 법을 도입했다.[19] 이 법으로 인해 매사추세츠 주의 의료서비스 제공자들은 의료사고의 증거로 악용될 수 있다는 두려움 없이 사과할 수 있었다. 사과받는 환자들은 여전히 소송의 자유를 누렸지만, (그리고 소송하는 사람은 여전히 많았지만) 사과 자체는 법적책임의 증거로 인정되지 않았다. 2005년, 이를 미국 전체에 적용할 목적으로 당시 상원의원이었던 힐러리 클린턴과 버락 오바마가 국가 메딕 법National MEDiC Act을 공동으로 발의 했으며, 2018년 36개 주에서 매사추세츠 주와 같거나 비슷한 법을 채택했다.[20]

2009년 이전까지만 해도 매사추세츠 주를 제외하고 사과를 법적책임의 증거로 인정한 다른 모든 주에서는 의료사고가 발생했을 경우 의료계에서는 절대 사과하지 않는 것이 일반적인 태도였다. 심지어 환자가 죽더라도 말이다. 의료 전문 변호사들은 사과가 소송을 일으킨다고 믿었다. 환자와 그 가족은 사과를 받으면 의료서비스 제공자를 대상으로 소송하는 등 이를 악용할 수 있다는 가능성 때문에 결국 아무런 사과도 받지 못했다.

의료서비스 제공자들이 위로의 말을 전하는 데 주저한 것이 소송의 두려움 때문만은 아니었다. 환자들에게 예상치 못한 결과와 의료상의 과실을 알리는 부담감을 떠안고 싶지 않았기 때문이기도 했다. 게다가 법적책임을 둘러싼 불안과 불확실성은 의료 전문가들이 환자들에게 필요 이상의 검사를 요구하는 관행을 비롯해 '자기방어적 의료 조치'를 취하도록 부추겼다. 의료서비스 제공자들은 과실로 소송을 당하기보다 추가 검사를 요구하는 편이 더 낫다고 생각한 것이다. 법적책임에 대한 두려움 때문에 사과는 줄어들었으나 의료서비스 비용은 올라갔다.[21]

1986년 매사추세츠 주에서 사과를 법적책임의 증거로 인정하지 않는다는 법이 제정되자 의료과실의 법적책임에 관한 두 가지 대전제가 결과적으로 잘못됐다는 것이 입증됐다. 사과가 소송을 불러온다는 것과 사과하지 않으면 소송이 줄어든다는 것이다. 이 두 가지 모두 그 반대다. 스탠퍼드대학교 보건학 및 정책학 교수인 미셸 멜로Michelle Mello와 한 법학 교수가 주도한 2018년의 한 연구에 따르면 "의료서비스 제공자가 소통에 소홀하거나 과실을 덮으려 한다는 사실을 환자가 인식할 때 의료사고 배상 청구가 빈번하게 증가"한다. 환자가 소송을 거는 이유 중 많은 부분이 사과를 받지 못했다는 분노 때문이라는 사실도 이 연구에서 밝혀졌다.[22]

'사과 법'이 여러 주에서 시행되면서 사과하는 조직과 사과하지 않는 조직이 일반적으로 비용 면에서 어떤 차이를 보이는지 비교할 수 있게 됐다. 2010년 주 차원의 사과 법이 지니는 효율을 주제로 배상 요구에 대한 평균 보상금을 법 시행 전과 후로 나눠 비교 검토한 연구가 〈사과는 작동하는가?〉라는 제목으로 발표됐다.[23] 연구에 따르면 이 법의 시행으로 "심각한 사례에서는 보상금이 건당 5만 8천 달러에서 7만 3천 달러 정도 줄어들었으며, 조금 심각한 사례에서는 건당 7천 달러에서 1만 4천 달러 정도 줄어들었다"고 한다.

이 연구의 공동 저자인 뉴욕 소재 바사르대학의 행동경제학 부교수 벤저민 호Benjamin Ho와 휴스턴대학교의 경제학 부교수 일레인 리우Elaine Liu는 '사과 법'의 시행으로 "적어도 단기적으로는 심각한 의료사고도 더 신속하게 해결됐고 보상금도 더 낮아졌다"라고 결론 지었다. 아울러 저자들은 환자의 분노가 소송의 동기라는 점, 그리고 사과가 보상금의 액수뿐만 아니라 의료서비스 제공자가 당하는 소송의 횟수까지 줄일 수 있다는 점을 강조했다.

'사과 법'의 도입은 환자의 사과받을 권리를 지켜준다는 사실 이외에 금전적인 면에서도 영향을 미쳤다. 의료서비스 제공자는 보상 요구액이 더 낮아져서, 환자와 가족은 결과적으로 의료서비스 보험료가 더 낮아져서 이득을 봤다.

(CHAPTER 17)

경쟁자의 사과로
얻는 이득

위기 커뮤니케이션과 억울한 피해

모든 분을 포용할 수 있는 환경을 만들어드리는 일은
저희의 목표일 뿐만 아니라 저희가 추구하고자 하는 기업 문화이기도 합니다.
DM을 통해 귀하의 예약 번호를 보내주시기 바랍니다.

– 2018년 11월 아메리칸항공

조직이 사과하고 사태를 바로잡는 데 비용이 든다는 사실을 곰곰이 생각해보면 억울한 피해를 볼 가능성도 분명히 있다. 스타벅스 가짜 쿠폰 사건에서 가짜 쿠폰을 만들어내는 인터넷 사기꾼들만 이러한 피해를 주는 것은 아니다. 경쟁사가 대중들에게 공개적으로 창피를 당하는 과정에서 직접 이득을 보는 기업도 많지만, 기회를 놓치지 않기 위해 시간과 돈과 창의력을 투입하는 기업도 많다.

버거킹은 KFC의 2018년 치킨 품절 사태가 발생하자 불만을 품은 KFC 고객들에게 치킨을 할인해 제공하는 마케팅 캠페인을 벌이며 기회를 낚아챘다. 심지어 치킨 품절에 분노한 여성 고객 한 명을 특별히 선정하고 불편한 심경을 위로한다며 그녀에게 여러 종류의 버거킹 치킨이 담긴 '킹 박스'를 1년간 제공했다. 또한 2018년 여름 아일랜드의 저가 항공사 라이언에어가 잇단 운항 취소와 중단으로 사과해야 했을 때, 경쟁사인 영국의 저가 항공사 이지젯이 반사이익을 얻었다. 이지젯은 기회를 놓치지 않고 특별한 일회성 이벤트를 진행해 큰 성과를 거뒀으며, 연간 이익이 1억 파운드 성장했다.

이처럼 한 조직이 겪는 운영상의 위기는 해당 업계의 경쟁사들에 기회가 된다. 그런데 운영상의 위기에 따른 기회를 잡을 수 있는 기한은 짧다. 위기가 해결되는 즉시 그 기회도 사라진다. 그에 비해 문화적 위기에 따른 기회는 운영상의 위기보다 기한이 훨씬 더 길 뿐만 아니라, 경쟁사의 불운이나 어리석은 짓을 기다리며 장기전에 대비한 조직에 짭짤한 보상을 안겨주기도 한다.

우리는 적어도 우버는 아닙니다

–

2017년 차량공유 앱인 리프트Lyft에 그런 기회가 찾아왔다. 경쟁사인 우버가 문화적 실패와 관련된 사과로 곤경에 처했을 때 리프트는 공공연하게 큰 이득을 볼 수 있는 가장 이상적인 위치에 있었다. JFK 공항에서 벌어진 항의 시위와 택시 파업의 의미를 훼손했다는 혐의로 고발된 우버는 그해 1월에만 20만 명의 사용자를 잃었다. 조합을 결성한 택시 운전사들이 시위대와 연대해서 파업을 벌이는 동안 우버가 규정 요금보다 싸게 영업한다는 홍보 트윗 글을 올린 탓이었다. 어느 정도 예상된 반발이었다. 우버는 곧바로 사과했으나 반발을 가라앉히는 데 효과가 없었다. 사용자들이 우버를 떠나기 시작한 것이다. 곧이어 리프트는 우버에 불만을 품은 고객 상당수를 유치할 수 있었다. 우버에서 리프트로의 탈출은 신속했다. 일단 '#우버삭제 #deleteUber'라는 해시태그가 유행처럼 번지기 시작하자 리프트는 애플 앱스토어의 인기 순위 정상에 올랐다.

리프트가 급작스레 우버보다 더 월등한 서비스를 제공했거나 더 값싼 요금을 받았기 때문에 고객들이 이동한 것은 아니었다. 우버의 문화적 실패로 고객들은 우버를 거부하고 그 대안으로 리프트를 선택한 것이다. 우버는 잘못된 판단으로 자기 발등을 찍음으로써 리프트의 성장을 도와준 셈이다.

정치평론가이자 복스닷컴Vox.com의 선임기자인 에즈라 클라인 Ezra Klein이 우버의 문화적 위기가 절정에 오른 직후 다음과 같이 말한 바 있다. 리프트는 경쟁사인 우버가 규제 기관과 싸우며 논란의 중심에 오르는 등 위기에 처하자 이를 행복하게 지켜봤지만 이후 "멍청한 콧수염과 엉성한 PR 운영으로 다시 뒤처졌고, 우버가 평판 비용을 물기 전에 한 일들을 그대로 답습했다"고 한다. '멍청한 콧수염'은 클라인이 리프트 브랜드의 상징을 조롱한 것으로, 능수능란한 느낌을 주는 우버 브랜드의 상징과 비교한 표현이다. 클라인은 이렇게 결론지었다. "리프트가 경쟁사의 실책에서 이득을 보려면 불안한 운전자들이 원하는 바를 해결해줄 수 있어야 한다. 즉 사람들이 우버의 대안으로 인정할 수 있을 만큼 실제로 충분히 멋진 차량 공유 회사여야 한다는 것이다."[1]

브랜드가 사과할 수 있는 횟수는 소비자들이 싫증을 내기 전까지로 한정돼 있다. 사과가 행동상의 개선으로 이어지지 않는다는 사실을 소비자들이 깨닫는 순간, 신뢰는 무너진다. 경제학자들이 우버가 표명한 수많은 사과의 절대 비용을 검증한 연구에 따르면 "소비자들은 사과받은 후 얼마 동안은 사과한 조직을 더 수준 높은 조직이라고 생각한다. 하지만 시간이 지나도 그 수준이 지켜지지 않거나 만족스럽지 않으면 사과는 역효과를 낳는다"고 한다.

"사과하는 일이 아예 사과하지 않는 것보다 더 나쁠 때도 있다. 반복해서 사과할 때 특히 그렇다."[2] 우버의 사과에 만족하지 못한 고객들은 또다시 사과를 요구한 것이 아니라 우버를 이용하지 않음으로써 불만을 표현했다. 우버는 라이언에어를 비롯한 사과를 남발하는 다른 많은 기업처럼, 사과의 할당량을 모두 써버렸다. '미안하다(죄송하다)'고 말하는 것이 언제나 좋은 방법은 아니다.

주문형 비난과 평판 훼손을 불사하는 시장

–

소비자들이 한 브랜드의 가치에 대한 신뢰를 잃게 되면 상대적으로 더 호감을 주는 경쟁 브랜드들은 어마어마한 배당금을 받게 된다. 따라서 의도적으로 경쟁사의 평판을 훼손시키려고 시도할 수 있다. 특히 저마찰 산업에 속한 조직들은 이 점에 유의해야 한다. 한 기업이 의도적으로 경쟁사의 평판 리스크를 유도하는 일은 사실 비일비재하다. 이러한 작업은 경쟁사가 손쓸 틈도 없이 강도 높은 공개 조사를 받도록 유도하면서 이뤄진다. 실제로 지난 몇 년간 그와 비슷한 일들이 벌어졌다.

2014년 세계 정상급 PR 회사 중 11개사가 의뢰인에게 문제가 생기더라도 부정적인 내용은 숨기고 긍정적인 기사를 홍보하는 방향으로 위키피디아 페이지를 편집하겠다고 약속하는 합의서에 서명했다. 《비즈니스 인사이더》의 칼럼니스트 케이티 리처즈는 그러한 움직임을 '사면amnesty'이라고 불렀다.

> 그 합의서를 통해 PR 대행사는 수년간 의뢰인을 대신해서 위키피디아 페이지를 편집했다는 사실을 명백하게 인정한 셈이다. '오류'를 없애겠다는 명목하에 회사와 관련된 부정적인 정보를 지우고 '좋은 뉴스'만을 골라서 넣겠다는 것이다.[3]

주목할 만한 점은 PR 회사들이 계약할 때 의뢰인의 위키디피아 페이지를 책임지겠다는 약속을 하면서 동시에 의뢰인의 경쟁사가 속한 페이지를 부정적으로 편집하겠다는 약속을 했을 수도 있다는 것이다. 합의서에 서명한 어떤 기업도 이러한 내용으로 계약했다고 공개하지 않았고 이를 실행했다는 증거도 없지만, 실제로는 그런 일이 일어난다.

소비자 신뢰도를 훼손하기 위해 인터넷을 이용해서 경쟁사를 비방하는 '블랙 PR'은 아주 흔히 일어나는 일이다. 2014년 세계 IT 업계의 큰손인 중국의 텐센트와 알리바바가 각각 서로를 향해 블랙 PR을 사용한 것이 밝혀지면서 세상을 떠들썩하게 할 만큼 공개적인 언쟁으로 비화했다. "눈에 띄는 점은 블랙 PR의 실행이 얼마나 광범위하게 이뤄졌는지를 증언하면서 두 기업 중 어느 쪽도 그 비방 캠페인을 굳이 부인하려 애쓰지 않았다는 사실이다"라고《사우스 차이나 모닝 포스트》가 전했다.[4]

미국에서도 비슷한 일이 일어나고 있다. 항공운임 비교 서비스 칩에어CheapAir는 2018년 8월 STD 컴퍼니라는 집단으로부터 연락을 받았다. STD 컴퍼니는 돈을 지불하지 않으면 부정적인 논평과 소셜미디어 게시물로 강도 높게 공격하는 논평 폭격review bombing을 하겠다며 칩에어를 협박했다. 칩에어는 자신이 받은 이메일을 기술 웹사이트 머더보드와 공유했다. 2018년 8월에 보낸 이메일에서 STD 컴퍼니는 "우리는 온라인으로 개인과 회사의 평판을 파괴하는 전문가"라며 협박했다.[5] 심지어 트위터에 올릴 협박성 글을 다음과 같이 미리 써서 보여주기까지 했다. "칩에어는 완전 사기꾼이다! 난 1,440달러나 손해를 봤는데 저들은 내 이메일을 개무시하고 있다. 사람들도 이젠 칩에어에 접속하지 않는다."

이런 글이 소셜미디어에 올라간다면 소셜미디어에 미숙하고 사소한 불만에도 전전긍긍하는 경영진은 틀림없이 반사적으로 사과할 것이다. 대표적인 저마찰 산업인 항공 부문에서 쉽게 사례를 찾을 수 있다. 아메리칸항공은 2018년 11월 셋째 주에만 소셜미디어의 비난에 대해 700번이나 사과했다. 비난 중에는 즉흥적인 항의와 사소한 불만도 많았지만, 상당수는 문화적 요소와 관련된 비난이었으며 그중 11개 정도는 인종차별에 대한 심각한 내용이었다.

한 브랜드가 평판에 씻을 수 없는 상처를 받을 때 그 경쟁 브랜드들이 상대적으로 더 매력적으로 보일 수 있는 곳, 그래서 일종의 문화적 망신 주기가 이루어지는 곳이 바로 소셜미디어다. 가령 이런 식이다. "LA 국제공항에 있는 단테는 아메리칸항공에서 인종차별 성향이 가장 강한 최악의 고객 서비스 상담원이다. 다시는 아메리칸항공을 타지 말자."

아메리칸항공은 인종차별에 대한 비난에 여러 차례 대응하면서 매번 자체적인 대응 매뉴얼을 참조했다. 아메리칸항공이 앞의 트윗글에 응답하는 데는 단 8분이 걸렸다. 내용은 다음과 같았다. "모든 분을 포용할 수 있는 환경을 만들어드리는 일은 저희의 목표일 뿐만 아니라 저희가 추구하고자 하는 기업 문화이기도 합니다. DM을 통해 귀하의 예약 번호를 보내주시기 바랍니다."

아메리칸항공은 자신들이 표방하는 기업 문화를 방어하는 데 초점을 맞췄다. 고객이 자신들의 문화를 불쾌하게 인식하면 결과적으로 어떤 피해를 남길지를 잘 알고 있었기 때문에 문화적인 비난에는 어떤 식으로든 대응하려 했던 것이다. 하지만 이처럼 온라인의 모든 비난에 일일이 반응을 보일 때 드는 노력과 비용을 떠올려보라. 만약 경쟁 항공사가 의도를 가지고 문화적 비난의 화살을 마구 쏴댔다면, 아메리칸항공을 곤경에 빠뜨릴 수도 있지 않았을까?

한편 칩에어의 CEO 제프 클리Jeff Klee는 브랜드 평판에 대한 위협에 굳건히 버틸 태세가 되어 있는 듯 머더보드를 통해 다음과 같은 뜻을 밝혔다. "우리는 사이버 폭력배들에게 결단코 돈을 지불하지 않을 것입니다. 하지만 이 문제를 해결하는 데도 많은 시간과 자원이 들어갈 것입니다." 칩에어는 위협에 대응하기 전에 먼저 폭로하는 편을 선택했다. 현명한 행보였다. 그러지 않았다면 피해를 통제하기가 더 어려웠을 것이다. 대다수가 먼저 사과하고 나중에 문제를 찾는다. 하지만 공식적으로 사과부터 하고 나면 기업은 죄인이 되어버리는 것이다.

블랙 PR을 일삼는 회사 중에는 논평 폭격을 하겠다고 위협하며 몸값을 챙기는 방식에서, 기업의 주문을 받고 경쟁사에 공개적으로 망신을 주는 방식으로 비즈니스 모델을 바꾼 회사도 있다. 이런 회사에 흔쾌히 거액을 낼 기업은 이미 존재하며 이런 일이 벌어질 만한 기반과 시장은 일찌감치 마련되어 있다. 온라인 인플루언서들은 이미 돈을 받고 온라인으로 브랜드를 홍보해왔으며 2018년 미국의 전국광고주협회 구성원의 75퍼센트는 인플루언서와 일하고 있다.[6] 인플루언서를 고용해서 경쟁사를 따라다니며 억울한 사과를 요구하게 하는 블랙 PR 기업을 막을 방안은 무엇일까? 현재로서는 뾰족한 방안이 없다. 따라서 소셜미디어에 미숙한 경영진이나 현장에서 고객들을 마주하는 직원들이 블랙 PR에 넘어갈 가능성은 놀라울 정도로 높다. 고객이 자신을 비난하며 가짜 쿠폰을 내밀어도 무조건 받아들이고 동의할 수밖에 없었던 스타벅스 매장의 직원처럼 말이다.

알고 보면 지금 이 순간에도 그와 같은 일이 벌어지고 있을지 모른다. 소셜미디어의 유명한 뷰티 인플루언서 중에는 제품을 부정적으로 평가하는 조건으로 여러 브랜드로부터 8만 5천 달러 정도를 받았다고 주장하는 사람도 있다.[7] 메이크업 아티스트이자 소셜미디어 인플루언서인 케빈 제임스 베네트(2018년 12월 기준 4만 명 이상의 인스타그램 팔로워 보유)는 자신 말고도 경쟁사를 온라인에서 맹비난하는 조건으로 기업으로부터 돈을 받는 인플루언서들을 알고 있다고 주장했다.[8] 또 다른 유명 뷰티 인플루언서 제임스 찰스(2018년 12월 기준 천만 명 이상의 인스타그램 팔로워 보유)는 "개인적으로 중상모략하는 캠페인에 참여해달라는 요청을 받은 적이 없지만, 충분히 가능한 일이라고 확신한다"고 말했다.[9]

심지어 인플루언스가 실존 인물일 필요도 없다. 패션 비리 고발 인스타그램 계정 다이어트 프라다Diet Prada(2018년 12월 기준 97만 명의 팔로워 보유)가 대표적인 예다. 다이어트 프라다는 소셜미디어를 통해 디자인 모방에서부터 문화적 도용에 이르기까지 패션 브랜드의 갖가지 위반행위를 분류해서 비판하는 글을 올렸다. 지금은 다이어트 프라다 운영자들의 정체가 알려졌지만, 2014년 12월 출범할 때부터 2017년 10월 스스로 정체를 공개할 때까지 운영자가 누구인지 밝혀지지 않았다. 2017년 10월은 유명한 브랜드를 공개적으로 망신을 준

일로 팔로워가 엄청나게 증가하고 평판이 매우 높아진 시점이었다.

구찌와 킴 카다시안 등 세계 최정상 브랜드로부터 해명을 이끌어낸 바 있는 다이어트 프라다는 미국의 고급 백화점 체인인 노드스트롬Nordstrom을 집중적으로 압박해서 보석 디자인을 모방했다는 혐의로 컬렉션 중 하나를 철수시키기까지 했다. 그 당시 노드스트롬은 다음과 같은 성명을 발표했다.

> 저희는 이 상황을 심각하게 받아들이며, 룰루 DK 및 다니엘 번스타인과 제휴하여 문제의 품목들을 철수할 예정입니다. 5월 9일, 기쁜 마음으로 고객들에게 나머지 컬렉션을 쇼핑할 기회를 제공하겠습니다.[10]

또한 돌체앤가바나D&G가 창사 이래 최대라고 할 만한 문화적 위기를 맞게 된 것도 다이어트 프라다 때문이었다. D&G는 누가 봐도 중국인을 모욕하는 광고를 내보냈으며 그 광고가 나온 즉시 다이어트 프라다가 이를 문제 삼았다. 다이어트 프라다는 D&G 공동 창업자이자 디자이너인 스테파노 가바나Stefano Gabbana와 베트남 출신 모델인 푸헝 미카엘라가 개인적으로 주고받은 메시지를 공개했다. 그 메시지에는 광고를 옹호하면서 중국과 중국인을 모욕하는 내용이 들어 있었다. 이후 격렬한 비난이 일었다. D&G 제품은 중국 웹사이트에서 사라졌고, 중국인들은 불매운동을 벌였으며, 급기야 D&G는 상하이에서 열릴 예정이던 패션쇼를 취소할 수밖에 없었다.

이처럼 다이어트 프라다는 패션업계의 거물들을 공개적으로 망신시킨 배후 실세로 자리매김했다. 세계적인 미디어 회사 바이스 미디어Vice Media가 소유한 매체 개러지Garage는 다이어트 프라다가 "비틀린 기쁨을 맛보며 그 스캔들을 기록으로 남겼다"라고 보도했다.[11]

인플루언서를 활용해서 금전적 이득을 보는 인플루언서 경제는 도달 범위와 영향력 면에서 높은 수익성과 방대한 규모를 자랑한다. 2016년 갖가지 브랜드가 인플루언서들에게 자신들에게 유리한 평가를 올려달라며 지출한 돈은 810억 달러에 달했다.[12] 물론 다이어트 프라다가 온라인으로 패션 브랜드를 비난하고 누군가에게서 돈을 받았다는 낌새는 없다. 하지만 이런 종류의 행위에는 돈이 오고 갔을 것이 분명하다.

인플루언서들은 하룻밤 새에 한 브랜드의 평판을 파괴할 능력이 있음을 보여줬으며, 브랜드 소유자 중에는 인플루언서들이 자신들에게 미칠 영향에 공포를 느끼는 사람도 있다. 심지어 가짜 인플루언서에게도 브랜드에 겁을 줘서 항복시킬 능력이 있다. 잘 알려진 한 선글라스 브랜드가 문화적 주제를 다루는 잡지 《디 애틀랜틱》에 제보한 바에 따르면, 듣도 보도 못한 몇몇 소셜미디어 계정이 마치 자신과 동업자인 듯이 행세했을 때 처음에는 당황했다고 한다. 그들은 인스타그램에 게시물을 올린 후 자신들이 선글라스 브랜드와 제휴하고 있다고 떠들어대면서 고맙다는 인사까지 했다는 것이다. 알고 보니 그들은 잘 알려진 계정을 차용해서 진짜 인플루언서인 양 행세하면서 이득을 취하는 이들이었다. 유명한 브랜드와 동업자 관계임을 공표함으로써 명성을 얻어 자신들을 홍보하려는 속셈이었다. 가짜 인플루언서들 때문에 평판 상의 위기가 발생할 수 있는데도 그 선글라스 브랜드는 그들에게 중단해달라고 요구하지 못했다.

"그들은 굉장히 주목받고 싶어 했습니다. 그래서 우리가 항의하면 부당한 대우를 받은 것처럼 왜곡해 사람들의 관심을 끌고자 할지도 모른다고 생각했습니다. 그들은 어떻게든 그 방법을 찾아낼 것 같았습니다."[13] 이 선글라스 브랜드는 제휴했다는 거짓 글 때문에 피해를 입는 것보다 그 정체불명의 인스타그램 계정에 브랜드와 관련한 불편한 글이 올라오지 않을까 하는 두려움이 앞섰던 것 같다.

이처럼 가짜 인플루언서 경제도 시장 조건만 맞는다면 빠르게 성장할 수 있다. 블랙 PR의 행태를 고려하면 인플루언서 마케팅이 어떻게 변질될 수 있을지를 상상하기란 그리 어렵지 않다. 한 기업이 PR 대행사에 이미지 개선 작업을 의뢰하면 PR 대행사는 인플루언서들을 고용해 경쟁사에 불만을 표시하여 사과하라는 압력을 가하게 하며, 사과가 이뤄지면 의뢰인은 그 반대급부로 마케팅 기회를 얻게 된다는 시나리오다. 이를 억지스럽다고 생각한다면, 구글이 검색 결과에서 스팸을 제거하려고 알고리즘을 바꿨을 때, 정당한 게시글까지 스팸으로 처리되는 부작용이 있었다는 사실을 곰곰이 생각해보라. 이제부터 그 이야기를 해보자.

인터플로라, 인터넷 스팸 퇴치의 부작용

—

2013년 2월 어느 날, 영국의 꽃 배달 웹사이트 인터플로라Interflora가 구글의 검색 결과에서 사라졌다. 이전에는 '꽃 선물'과 '꽃 배달' 등 높은 수익으로 이어지는 검색어를 치면 맨 위에 뜨던 사이트가 하루아침에 완전히 종적을 감춘 것이다. 심지어 '인터플로라'로 검색해도 보이지 않았다. 하필이면 일 년 중 가장 성수기인 2월 14일 밸런타인데이와 3월 11일 어머니날 사이에 그런 일이 벌어졌다.

온라인 꽃 배달 시장을 주도하던 업체가 시장에서 사실상 사라졌으니 경쟁 관계에 있던 꽃 배달 업체들은 무척 기뻤을 것이다. 그들은 추가 마케팅 비용을 한 푼도 들이지 않고 매출을 올릴 수 있었다. 도대체 무슨 일이 있었던 것일까?

2012년 이전에는 어떤 웹사이트라도 스팸 링크를 사서 깔기만 하면 구글 검색 순위를 쉽게 조작할 수 있었다. 저급한 웹사이트에서 대량으로 구입할 수 있는 이 링크는 구글의 알고리즘을 무력하게 만들어 실제보다 더 인기 있고 유용한 웹사이트로 인식하게 해줬다. 이는 구글이 검색 엔진 최적화Search Engine Optimization, SEO 조치를 취하게 된 요인의 하나였다.

구글이 더 인기 있고 유용한 웹사이트라고 인식할수록 검색 결과는 윗줄에 나타난다. 가령 '저신용자를 위한 주택담보대출'이나 '상해보상 전문 변호사'와 같은 특정 키워드를 쳤을 때 자신의 웹사이트가 검색 결과의 상위에 위치한다면 순식간에 큰돈을 벌 수 있다.

그래서 너도나도 그런 스팸 링크를 구입하여 깔아놓고 웹사이트 방문자 수를 늘려서 높은 수익을 올렸다.

2012년 구글은 이를 막을 방도를 찾았다. 어떤 웹사이트가 스팸 링크를 깔았는지 아닌지를 식별할 수 있는 알고리즘 업데이트를 도입한 것이다. 그 업데이트는 스팸 링크로 순위를 조작한 웹사이트의 순위를 낮추도록 설계됐다. 그런데 이후 인터플로라 문제가 터졌다. 구글의 업데이트를 역이용하여 인터플로라를 구글 검색 엔진에서 제외시키는 일이 발생한 것이다. 구글이 알고리즘을 업데이트한 다음에도 부정한 방법을 이용하는 웹사이트를 꾸준히 감시하고 의심했다면, 그래서 구글의 스팸 방지팀 직원이 이상을 감지하고 수작업으로 그 웹사이트를 인덱스에서 제거했다면 그런 일은 발생하지 않았을 것이다.

영국 꽃 배달 업계의 리더인 인터플로라가 구글의 검색 결과를 조작하는 회사의 시범 케이스로 당했다는 말이 나돌자마자 비슷한 '악마의 SEO negative SEO' 서비스를 제공하는 업체들이 속속 등장했다. 적절한 대가만 치르면 인터플로라가 당한 일을 누구든 자신의 경쟁자가 당하게 할 수 있었다. 그러자 기업들은 자기 웹사이트를 홍보하는 것보다 경쟁사의 웹사이트에 피해를 주는 것에 마케팅 예산을 우선적으로 책정하고, 경쟁사의 인터넷 업무를 방해하기 시작했다.[14]

그러한 일들이 관행처럼 퍼지자 업체들은 웹사이트에서 악마의 SEO를 탐지할 수 있는 소프트웨어까지 개발하기 시작했다. 악마의 SEO 피해자들은 자신들의 사이트를 겨냥한 스팸 링크를 감시하기 위해 비용을 들여야 했으며, 공격받게 되면 스팸 링크에 대한 책임을 부인하느라 추가로 자금을 써야 했다. 이에 구글은 스팸 링크의 공격을 받은 웹사이트들이 결백을 증명할 수 있도록 자체적인 툴을 만들었고, 대부분의 업체는 자신들이 피해자라고 주장했다. 결과적으로 관련된 모든 업체를 사실상 사면한 셈이 되었다. 게다가 구글은 악마의 SEO 사업체들에 아무런 불이익도 주지 않았다. 당시 '악마의 SEO'를 이용해 경쟁자에게 피해를 주거나 이로 인해 발생한 문제를 해결하는 도구를 팔아서 큰돈을 챙긴 사람들도 많았다.

분노 자본주의 안에는 문화적 비난을 부추기는 유인 요소가 있어 보인다. 운영상의 잘못보다는 문화적인 잘못이 무기화되는 경향이 높은 이유는 문화적 비난이 운영상의 비난에 비해 틀렸음을 입증하기가 훨씬 더 어렵기 때문이다. 위기에 몰린 기업이 굽신거리며, 확인되지도 않았고 입증하기도 어려운 문화적 위기에 대해 사과하는 비용을 지불하게 되면, 경쟁사는 그 틈을 타서 성장의 기회를 노릴 수 있다.

그것이 가능한 온라인 기반이 있고, 미디어를 통해 다른 기업을 위기에 몰아넣어 모욕을 주려는 탐욕이 있는 한 이러한 풍토는 사라지지 않을 것이다. 따라서 문화적 비난에 대처하는 지침을 비롯한 탄탄한 위기 커뮤니케이션 전략을 갖춘 기업이나 조직만이 악마의 인플루언서 마케팅으로 인한 거대 배당금과 조작된 문화적 위기에 제대로 대처할 수 있다.

그러나 아직까지 많은 조직이 이러한 위협에 속수무책으로 당하고 있으며 앞으로도 그럴 확률이 높다. 근거 없는 비난으로 얼룩진 문화적 위기가 갈수록 심각해지는데 언제까지 바라보고만 있어야 할까? 미국의 PR 컨설턴트이며 아메리칸 어패럴의 전 마케팅 책임자이자《나는 미디어 조작자다Trust Me, I'm Lying: Confessions of a media manipulator》의 저자인 라이언 홀리데이Ryan Holiday는 문화적인 위기를 겪을 때 비난과 맞서 싸우는 것은 무의미하다고 주장했다. 인종차별주의나 성차별주의로 비난받는 의뢰인이 있다면 그는 이렇게 말하겠다고 했다. "그 비난을 고분고분 받아들이라고 말할 것이다. 그런 다음 악랄한 시스템의 공격을 받아 무너져내리게 돼 유감이라고 할 것이다. 그래도 해결할 수 있는 일은 아무것도 없다."[15]

CHAPTER 18

사과를 강탈당한
슈퍼마켓과 하원의원

세탁된 사과

저희는 이 샌드위치를 먹는 대상을 한정하지 않습니다.

– 2018년 10월 웨이트로즈

사과는 공짜가 아니며 사과하는 일은 값비싼 대가를 치러야 한다. 공개적인 사과는 개인 대 개인의 사적인 사과에는 없는 복잡한 절차를 거쳐야 한다. 관객이 보고 있을 때는 사과의 단계가 더 늘어나기 마련이다. 사과는 조직의 평판뿐만 아니라 이해당사자의 재정에도 영향을 미치고 소송의 결과도 좌우한다.

공개적인 사과로 굴욕을 당하게 되더라도 이를 반전시킬 기회는 있다. 공개적인 굴욕이 리프트와 우버, 그리고 버거킹과 KFC에 어떤 영향을 미쳤으며, 주문형 비난이 어떻게 인플루언서 마케팅으로 이어져서 되풀이됐는지를 앞서 살펴봤다. 관계자 중에는 물론 미디어도 있다. 한 조직의 공개적인 굴욕으로 그 경쟁사가 이득을 보는 것만큼 미디어도 이득을 본다.

공개 사과로 사과하는 측의 평판이 떨어지면 미디어는 대개 걱정하는 척하는 기사를 내보내면서 사람들의 클릭을 유도한다. 미디어가 누군가에게, 특히 평판이 좋지 않은 사람에게 굴욕을 안겨주겠다고 기를 쓰고 덤비면 대부분 그대로 받아들이고 넘어가기 마련이다. 이때 미디어는 두 가지 이득을 챙긴다. 페이지 조회 수에 따른 분명한 수익, 그리고 일종의 가학적인 만족감을 맛볼 기회다. 주류 미디어는 여러 기업이나 조직들과 제휴해서 한패가 된 다음 경쟁자에 굴욕을 안기고는 희희낙락하는 일을 즐기는 듯하다.

2016년 10월 《데일리 메일》은 "《가디언》은 노동당의 한 강경파 지지자가 쓴 노동당 대표 제러미 코빈Jeremy Corbyn의 기차 여행 동영상 관련 기사에 대해 굴욕적인 사과를 강요받고 있다"라고 보도했다. 몇 년 후 이번에는 《데일리 메일》이 굴욕을 당할 차례가 왔다. 2019년 2월 라이프스타일 잡지 《쇼트리스트》에서 "《데일리 메일》은 프랑스 파리 관련 기사의 오보에 대해 굴욕적인 사과를 강요받았다"라고 보도했다.

미디어 아울렛의 입장에서 굴욕적인 사과는 정치적 입장이 반대인 자를 괴롭히는 훌륭한 수단이기도 하다. 영국의 보수 언론 《텔레그래프》는 2019년 1월 "니콜라 스터전(스코틀랜드의 행정수반 - 옮긴이)은 앨릭스 새먼드(스코틀랜드 정치인 - 옮긴이)가 성추행 사건에 대한 소송에서 승소한 다음 굴욕적으로 사과했다"라고 보도했고,

《데일리 미러》는 2017년 3월 "미국은 영국의 정보기관 MI6가 도널드 트럼프에 대한 버락 오바마 측의 스파이 행위를 도왔다고 주장한 것에 대해, 영국에 사과하는 굴욕을 당했다"라고 보도했다.

어떤 기업이나 조직이 불명예스러운 사과를 표명할 때 바이럴 뉴스 미디어는 아무런 보상 없이 참여하지는 않는다. 바이럴 뉴스 미디어는 철저하게 분노 자본주의의 수익 모델에 따라 움직인다. 즉, 되도록 많은 사과를 보도하면서 사소한 문제에도 사람들이 분노하도록 부추기며 다른 사안에는 주목하지 못하도록 한다.

사과 종량제

–

1998년 마침내 일본은 제2차 세계대전 중 붙잡힌 영국인 포로들에게 사과했다. 이날이 오기까지 오랜 시간이 걸렸다. 잘 정리된 사과문에서 일본의 총리 하시모토 류타로는 진실된 참회의 심정을 내보인 다음 이렇게 덧붙였다. "이 사과로 죽은 분들이 살아 돌아오지는 못할 것입니다. 하지만 저는 영국인들이 사과에 담긴 정신을 볼 수 있기를 바랍니다."[1]

이 사과는 역사적 의미뿐만 아니라 전달 방식에서도 주목할 만했다. 하시모토 총리는 사과문을 TV에 나와서 읽거나 편지를 써서 언론에 배포하지 않고 영국의 신문《더 선》에 칼럼 형식으로 실었다. 게재 직후 BBC는 영국 정부가 하시모토 총리에게《더 선》에만 칼럼을 쓰도록 유도했으며 "지난 선거에서《더 선》이 노동당을 지지한 대가로 특종을 만들어주기 위해 접촉했을 수도 있다"라고 주장했다. 제2차 세계대전 중 일제 만행으로 인한 희생자들, 그리고 하시모토 총리에게서 사과받아야 할 사람들은 사과문을 읽기 위해 돈을 내고 신문을 사야 했다.《인디펜던트》의 저널리스트 조안 스미스는 이를 두고 '사과의 민영화 시대'라고 비꼬았다.[2]

미디어는 공개 사과의 유포와 취득을 가능하게 하는 가치 교환의 오랜 통로였다. 이러한 현실을 안다면 사과가 거래의 성격을 띤다는 사실도 인정해야 한다. 거래가 이루어지는 곳에는 가짜도 있을 수밖에 없다. 따라서 사과하지 않아도 되는 사람들도 종종 가짜에 속아서 사과할 수밖에 없게 된다. 코미디언이자《가디언》칼럼니스트인 데이비드 미첼은 이를 두고 '공인에 대한 사과 강탈'이라고 했다.

> 잘못을 저지르지 않은 상대에게 사과를 요구하는 사람은 대개 사과를 받을 때까지 끈질기게 요구한다. 그리고 사과를 요구받는 사람은 소란을 신속히 잠재우기 위해 이에 응한다. 이때 사과를 요구하는 사람은 잘못된 행동에 대해 불만을 가진 사람들과는 전혀 다른 족속이다.[3]

세간의 이목을 끌었던 공개적인 굴욕의 창시자들(자선단체와 온라인 인플루언서 그리고 취미 삼아 또는 인지도를 높이기 위해 제품 철수나 사과, 마케팅 캠페인의 폐기를 요구하는 자칭 공적 행위 관리인 등)에게 대중적인 영향력을 획득하는 일은 매우 매력적이다.

2010년 고든 브라운 영국 총리에게서 사과를 이끌어낸 여성은 브라운이 과실을 인정함으로써 매우 값진 성과를 얻어냈다. 각종 미디어와 인터뷰하며 명성을 얻어 자신의 정치관을 주류 미디어에서 밝힐 수 있었던 것이다.[4] 또 2009년 칼 라슨이 제트블루항공에 접이식 자전거에 대한 수화물 요금 부과를 취소하라고 공개적으로 압력을 가하고 나서 영웅으로 떠올랐다. 당시 그는 유명하지 않았지만, 미디어 보도에 많이 등장하면서 유명 블로거로 등극했다. CNN은 그를 항공산업을 바꾼 진취적인 블로거라고 묘사하기도 했다.[5]

심지어 사과를 요구받은 측에서 사과를 거부하는 드문 경우에도 미디어의 보도 내용에 따라 대중은 사과했다고 기억할 수 있다. 분노 자본주의의 비틀린 인센티브 구조상 미디어가 사과했으면 했다고, 하지 않았으면 하지 않았다고 그저 사실 그대로 보도하고 끝내리라고 추측하는 것은 순진한 일이다. 미디어는 분노의 경제에 참여하기 위해 크게 투자했다.

사과를 세탁하다

-

영국의 엘센햄 퀄리티 푸드Elsenham Quality Foods가 제조하고 판매하는 '젠틀맨의 렐리시(과일과 채소에 양념을 넣어 걸쭉하게 끓인 것으로, 고기와 치즈 등에 얹어 먹는 소스 - 옮긴이)'의 레시피는 단 한 명의 직원만 알고 있는 극비 사항이라고 한다. 그 레시피는 제품에 무한한 매력에 신비감까지 더하는 영업전략이기도 하다. '젠틀맨의 렐리시'는 상표로 등록되어 있기 때문에 다른 업체가 비슷한 제품에 이름을 붙일 경우 상표등록법을 위반하지 않도록 조심해야 한다.

프리미엄 유기농 식품 브랜드이자 슈퍼마켓 웨이트로즈Waitrose는 엘센햄의 권리를 침해하지 않고도 젠틀맨의 렐리시를 즐겨 찾는 사람들이 만족할 만한 샌드위치를 만들기 위해 고심하다가 '젠틀맨의 훈제 치킨 시저롤'이라는 이름을 생각해냈다. 젠틀맨의 렐리시와 같은 짭짤한 스프레드를 좋아하는 사람들이라면 관심을 가질 것으로 생각했던 것이다.

그런데 TV 프로그램 진행자이자 소셜미디어의 유명 인사인 에이미 라메Amy Lamé가 2018년 10월 웨이트로즈의 한 매장에서 '젠틀맨의 훈제 치킨 시저 롤'이라는 이름을 보고 성차별 문제를 제기했다. 그녀는 문제의 제품이 찍힌 사진과 함께 자선단체인 '에브리데이 섹시즘'에 해시태그를 붙여서 상냥한 말투였지만 비꼬는 내용의 글을 웨이트로즈 공식 트위터 계정에 올렸다. "성별에 따라 다른 샌드위치를 먹어야 하는지 처음 알았어요. 나는 여성이지만 고맙게도 웨이트로즈 덕분에 이런 식으로 남성용 샌드위치를 사보네요."

샌드위치 이름만으로 따지자면 그녀의 문제 제기에 타당한 면이 있다. 그러나 진실은 웨이트로즈가 그 샌드위치를 남성에게만 팔기 위해 만든 것이 아니라는 것이다. 샌드위치의 타깃은 분명히 성별에 관계없이 '젠틀맨의 렐리시'의 팬 모두였다. 웨이트로즈 측에서 정말로 남성에게만 샌드위치를 판매하려고 했다고 에이미 라메가 진정으로 믿어서 이의를 제기한 것인지, 아니면 단지 제품명에 나타난 성차별 문제에 더 많은 관심을 끌기 위해서였는지 분명하지 않다. 하지만 그것은 더이상 중요하지 않았다. 웨이트로즈는 불려나왔고, 웨이트로즈에 문화적 위기의 먹구름이 서서히 드리우고 있었다.

그녀의 트윗 글이 올라간 지 채 48시간도 지나지 않아《텔레그래프》,《인디펜던트》,《익스프레스》,《데일리 메일》,《더 선》, 폭스뉴스, MSN 그리고 지방지들까지 모두 이른바 '성차별주의 샌드위치'를 판매한 웨이트로즈가 당연히 사과했다고 보도했다.[6-12] 이어 소셜미디어의 호출이 시작됐으나 그 위세는 상당히 약한 편이었다. 2018년 말까지 최초의 트윗 글은 186개의 '좋아요'를 받았고 47회 리트윗됐으며, 1,672개의 댓글이 달렸다. 폭발적인 관심이라고 하기에는 다소 부족한 면이 있지만, 바이럴 뉴스 저널리스트의 흥미를 돋울 만큼은 충분했다.

《더 선》은 웨이트로즈가 '신속하게 사과했다'고 보도했고,《인디펜던트》는 웨이트로즈가 '불쾌감을 가진 모든 사람에게' 사과했다고 보도했다. 수십 개의 크고 작은 뉴스 아울렛도 비슷한 제목을 달아 웨이트로즈의 굴욕적인 사과라고 소개했다. 트위터상의 맹비난에서 굴욕적인 사과에 이르는 과정은 위기관리 과정에서 흔히 나타나는 경로이기도 하다. 하지만 이 사건에는 다른 점이 있었다. 웨이트로즈가 실제로 사과한 적이 한 번도 없었다는 점이다. 웨이트로즈는 '사과한다'라고 말한 적이 없으며 '유감스럽다'거나 하다못해 '사안을 바로잡겠다'라고 말한 적도 없었다. 심지어 단 한 번의 성명조차 배포하지 않았다. 홍보실에 전화를 걸어 질문한 두 기자만이 웨이트로즈의 입장을 들을 수 있었다.

> 누구에게든 불편을 끼쳐드릴 의도는 전혀 없습니다. 저희는 이 샌드위치를 먹는 대상을 한정하지 않습니다. 샌드위치를 사시는 분이라면 누구라도 남다른 맛을 즐기시기를 바랍니다. 그렇지만 그 샌드위치의 이름은 곧 바꿀 계획입니다.[13]

이것은 사과가 아니다. 하지만 영국의 거의 모든 주류 미디어와 바이럴 뉴스 미디어는 영국의 정상급 소매업체 브랜드가 성차별적 샌드위치를 판매한 것에 대해 사과했다고 보도했다. 어떻게 이런 일이 벌어졌을까? 그 대답은 지금부터 소개하려는 《텔레그래프》의 사례에서 찾아볼 수 있다. 《텔레그래프》는 이 사태를 처음으로 보도한 미디어였으며 웨이트로즈 홍보실에서 최초로 답변을 얻어낸 두 미디어 중 하나였다.

웨이트로즈의 성명에는 상투적인 사과의 특징이 보이지 않는다. 부드럽고 도덕적 자신감을 담고 있는 데다가 해결책까지 제시하고 있다. 하지만 이는 절대로 사과가 아니다. 당시 웨이트로즈는 누구에게든 사과해야 한다고 생각하지 않았지만 미디어는 그것이 중요하지 않았던 것 같다.

《텔레그래프》의 사과 보도가 나가자 웨이트로즈는 소비자 권력의 제물로 내동댕이쳐졌으며 드러나지 않은 성차별주의자가 만연한 업체라며 치욕적인 검증을 강요받았다. 비난에 가담한 측은 임의로 정한 기준을 들이댔지만, 웨이트로즈의 입장에서는 전혀 동의할 수 없는 기준이었다. 게다가 바이럴 뉴스 미디어가 웨이트로즈에 대해 맹공을 펼치며, 그들이 '죄송하다'고 말했다는 낙인을 찍자 사람들은 웨이트로즈가 그 말을 사실처럼 당연하게 여겼다. 다른 미디어들은 그 말을 활용해 분노를 일으키는 또 다른 기사의 소재로 삼았다. 마침내 웨이트로즈는 사과를 표명할 만한 문화적 문제를 지닌 조직으로 전락한 것이다.

웨이트로즈가 사과했다고 처음 주장한 《텔레그래프》의 기자는 "누구에게든 불편을 끼쳐드릴 의도는 전혀 없습니다"라는 구절을 사과의 표현으로 해석했다고 말했다. 이런 식으로 웨이터로즈의 해명을 사과라고 세탁하는 보도는 매우 악의적이다. 미디어가 이런 식의 악의적인 보도를 하는 이유는 위기에 반사적으로 사과하는 조직의 뉴스 가치는 매우 높지만 사과를 거부하는 조직의 뉴스는 별로 인기가 없기 때문일 가능성이 높다. 그러나 웨이트로즈가 전달한 회신은 아무리 뜯어봐도 명백히 사과가 아니었다.

여기서 문제는 《텔레그래프》가 아무것도 없는 맨땅에서 사과를 만들어내 보도했다는 점이다. "누구에게든 불편을 끼쳐드릴 의도는 전혀 없습니다"라는 말은 사과하는 듯한 말투이긴 하지만, 사과는 아니다. (거듭 말할 만큼 중요한 지점이다.) 공개 사과를 표명하는 조직이 어떤 영향을 받는지 우리는 이미 알고 있다. 공개 사과는 이해당사자에게 악영향을 미칠 가능성이 매우 크다. 사과할 의무가 없는데도 사과할 때는 더욱 그렇다. 이를 고려했을 때 웨이트로즈의 경우, 악당은 웨이트로즈가 아니라 미디어였다.

《텔레그래프》는 배심원뿐만 아니라 판사의 역할까지 자임하고 나섰다. 조직은《텔레그래프》가 사과를 거론할 때까지 사과하지 않고 기다렸다가 그들의 결정에 따라 사과했다. 심지어 사과할 이유가 없는데도 말이다.《텔레그래프》는 어떤 조직이 사과의 진정성과 타당성을 세심히 살피는 동안에도 일방적으로 결정짓고 사과를 요구했다. 하지만 웨이트로즈의 경우에《텔레그래프》는 또 하나의 역할을 자처하고 나섰다. 사과하지 않았지만 사과하는 느낌이 들었다는 이유로 평범한 기업 표준문안을 사과로 세탁하여 이야기를 꾸며낸 것이다. 미디어가 이러한 행태를 일삼는다면 조직들은 더욱더 불안해질 것이다. 그렇지 않아도 우발적으로 책임을 인정하게 될까 봐 두려워하는 조직들은 자신들의 해명이 사과로 잘못 해석돼 보도될 경우까지 고려해야 한다.

'젠틀맨의 훈제 치킨 시저 롤'로 불거진 샌드위치 스캔들은 사소하다면 매우 사소한 일이다. 샌드위치를 놓고 한 소셜미디어가 웨이트로즈에 시비를 건 사건일 뿐이다. 하지만 미디어가 웨이트로즈의 발언을 공개 사과로 세탁한 방식은 사소하지 않다. 웨이트로즈가 사과했다는 오명을 뒤집어썼기 때문이다.

샌드위치 스캔들이 터지고 여섯 달 후 웨이트로즈가 동화《미운 오리 새끼》를 주제로 부활절 초콜릿 3종 세트를 출시한 시점에 사소하다면 사소하다고 할 수 있는 논란이 일어났다. 사람들은 웨이트로즈가 인종차별을 하고 있다고 비난했는데 오리 모양의 초콜릿 중 검은색이 '미운' 오리였기 때문이다(화이트 초콜릿 오리를 수식하는 단어는 '폭신폭신한'이었고, 밀크 초콜릿 오리를 수식하는 단어는 '바삭바삭한'이었다). 한바탕 소동을 겪고 위기 피로증을 느꼈던 웨이트로즈는 사람들이 미운 오리 새끼 초콜릿 세트를 불쾌하게 생각하는 것이 타당하다고 결론 내렸다. 그리고 즉각적으로 백기를 흔들며 분명하게 사과했다. 웨이트로즈의 대변인은 다음과 같이 말했다.

> 이 제품의 이름 때문에 불쾌감을 느끼신 분들께 진심으로 사과드립니다. 누구에게든 불편을 끼쳐드릴 의도는 전혀 없었습니다. 저희는 몇 주 전에 해당 제품을 회수했으며, 라벨을 새롭게 바꿔 다시 판매하고 있습니다.[14]

거짓 고백과 애매한 언어의 무기화

–

조직이 사과할 수밖에 없도록 기사를 써대는 저널리스트들 말고도 마술을 부리듯이 맨땅에서 뚝딱하면 사과가 나타나게 만드는 사람들이 또 있다. 바로 정치인들이다.

2018년 7월 노동당은 하원의원인 데임 마거릿 하지Dame Margaret Hodge가 당 대표인 제러미 코빈을 인종차별주의자이며 반유대주의자라고 비난하자 논란을 무릅쓰고 그녀에 대한 징계 조사에 착수했다.

노동당은 하지 의원이 사과를 표명하면 조사를 철회하겠다고 거래를 제의했다. 하지는 사과를 공개적으로 거부했고, 조사는 결국 철회했다. 그런데 노동당의 사무총장 제니 폼비Jennie Formby는 조사 철회 사실을 알리기 위해 하지에게 보낸 편지에서 하지와 원내대표 닉 브라운Nick Brown 간의 대화를 언급했다. 그 내용에 따르면 하지는 코빈에게 분명히 "유감을 표명했다"고 했다. 그러나 하지는 그런 일이 없었다는 태도를 고수했다. 하지의 변호사가 제니 폼비에게 보낸 편지 내용이 나중에 공개됐는데 내용은 다음과 같다.

> 귀하의 결정은 반갑지만, 뒤늦은 입장 바꾸기는 대단히 음흉하다고 생각합니다. 귀하는 저의 의뢰인(하지 의원)과 반대 측인 원내대표 간에 이루어진 공개 토론을 들먹이며 거기서 그녀가 "유감을 표명했다"라고 했습니다. 저의 의뢰인은 2주 전에 이 문제로 반대 측 원내대표와 토론했으며, 그 당시 그녀는 유감을 표명하지 않았습니다. 그리고 그 후 추가로 어떤 토론도 없었습니다. 잘 알고 계시다시피 저의 의뢰인은 아무런 잘못이 없으므로 자신의 언행에 대해 사과하지 않을 것입니다.

이 공방에서 가장 중요한 문제 중 하나는 "유감을 표명했다"라는 용어의 유연성에 있다. 이 용어는 그 정확한 의미를 규정짓기 힘들 정도로 모호한 데다 비난을 인정하지 않았다는 그럴듯한 구실을 제공하기도 한다. 이 경우 하지 의원이 '유감을 표명했다'라는 표현을 그냥 넘기게 되면 유감은 사건을 편파적으로 왜곡하는 표현이 된다. 그렇다고 해서 의미의 정확성을 따지다 보면 상대방의 입장에서는 '유감'을 사과로 해석할 수도 있는 모호한 표현인 것이다. 따라서 하지에게는 폼비의 주장을 강하게 반박하는 일 말고 달리 선택의 여지가 없었다. 하지는 자신의 발언이 사과로 잘못 해석된 당시 사건을 되돌아보며 다음과 같이 말했다.

> 이 극심한 정치적 혼란의 시기에 특히 중요한 일은 사과와 유감 표명을 잘못 해석하거나 개인의 이익을 위해 사용하지 말아야 한다는 것입니다. 저는 제가 "유감을 표명했다"라는 (그렇게 언급한 적이 없는데도) 제니 폼비의 잘못된 주장에 화가 났습니다. 그럴 경우 상황은 제가 잘못된 발언에 대해 사과한 것처럼 결론이 날 수 있기 때문입니다. 저는 다행히도 하원의원이었고 법적대리인의 도움을 받을 수 있었기 때문에 이 잘못된 주장에 반박할 수 있었지만, 걱정스러운 결과를 가져올 수 있는 잘못된 주장에 반박하지 못하는 사람들이 훨씬 더 많습니다. 이 쟁점에 대한 오해를 바로잡지 않았다면, 그들은 제러미 코빈에 대한 저의 깊은 불만이 진실하지도, 순수하지도 않다는 거짓 증거들을 순식간에 만들어냈을 것입니다. 제가 그때나 지금이나 깊은 불만을 느끼고 있고 어떤 유감도 표명하지 않았다는 점, 이것이 진실입니다.

사과는 중요하다. 사과할 의무가 있는데도 사과하지 않으면 피해자가 상처받을 수 있다. 반면에 불필요한 사과는 신뢰를 잃게 할 뿐만 아니라 때에 따라 기업의 시장 가치를 떨어뜨리며 사과하는 사람에게 심각한 피해를 줄 수 있다. 2018년의 연구 〈사과의 가치: 기업 사과가 비금융 기업 위기에 대한 주식 시장의 반응을 어떻게 완화시키는가?〉에 따르면 부적절한 비난을 받는 조직은 "직접적인 책임이 없으면 사과를 삼갈" 때 재정적으로 더 나은 결과를 얻으며, 불필요하게 사과할 때는 재정적으로 고통을 받는다고 한다.[15]

그렇기 때문에 사과하지 않는 조직 또는 개인에게 사과를 강요하는 일은 대단히 비열한 행동이다. 데임 마거릿 하지는 자신이 사과했다는 거짓 주장을 반박하는 데 비용과 노력을 들여야 했다. 웨이트로즈의 접근법은 조금 달랐다. 자신들의 해명이 사과로 잘못 해석된 다음에 터진 사건에 대해서는 머리를 숙였고, 그 사태가 지나가기를 기다렸으며 결국 지나갔다. 그렇지만 많은 사람들이 사과에 관련된 보도를 기억하고 있었기 때문에 하지와 웨이트로즈가 사과를 하지 않았다고 해도 고통을 겪기는 마찬가지였다. 바이럴 뉴스 미디어를 빼고 이 사건에서 이득을 본 사람은 아무도 없었다. 웨이트로즈는 굴욕을 당했고, 맛있어 보이는 샌드위치 판매는 잠시 중단됐으며, 소비자들의 상황도 소동이 벌어진 이후 달라질 것이 없었다. 게다가 샌드위치 스캔들이 터진 지 불과 15일 후 눈에 불을 켜고 웨이트로즈를 노리던 미디어에 또다시 좋은 먹잇감이 생겼다. 2018년 10월 31일 잡지 《웨이트로즈 푸드》의 편집자 윌리엄 시트웰이 사임하는 사태가 벌어진 것이다. 그가 프리랜서 작가에게 보낸 이메일에서 채식주의자를 죽이겠다는 농담을 했다는 사실이 밝혀진 다음이었다.[16]

CHAPTER 19

대신 사과해드립니다

자동차 제조업체, 대통령,
사과 대리인에게서 배우는 교훈

아버지여, 저들을 사하여 주옵소서.
저들은 자기의 하는 것을 알지 못합니다.

— 누가복음 23장 34절

일본 시즈오카 현 교외의 한적한 곳에 다 쓰러져가는 판잣집 한 채가 있었다. 2018년 어느 날, 도쿄에서 활동하는 저널리스트 타린 시겔 Taryn Siegel이 인터뷰를 위해 버스 정류장에 내려 40분 이상 걸어서 그 판잣집을 찾아갔다.[1] 오두막 안에는 긴 의자 두 개, 작은 탁자 하나, 책상 하나만 놓여 있었다고 한다. 그 판잣집은 사과를 대행하는 중소기업 '일본 사과 대행 회사'의 비공식 본부다. 일본에는 그 같은 크고 작은 사과 대행사가 많다.

그 사과 대행사의 홈페이지에 들어가면 "안 좋은 일은 저희에게 맡겨주세요!"라는 문구가 눈길을 끈다. 대행할 수 있는 사과 목록에는 치욕적인 사과나 범죄행위에 대한 사과, 쑥스러운 사과 등 온갖 사과가 다 들어 있다. 배우자에게 사과해야 할 때(불륜에 대한 사과도 문제없다), 직장 상사에게 굽신거려야 할 때, 이웃과 화해하고 싶을 때, 깜박 속아 넘어간 친구에게 미안하다고 말하고 싶을 때 사과 대리인을 고용하라는 것이다.

일본이 인구밀도가 매우 높고, 명예를 중시하는 문화가 있는 나라임을 고려하면 대리 사과 시장이 있다는 사실은 그리 놀랍지 않다. 그런 나라에서 바쁘게 사는 사람들이라면 상대방에게 사과를 해야 할 일이 생겼을 때 유감 표명을 아웃소싱할 수도 있지 않겠는가? '일본 사과 대행 회사'의 의뢰인들은 상당수가 그런 사람들이다. 그런데 사과를 하는 데 (시간이나 감정적인 부분을 포함해) 많은 비용이 드는 것은 사실이지만, 아웃소싱으로 사과를 처리한다면 진정성이 사라지지는 않을까? 물론 일본 사과 대행사의 사과는 대부분 개인적이고 은밀한 사과만을 대행하기 때문에 우리가 살펴볼 거대 기업이나 조직의 대리 사과와는 차이가 있다. 그렇다면 기업이나 조직이 대리 사과를 하는 이유는 무엇일까?

수동적이고도 공격적인 대리 사과

–

2009년 조디 그레이그Geordie Greig는 《런던 이브닝 스탠더드》의 편집인 자리를 이어받으면서 사과 캠페인으로 임기를 시작했다. 《런던 이브닝 스탠더드》는 지하철과 버스 정류장 여기저기에 다양한 사과 포스터를 붙였다. "너무 뻔한 기사를 내보내서 죄송합니다"라고 적힌 포스터도 있었고, "소극적으로 보도해서 죄송합니다"라고 적힌 포스터도 있었다. 그레이그는 일간지에 관한 런던 시민들의 솔직한 생각을 알아내기 위해 사전에 조사를 의뢰했으며, 그 결과를 그대로 사과 포스터에 반영했다.

3주에 걸친 캠페인을 통해 그레이그가 《런던 이브닝 스탠더드》의 신선한 새 출발을 예고한다고 여긴 사람들도 있었지만, 전임자인 베로니카 워들리Veronica Wadley에 대한 신랄한 공격이라고 여긴 사람들도 있었다. 당시 한 신문의 전 편집인이자 저널리즘 교수 로이 그린슬레이드Roy Greenslade는 《가디언》에 기고한 글에서 워들리가 그 사과 캠페인을 '자신의 편집 방향에 대한 공격'이라고 여길 것이라고 단언했다.[2] 그레이그는 그녀를 대신해서 사과함으로써 결과적으로 워들리에게 대단히 공개적이고 치욕적인 모욕을 안겨준 셈이지만, 사실 그녀의 입장에서는 순수하게 경영방침이 바뀌었음을 알리는 하나의 방법일 뿐이었다.

우버는 설립자 트래비스 캘러닉이 떠난 다음 경영방침을 바꿨다. 그가 재임하는 동안 우버에는 위기가 끊이지 않았다. 2017년 8월 캘러닉의 뒤를 이어 CEO가 된 다라 코즈로샤히는 '전진' 캠페인을 지휘하면서 몇 달을 보냈다. 이 캠페인은 보통 말하는 사과와는 조금 달랐지만, '마지막 한 사람에게까지 사과한다'라는 메시지를 담아 진행했다. 문화 개선에서 노동자의 권리 강화까지 코즈로샤히가 한 모든 약속은 전임자 캘러닉에게 쏟아진 비난에 대한 대답이었다.

다른 사람이나 조직을 대신해서 사과하는 일은 그리 만만치 않다. 조직 외부에서 어떻게 보는지는 차치하더라도 사과의 적절성에 조직의 내부 구성원 모두가 동의하지 않을 수도 있기 때문이다. 대리 사과는 이해당사자들을 소외시킬 뿐만 아니라 근거 없는 격렬한 비난을 일으키기도 한다.

2019년 2월, 영국 노동당 하원의원 크리스 윌리엄슨Chris William-son은 한 모임에서 노동당이 세상을 떠들썩하게 했던 반유대주의 위기에 대처하면서 "비굴할 정도로 굽신거린다"라며 다른 의원에게 불만을 터뜨렸고, 그 장면은 카메라에 잡혀 그대로 보도됐다. 윌리엄슨은 자신을 대신해서 노동당 대변인이 사과한 것에 분개한 듯했다. 그러나 당 차원의 사과에 대한 그의 비난은 자신을 향해 되돌아왔다. 그는 노동당이 너무 쉽게 사죄한다며 노골적으로 불만을 쏟아냈지만, 결국에는 그 자신이 사과해야 하는 처지에 놓인 것이다.

"제가 최근에 선택한 단어에 대해 대단히 유감스럽게 생각하며 사과드립니다." 윌리엄슨은 긴 성명을 발표하면서 마침내 자신이 비굴하다고 분개했던 단어를 쓰고야 말았다. 자신의 발언에 대해 미안해하는 감정을 지닌 것 같지는 않지만, 성명 중간에 사과한다는 표현과 자기 과실을 인정한다는 내용을 의도적으로 얼버무리듯이 극도로 함축하여 집어넣은 것이다. 사과 성명의 앞부분에는 모호하나마 반인종차별주의자로서 자신의 흠잡을 데 없는 이력을 상기시켰고, 마지막 부분에서는 자신이 왜 노동당에 필요한 존재인지를 언급했다. 하지만 노동당의 당 지도부는 그와 다른 입장을 지녔던 것 같다. 노동당은 조사가 마무리되기도 전에 그의 당원권을 정지시켰다.

대리 사과는 대부분 청중 앞에서 이뤄지므로 확실히 극적인 요소가 있다. 대개는 텔레비전을 통해 방영되며 사전에 홍보된 경우도 적지 않다. 그래서인지 사과하는 측은 사과받는 측이 반대하지 않으리라는 확신을 지니는 경우가 많다.

과거사에 대한 역사적 사과

−

남을 대신해서 사과하는 이유 중 단연코 가장 주목할 만한 이유 중 하나는 중요한 역사적 고통을 보상하기 위해서다. 이는 대개 국가나 교회, 초거대 기업의 영역에서 이뤄진다. 마땅히 사과해야 할 사람은 결코 사과하기를 주저해서는 안 된다는 것이 역사가 내린 판결이다. 사과는 기업 PR의 실행 과제로 갈수록 인기를 얻고 있을 뿐만 아니라 국제 외교 및 국내 정치의 중요한 기능으로도 자리 잡은 것이다.

냉전 시대가 끝날 무렵 국제 외교의 특징은 국가 지도자가 자신의 전임자를 대신해서 사과하는 일이었다. 1988년 미국 대통령 로널드 레이건Ronald Reagan은 제2차 세계대전 기간 중 일본인을 억류한 것에 대해 사과했다. 1992년 러시아 대통령 보리스 옐친Boris yeltsin은 폴란드 군인들을 학살한 카틴 숲 사건에 대해 사과했다. 1995년 프랑스 대통령 자크 시라크Jacques Chirac는 제2차 세계대전 중 비시 정부의 유대인 탄압에 대해 사과했다. 1996년 남아프리카공화국 대통령 F.W. 데 클레르크F.W. De Klerk는 아파르트헤이트(남아프리카공화국의 인종차별정책과 제도 – 옮긴이)에 대해 사과했다. 1997년 노르웨이의 국왕 하랄 5세Harald V는 원주민 사미족에 대한 역사적 처리 문제로 사과했다. 국가가 자기 책임을 인정한 가장 주목할 만한 사례들이다.

독일이 오랫동안 역사적 사과의 모범 국가로 인정받은 것에는 그만한 이유가 있었다. 전쟁 이후 독일 문화에는 속죄의 정서가 깊숙이 스며들었고, 이 때문에 아파르트헤이트가 종식된 이후 남아프리카공화국의 정치인들은 독일을 국가적 속죄의 표준으로 채택했다. 프린스턴대학교 인간 가치 센터의 잔 베르너 뮬러Jan-Verner Mueller 교수는 독일 모델이 아파르트헤이트 이후 남아프리카공화국의 진실과 화해위원회의 설립과 운영에 기여했다고 확신한다. 그는 "남아프리카공화국의 인권활동가들과 정치인들은 독일의 재판이나 공공 기념물, 교과서까지 자세히 공부했다"[3]라고 밝히면서 일본의 전후 처리에 불만을 가진 중국에도 '독일 모델'을 참조하라고 권하기까지 했다.

이런 형태의 사과 외교는 대개 한 국가의 지배적인 문화와 경제 수준을 반영했다. 1988년 미국은 전쟁 기간 중 억류된 일본인들에게 개인당 2만 달러를 제공하면서 사과를 보상금으로 표시했다. 그때는 경제 호황기의 끝자락으로 경제적인 여유가 있던 시대였다. 하지만 그로부터 20년 후인 2008년 노예제도와 짐 크로우 법에 따른 인종차별이 만연했던 과거에 대해 공식 사과를 표명하게 되었을 때는 상황이 좀 달랐다. 금융위기라는 장벽을 만난 미국 하원이 상원의 보상 결정에 대해 사실상 지불을 거부한 것이다. 내용은 다음과 같았다. "이 결정과 관련하여 미국에 반하는 요구에 대해서는 어떤 경우에도 이를 허가하거나 지원할 수 없다. 즉 미국에 반하는 요구에 대해서는 어떤 경우에도 보상금을 지불할 수 없다."[4]

2007년 스티븐 하퍼Stephen Harper의 캐나다 정부는 이와 정반대로 보상금을 지불했으나 사과는 하지 않았다. 캐나다 정부는 원주민 아이들에게 기숙학교에 다니라고 강요한 것에 대한 보상의 일환으로 19억 달러의 보상금과 함께 사과를 약속했지만, 이를 어기고 사과 없이 돈만 지불한 것이다. 캐나다 원주민을 대표하는 단체 브리티시 컬럼비아 인디언 족장 협회 대변인은 이렇게 말했다. "우리에게 있어 사과가 치유와 화해의 과정에서 얼마나 중요한 역할을 하는지 현 정부가 모른다는 사실에 대해 대단히 실망했습니다."[5] 2008년 하퍼 정부는 결국 사과했다.

이와 비슷한 시기에, 호주 총리 케빈 러드Kevin Rudd는 '잃어버린 세대Stolen Generation'에게 공식적으로 사과했다. '잃어버린 세대'란 수백 년 동안 호주 정부의 지배하에 고통받아온 호주 토착민을 말한다. 1938년 이래 호주는 '국가 추모의 날'을 제정해서 호주 토착민에게서 토지를 빼앗고 고통을 준 일을 추모해왔지만, 어떤 정부도 사과하지는 않았다. 러드의 전임자인 존 하워드John Howard는 1997년에 토착민들에게 사과해야 한다고 제안하는 보고서를 받았으나 이를 무

시했고 자신은 역사의 검은 완장에 동의하지 않았다고 말했다.[6]

1999년 하워드는 호주의 '국가 추모의 날'을 '국가 사과의 날'로 변경하였으나 공식 사과를 하지는 않았다. 9년 후 총리에 오른 케빈 러드는 선거 캠페인을 벌일 때부터 주된 공약이었던 사과 약속을 지켰다. 러드는 호주의 토착민에게 공식적으로 사과한 호주의 첫 번째 지도자가 됐다. 다른 여러 나라의 지도자들도 이 기대하지 않았던 역사적 사과를 환영한다고 발표했다. 그중에는 1972년 1월 북아일랜드에서 벌어진 피의 일요일 학살 사건에 대해 2010년 사과한 데이비드 캐머런 영국 총리, 1930년에 일어난 1만 3천 명의 쿠르드족 학살에 대해 2011년 사과한 레제프 타이이프 에르도안Recep Tayyip Erdogan 터키 대통령도 있었다.

물론 모든 사람이 국가적 사과를 반기지는 않는다. 미국의 오바마 대통령은 임기 초창기부터 화해를 중시하는 외교 스타일을 선보였지만 사과 여행apology tour을 즐긴다는 비난을 받기도 했다. 2010년 밋 롬니Mitt Romney(2012년 공화당의 대통령 후보로 오바마에게 패한 인물 – 옮긴이)는《위대한 미국은 사과하지 않는다No Apology: The case for American greatness》라는 책을 써서 오바마의 행보를 비난했다. 국가적 사과는 이처럼 불화를 일으키기도 한다. 그런데 이때 국가의 사과를 완전히 새로운 차원으로 끌어올린 인물이 있었는데, 그는 바로 캐나다 총리 쥐스탱 트뤼도Justin Trudeau였다.

사회정의에 대한 강한 의지로도 유명한 트뤼도는 2015년 취임한 이후 빠른 속도로 국가적 공식 사과를 표명하기 시작했다. 총리 취임 이후 3년간 4번이나 공식적인 사과를 발표했는데 첫 번째 사과는 취임한 지 6개월 만에 나왔다. 심지어 BBC도 국내외 규범에 견주어 그의 사과 횟수가 월등히 많다는 점에 주목하면서 왜 그렇게 많이 사과했는지 의문을 제기할 정도였다. 일리 있는 지적이었다. 트뤼도가 1914년에 일어난 고마가타 마루 사건에 대해 공개 사과를 표명한 이후 이를 기념하기 위한 행사가 열린 적이 있었다. 고마가타 마루 사건이란 일본 국적의 여객선 고마가타 마루 호를 탄 376명의 시크 교도와 이슬람교도, 그리고 힌두교도들이 캐나다 입국을 거부당하고 다시 인도로 돌아간 사건을 말한다. 행사에 참석한 트뤼도는 그 기회를 틈타 자신이 며칠 전 우연히 복잡한 방에서 한 국회의원을 밀쳤다며 세 번씩이나 사과했다.[7]

2018년까지 트뤼도는 캐나다를 대신해서 공식 사과를 여섯 번이나 했는데, 그중 하나가 1864년에 일어난 원주민 추장 사형 사건에 대해 브리티시컬럼비아 주 칠코틴 마을의 원주민들에게 한 사과였다. 트뤼도의 지나친 회개 욕구에 대해 캐나다의 작가 린다 베스너 Linda Besner는 이렇게 쏘아댔다. "캐나다에서 가장 많이 사과하는 총리 탓에 국민들은 갈수록 신경이 곤두서고 있다."[8]

쥐스탱 트뤼도가 1980년에서 1984년까지 캐나다의 총리를 지낸 피에르 트뤼도의 아들이라는 점을 생각하면 이는 더더욱 놀라운 일이다. 피에르 트뤼도는 1984년 "우리 즉 현재 국회의원들이 가담하지 않은 역사적 사건에 대해 어째서 사과해야 하는지 도무지 모르겠다"고 말했던 인물이다. 금융업계의 사과 인식에 관한 2010년의

한 연구는 이렇게 강조했다.

> 공개 사과는 이제 노예제도, 아파르트헤이트, 대량 학살과 같은 역사적
> 사건을 틀에 박힌 표현으로 뉘우치는 고위급 정치인의 전형적인 행동
> 양식이다. 하지만 이 과거의 일들은 대부분 너무 오래전이라 사과하는
> 사람에게 직접 책임을 물을 수 있는 사건이 아닌 데다가 사과받는 사
> 람에게 직접적인 영향을 미친 사건도 아니다.[9]

달리 말해서 전임자들의 죄에 대해 사과하는 일은 위험이 낮고
보상 수준이 높은 PR 행위에 지나지 않는다는 뜻이다. 인도 하이데
라바드대학교의 현대문학 및 문화론 교수인 프라모드 나야르Pramod
K Nayar는 역사적 사건에 대한 사과를 '세대를 뛰어넘는 죄책감'이라
고 명명하면서 사과의 시점 문제를 제기했다. 국가나 조직이 얼마나
과거의 일까지 사과해야 진정성을 전달할 수 있을까? 사건이 언제
일어난 것인지에 따라 사과가 통할지 아닐지에 엄청난 영향을 미친
다. 너무 먼 과거의 일에 대해서는 사과가 무의미할 수도 있기 때문
이다. 2019년 3월 멕시코 대통령 안드레스 마누엘 로페스 오브라도
르Andres Manuel Lopez Obrador가 스페인 국왕 펠리페 6세와 프란치스코
교황에게 둘 중 누구든 1521년 스페인의 아즈텍 정복에 대해 사과할
의향이 있는지를 알아보려고 편지를 보내고 나서 곤혹스러운 반응
을 접한 이유도 바로 사과의 시점 때문이었다. 스페인의 외무부 장관
은 "500년 전에 일어난 사건에 대해 지금 사과하라고 요구하면 받아

들이기가 난감합니다"라고 응답했다.[10]

이러한 국가적 사죄의 선례는 독일의 총리 빌리 브란트Willy Brandt와 함께 시작됐다. 1970년 폴란드 바르샤바에 있는 전쟁 희생자 추모비를 방문했을 때 브란트는 사과하지는 않았지만 무릎을 꿇었다. 그는 추모비 앞에서 아무 말도 하지 않았는데 나중에 회고록에 "사람들이 할 말을 잃었을 때 하는 행동 그대로 했다"라고 썼다. 그해에 《타임》은 브란트를 '올해의 인물'로 선정했다.

국가적 사과는 정치 지도자에게 오랫동안 국내외에서 화해를 촉진할 힘을 부여했다. 그런데 이것이 내부에 수치심과 원한을 불러일으킬 힘도 부여한다는 사실은 잘 알려지지 않았다. 세간의 주목을 받는 사과는 조상의 수치를 기억하고 싶지 않은 사람들의 심리와 결합하여, 한몫 챙기려는 사람들에게 좋은 먹잇감이 될 수도 있다.

국가적인 자기반성과 뉘우침의 모범 사례로 꼽히는 독일의 기억 문화가 일부 국민들에게 점점 외면당하고 있다. 2017년 독일의 극우 정치인 비외른 회케Björn Höcke는 과거에 대한 사과를 중지하라고 요구했다.[11] 이러한 반발이 갑자기 나타난 것은 아니다. 빌리 브란트 총리가 폴란드에서 무릎을 꿇고 사과를 표시한 사건에 대해서도 독일 내부에서 반대의 목소리가 있었다. 독일의 대표적인 시사주간지 《슈피겔》이 브란트 총리의 무릎을 꿇은 사과 행위에 대해 조사한 여론조사 결과에 따르면 서독 사람들 중 브란트의 행위가 적절했다고 생각한 사람은 41퍼센트였던 반면, 과도했다고 생각하는 사람은 48퍼센트였고, 의견이 없다는 사람이 11퍼센트였다.

의도하지 않은 결과

한 국가의 사과가 제대로 울림을 주기 위해서는 사과의 원인 행위가 생생한 기억 속에 남아 있을 때 이뤄져야 하지 않을까? 1998년 일본의 총리 하시모토 류타로가 전시 중 사로잡혔던 영국인 포로에 대해 《더 선》을 통해 사과했을 때, 제2차 세계대전 당시 일본군에 붙잡혔던 사람들 중에는 아직 생존해 있는 사람들도 있었지만 이미 너무 많은 시간이 흐른 상태였다. 당시 포로 중 한 사람은 사과의 시점에 주목하면서 하시모토의 칼럼을 진정한 사과라고 여기지 않았다.

영국의 '일본 노동 수용소 생존자협회Japanese Labour Camp Suvivors Associstion'의 아서 티더링턴Arthur Titherington은 BBC 인터뷰에서 이렇게 말했다. "이것은 우리가 원한 방식이 전혀 아니며 동료들은 이 제안을 대번에 거절할 것입니다. 기본적으로 일본 정부는 우리가 모두 죽기를 기다리면서 사과하거나 보상하지 않고 그냥 넘어갈 수 있다고 생각하는 것 같습니다."

국가의 역사적 속죄는 외교 전략과 선거 캠페인으로 활용될 수 있는 가치를 지녔지만, 언제나 사과의 핵심 기능을 완수하는 것은 아니다. 나야르는 사과를 통해 "이전의 가해자와 희생자 또는 양자의 후손이 참여하는 토론의 장이 마련돼 양자를 이어줄 대화의 공간이 열린다"[12]라고 주장하지만 새로운 문제를 낳기도 한다. 공개적으로 사과할 경우 사과를 받는 쪽 또한 수용하면 수용하는 대로, 거부하면 거부하는 대로 그에 대해 책임을 져야 한다.

기업의 역사적 사과

미쓰비시Mitsubishi는 제2차 세계대전 중 강제 노동의 수혜를 누린 기업 중 하나다. 이 회사는 광산에서 강제 노동을 시킨 수용자들에게 전임자를 대신해서 사과하겠다고 결정하면서 미국 캘리포니아 주에서 활동하는 일본 출신의 작가 키누에 토쿠도메Kinue Tohudome와 접촉했다. 미쓰비시 측은 '전쟁포로에 관한 미일 대화US-Japan Dialogue on POWs'라는 단체의 설립자이자 대표이기도 한 토쿠도메에게 전쟁포로들이 자신들의 사과를 받아들이리라 생각하는지 물었다.

그녀는 미쓰비시 측에 짐 머피라는 전쟁포로를 예로 들어 설명했다. 머피는 사과를 받아들일 가능성이 있는 몇 안 되는 전쟁포로 생존자 중 한 사람이었다. 공영 라디오와 인터뷰를 하면서 그녀는 짐 머피가 수년간 사과를 간절하게 원했지만 최근 들어 생각이 바뀌었다고 말했다. 토쿠도메의 설명에 따르면 머피는 사과를 원했지만 토쿠도메를 통해 미쓰비시 측으로부터 사과하겠다는 의사를 전달받자 혼란스러워했다고 한다. 자신은 여전히 사과를 원했지만, 이미 세상을 떠난 동료들은 살아서 사과를 듣는다고 해도 받아들이지 않으리라는 점을 알았기 때문이다. 그러니 어떻게 그녀가 그들을 대신해서 사과받을 수 있겠는가?

머피의 내적 갈등은 역사적 사과를 표명하는 조직이나 정부가 예상하지 못한 여러 결과 중 하나다. 역사적 사과는 역사적 상처를 치유하는 데는 유용하다. 하지만 사과하는 측이 사과의 원인이 된 사건에 진정한 죄책감을 느끼는 당사자가 아니기 때문에, 그럴듯한 PR

행위로 이용될 수도 있다.

2011년 쿠르드족 학살에 대해 사과했던 터키 대통령 레제프 타이이프 에르도안은 5년 뒤 러시아 전투기 격추 사건이 발생하자 러시아에 사과했다.[13] 러시아는 터키 대통령의 사과를 받아들였으며 일시적으로 단절됐던 국교도 재개했다. 그렇다면 터키 대통령에게 자신과는 상관없는 과거에 일어난 일로 쿠르드족에게 사과하는 일이 과연 러시아 전투기를 격추하여 국제적인 분쟁이 발생한 일이나 터키 군부 세력 중 일부가 자신의 인권 경시 정책을 비난하며 감행한 쿠데타를 진압하는 일만큼이나 중요했을까?

다른 사람을 대신해서 사과하려는 사람은 자신의 이력에도 한 점 부끄러움이 없어야 한다. 국가적인 사과를 마다하지 않았던 캐나다 총리 쥐스탱 트뤼도도 이를 실감했을 것이다. 2019년 3월 트뤼도 총리가 연루된 부패 스캔들이 터졌을 때 이전에 그가 표명했던 국가적인 사과도 그 진정성을 의심받았다. 오늘날의 지도자는 과거 조상들의 행동에 대해 대신 사과하기보다 훗날 미래 세대가 자신의 행동에 대해 사과할 필요가 없도록 현재에 집중하는 것이 가장 현명한 방향일 것이다.

CHAPTER 20

사과 없이 얻은
예상 밖의 수익

4일 만에 매출 100만 파운드를 달성한 기업

우리의 광고를 훼손한 무도한 극단주의자들에게 사과하지 않겠습니다.

−2015년 4월 27일 프로테인 월드

프로테인 월드Protein World 는 아주 최근까지도 잘 알려져 있지 않던 건강보조식품 브랜드다. 초창기 마케팅 활동의 대부분은 리얼리티 TV 스타들이 프로테인 월드의 저지방 단백질 셰이크를 들고 고급 라이프스타일 잡지에 나오게 하는 것이었다. 2015년 4월 프로테인 월드는 약 25만 파운드를 들여 짧은 기간 동안 옥외광고 캠페인을 진행했다.

광고에는 "해변에 갈 몸매, 준비하셨나요?Are you beach body ready? " 라는 광고 문구와 함께 노란색 비키니를 입고 몸매를 강조한 모델이 등장했다. 최근 광고 추세와는 거리가 있는 캠페인이었다. 그 광고는 몸매가 부각되는 모델을 쓰는 전통적인 수법으로 브랜드의 주 고객인 남성을 유혹하려는 듯했다. 대놓고 불쾌감을 주지는 않았지만, 2015년 도브와 팬틴 등이 주도하여 촉발한 "결점을 받아들이세요 embrace your imperfections" 캠페인과 자기 몸 긍정주의 문화와는 확실히 동떨어져 있었다.

탄력 있는 몸매와 도발적인 자세, 과감한 노출과 눈길을 끄는 광고 문구 등 그 광고에는 자기 몸 긍정주의 운동에서 반대하는 모든 요소가 압축돼 있었다. 도브는 나중에 "네, 우리는 해변에 갈 몸매를 준비했어요"라는 광고 문구가 들어가고 몸매가 제각각인 세 명의 모델들이 등장하는 패러디 광고를 시작하기도 했다.[1]

프로테인 월드의 옥외광고가 게재되자마자 며칠 간은 이렇다 할 공격을 받지 않았다. 영국 광고표준위원회의 위임을 받아 광고 규정을 만들어 심사하는 기구인 광고실무위원회CAP에서도 그 광고물에 '심각하거나 광범위하게 불쾌감을 일으킬 요소가 없다'고 통지했다. 그러나 광고에 관한 규제 기관의 판단이 언제나 소비자 반응과 일치하는 것은 아니다. 그 이전에 여성의 신체를 모욕했다며 비난을 받은 빅토리아 시크릿과 탑샵의 사례만 봐도 그렇다.[2,3] 두 브랜드 모두 규제 기관의 심사는 통과했으나 광고 캠페인을 내리라는 소비자들의 압박을 외면할 수 없었고, 결국 큰 비용을 들여 광고 내용을 바꿔야 했다. 빅토리아 시크릿의 경우, 소비자 3만 2천 명이 사과를 요구하며 청원서를 제출하기도 했다.

프로테인 월드의 캠페인에는 문화적 위기를 일으키는 모든 요소가 갖춰져 있었다. 처음에는 아무 문제가 없는 것처럼 보였지만, 소비자들이 프로테인 월드의 광고 속 문제점을 발견하기까지 그리 오랜 시간이 걸리지 않았다.

프로테인 월드의 옥외광고가 런던 지하철에 게재되고 며칠이 지나자 승객들은 트위터에 자신들만의 자기 몸 긍정주의 메시지까지 덧붙여서 프로테인 월드를 비난하기 시작했다. 관련된 해시태그가 생겨났고, 인터넷 청원 사이트 체인지Change.org에 광고를 내리라고 요구하는 청원도 올라왔다. 그 청원에는 4만 명 이상이 서명했으며, 광고표준위원회에 항의한 사람도 378명이었다.[4] 심지어 런던의 하이드파크에서 시위까지 열릴 예정이었다. 프로테인 월드에 커다란 위기가 닥친 듯했다.

모욕적인 공개 사과를 강요하는 움직임도 있었다. 바이럴 뉴스 미디어는 점점 고조되고 있는 논란을 대대적으로 보도하면서 프로테인 월드의 사과를 받아냄으로써 자신들의 힘든 노력이 보상받기를 학수고대하고 있었다. 다른 브랜드들은 그 광고를 패러디로 자사의 제품을 홍보하려고 준비했으며, 소셜미디어 활동가들은 사과 성명이 나왔을 때 이를 비난하고 거부하기 위해 대기하고 있었다. 모두들 단 하나, 프로테인 월드의 협조를 기다렸다. 바이럴 뉴스 미디어의 사과 이슈에서 사과를 요구받는 측의 협조는 대단히 중요하다. 그러나 상황이 수많은 이들의 기대와는 다르게 흘러갔다.

퍼즐의 빠진 조각

–

바이럴 뉴스 미디어가 기업을 모욕하는 시나리오를 그럴듯하게 만들기 위해서는 세 가지 요소가 필요하다. 첫째는 논란의 시점이다. 말실수에 관한 논란이든 불편한 광고에 관한 논란이든 마찬가지다. 둘째는 소셜미디어의 대응이다. 별로 유명하지 않은 계정이나 몇 개 안 되는 트윗이라도 상관없다. 마지막으로 사과다. 프로테인 월드의 경우, 첫째와 둘째 요소는 충분했으나 셋째 요소가 빠졌다. 기업의 공개 사과가 없다면 '사람들이 당황했다'라는 표현을 조금씩 변형하는 정도의 기사 제목밖에 달 수 없다. 수많은 바이럴 뉴스 미디어는 '프로테인 월드가 소셜미디어의 반발로 비도덕적이고 성차별적인 광고에 대해 사과하다'라고 보도하고 싶어서 안달이 나 있었다.

그러나 '성차별적'이고 '신체를 조롱하는' 광고를 보도한 기사가 나간 지 3일이 지났는데도 프로테인 월드는 아무런 움직임을 보이지 않았다. 예상대로라면 이미 백기를 흔들며 공개 사과를 했어야 했다. 그리고 분노의 주기 중 사과 다음 단계인 ('프로테인 월드는 왜 더 많이 사과해야 할까?'와 같은) 해설 기사 단계로 넘어갔어야 했다.

《가디언》이 첫 관련 기사를 낸 지 9일이 지난 4월 24일이 되어서야 프로테인 월드는 BBC의 뉴스비트 프로그램에 성명 하나를 전달했다. 사람들이 기대하던 성명은 아니었다. 내용은 다음과 같았다. "2015년에도 여전히 더 건전하고 더 건강하며 더 튼튼해지기를 열망하는 사람들을 칭찬하는 데 주목하지 않는 소수가 있다는 것은 일종의 수치입니다."[5]

프로테인 월드는 모두의 예상을 뛰어넘어 자신을 비난하는 사람들을 폄하하면서 "칭찬하다", "열망하다", "더 건전하다"와 같은 자기 몸 긍정주의 운동에서 자주 사용하는 단어를 사용해서 되받아치고 있었다. 프로테인 월드는 흥분하지도, 분노하지도 않으면서 여유롭게 그 모든 비난을 되돌려줬다. 앞으로 더 잘하겠다는 공허한 약속이나 거짓 반성, 거짓 성찰은 없었다. 모두의 기대를 저버린 프로테인 월드의 대응에 비난하던 사람들은 혼란에 빠졌다. 그들은 프로테인 월드가 엄청난 PR 참사를 저질렀다며 떠들어댔지만, 프로테인 월드는 아랑곳하지 않았다. CEO 아르전 세스Arjun Seth는 소셜미디어 PR팀에 보너스를 주겠다고 공표하기까지 했다. 지금까지 어떤 기업도 프로테인 월드만큼 공격적으로 대응하지는 못했다.

마케팅 전문가 리처드 스태블리Richard Staveley는 광고 캠페인을 둘러싼 소동은 결과적으로 프로테인 월드에 상당한 이익을 가져다줬을 뿐이라고 평가했다. 그는 그 증거로 2만 명의 새로운 고객, 4일간 100만 파운드의 매출, 2만 명의 새로운 소셜미디어 팔로워 1억 1,300만 명이 본 113개의 개별 기사, 어림잡아 32만 663파운드에 상응하는 광고효과를 들었다.[6]

모든 사람이 아직도 분개하고 있다고 주장하는 영국 소셜 매체 인디 100 등 바이럴 뉴스 미디어들이 계속해서 이를 프로테인 월드의 PR 실패로 보도했지만, 프로테인 월드는 자신을 옹호하는 사람들과 비난하는 사람들 사이에서 '우리 대 그들'이라는 강력한 대립 구도를 만들었다. 당시 트위터 사용자 중에는 프로테인 월드를 격려하고 고무적인 일이라며 칭찬하는 사람도 많았다.[7]

전략적 커뮤니케이션 대행사 루이스의 설립자인 크리스 루이스는 소셜미디어의 요란한 피드백에 관해서만큼은 실용주의로 대응해야 한다고 역설했다.

소셜미디어를 면밀하게 관찰해봐야 더 쉽게 판단할 수 있습니다. 당황스러운 일이 생길 때는 먼저 대응 여부에 관해 판단해야 합니다. 때로는 대응한다는 사실만으로 관심을 받아서 순교자가 될 수도 있습니다.

순교자는 매우 적절한 표현으로 프로테인 월드는 티끌만큼도 순교자가 될 생각이 없었다. 게다가 브랜드를 옹호하는 사람은 점점 늘고 있었다. 한 소셜미디어 사용자는 심지어 이렇게 썼다. "나는 통통한 편인데도, 프로테인 월드의 광고를 보고 불쾌하기는커녕 오히려 자극을 받았어요. 대단한 광고예요. 싫어하는 사람들 때문에 오히려 유명해졌거든요."[8]

소외 마케팅
—

프로테인 월드는 처음 광고 캠페인을 시작했을 때 어느 정도 반발을 예상했던 것 같다. 물론 '해변에 갈 몸매 준비'라는 표현이 그 정도로 주목받을지는 몰랐겠지만, 그것과는 상관없이 그들에게는 혹시 모를 비난에 대처할 계획이 확실히 있었던 것이다. 그들은 비난에 개의치 않았고, 태연한 자세로 위기에 대응했다.

프로테인 월드 말고도 사과하지 않는 것을 마케팅 전략으로 채택했던 브랜드는 또 있다. 몇몇 창의적인 커뮤니케이터들은 오만한 태도로 어떤 기회를 만들어낼 수 있을지를 오래전부터 알고 있었다. 수제 맥주 제조회사 브루독BrewDog은 규제 기관으로부터 제재를 당하자 '#sorrynotsorry(사과하면서도 잘못은 없다고 생각할 때 쓰는 표현 - 옮긴이)'라고 대응하여 새로운 팬들을 얻었다. 소셜미디어에서 분노를 일으키는 칠판 메시지로 유명한 런던의 브릭 레인 커피Brick Lane Coffee 설립자는 바이러스처럼 퍼져가는 몇몇 위험하고 기발한 간판에 대해《런던 이브닝 스탠더드》가 싸움을 걸어왔을 때 직원들에게 단도직입적으로 '설명하지 마라, 불평하지 마라'라고 지시했다. [9]

영국의 할인 소매업체 파운드랜드Poundland도 대중들의 비난에 이와 비슷한 유연성을 발휘했다. 2017년 이 업체의 '개구쟁이 요정' 캠페인이 여성 혐오증과 성차별주의자라는 비난을 받아 광고표준위원회의 규제를 받아 금지된 적이 있다.[10] 이 업체의 대변인은 사과를 거부했을 뿐 아니라 일부 대중의 비난을 '찻잔 속의 태풍'이라고 부르고는 "우리의 농담을 받아들이지 못한 사람들이 그렇게 적다니 매우 기쁘다"고 빈정댔다.

놀랍게도 이 브랜드들은 하나같이 처음 자신들을 곤경에 빠뜨린 바로 그 행위를 포기하지 않고 고수했다. 2015년 7월 프로테인 월드는 미국에서도 '해변에 갈 몸매 준비' 캠페인을 선보이며 런던보다 더 따듯한 환영을 받았고, 브릭 레인 커피는 어느 때보다도 신랄한 간판 광고를 계속했으며, 파운드랜드는 2018년 크리스마스 즈음에 1년 전의 논란이 '광고 규제 기관이 저지른 최악의 결정'이었다고 선언하면서 개구쟁이 요정 캠페인을 다시 진행했다.

이 브랜드들의 움직임에 화답하여 사과하려는 유혹에 저항하는 조직의 가치를 이해한다는 신호를 보여준 미디어도 있었다.《메트로》의 케이티 벅은 "파운드랜드는 가격 인하 크리스마스 캠페인에 대한 고객들의 찬사를 워낙 많이 들어서인지 자신의 고객이 무엇을 원하는지 잘 아는 것 같다"[11]라고 언급한 후, 장난감 요정이 바비 인형 앞에서 성행위를 흉내 낸다고 악의적으로 해석한 소셜미디어 댓글을 골라서 나열했다.

비난을 받아들이기는 쉽다. 훌륭하거나 멋진 이미지가 확실하게 구축되지 않았다면 더더욱 그렇다. 하지만 앞에서 소개한 브랜드들은 비난을 예상하고 이에 대비했다. 그들은 자신을 비난하는 사람들과 미디어들에 굴복하지 않고, 자신들의 충성 고객과 잠재 고객들에게서 그동안 잃었던 것보다 더 많은 것들을 얻으려 했다. 이 브랜드들의 평판을 책임 있게 지키며 높여주는 고객들은 반사적으로 사과하는 다른 조직의 고객과 다른 점이 있었다.

이 브랜드들은 자신의 고객들이 상대방에게 사과하기를 바라지 않는다는 점을 본능적으로 알았다. 예를 들어 프로테인 월드는 몸매 관리나 유지를 위해 헬스장에 가는 사람들을 대상으로 체중감량에

도움을 주는 제품을 판다. 그러니 체중 조절 제품에 지갑을 여는 데 관심이 있는 사람만이 프로테인 월드에 상업적인 가치가 있는 것이다. 프로테인 월드는 광고를 강력하게 옹호함으로써 자신의 현재 고객과 잠재 고객의 가치를 강력하게 옹호한 셈이다.

브랜드를 향해 숭고한 사회적 목적에 기여하라고 촉구하는 연구 결과와 전문가 의견도 많지만, 프로테인 월드는 그와 다른 길을 보여줬다. 비난을 불가피한 것으로 받아들이고 이에 강력하게 대응하는 커뮤니케이션 전략이 고수익을 보장하는 성장 경로일 수 있다는 것이다. 런던의 마케팅 대행사 센스Sense에서 마케팅 측정과 가치 평가 전문가로 활동하는 알렉스 스미스Alex Smith는 이를 진실성integrity이라고 불렀다.

스미스는 마케팅 잡지 《캠페인》에서 "프로테인 월드는 행동을 통해 마음에서 우러나온 진실성을 보여준 브랜드 중 하나로 두각을 나타내고 있으며 그에 대한 보상을 받고 있다"라고 평가하면서 "좀 과장해서 말하면, 프로테인 월드의 고객들에게는 이노센트, 파타고니아, 벤앤제리스, 바디샵을 다 합한 것보다 프로테인 월드가 더 소중하다"라고 결론지었다.[12]

프로테인 월드 같은 브랜드들은 고객이 아닌 사람들의 비난에는 개의치 않고, 현재 고객들의 가치를 중요하게 여겼다. 브랜드가 고객과 청중의 차이를 이해할 때 비로소 더욱 진정한 마음가짐으로 고객의 기대에 부응할 수 있다. 자신의 고객에 대해 더 많이 알수록 사과해야 할 이유 또한 점점 더 줄어든다.

광고에 대한 비난이 잦아든 다음 광고표준위원회에서 프로테인 월드의 광고를 규제하기는 했으나 '해변에 갈 몸매 준비' 광고는 아니었다. 위원회는 몇 가지 체중감량 주장에 이의를 제기하며 소규모의 인쇄 광고를 금지했지만 전체적인 흐름에 영향을 미치지는 못했다. 이 전쟁의 승자는 프로테인 월드였다.

비⁺고객을 기분 나쁘게 하는 접근법

–

브랜드들은 소비자를 잘 알고 있다는 점을 이용해서 소비자들을 기분 좋게 하거나 적어도 그러려고 애쓴다. 세계에서 가장 큰 광고 행사이기도 한 슈퍼볼 2019년 중계방송에서는 버드와이저나 도요타, 에어비앤비 등의 드높은 자부심을 담은 광고들이 끝없는 퍼레이드를 펼쳤다.

《애드위크》의 에릭 오스터는 슈퍼볼 광고 퍼레이드에 대해 "한 맥주 브랜드는 자신이 저지른 참사의 해결 노력을 치켜세웠고, 한 자동차 브랜드는 성평등을 지지했다. 한 숙박 공유 업체는 다양성을 확보하겠다고 주장했다"라고 요약하면서 "최근 몇 년간 공익에 앞장서겠다고 주장하는 브랜드들이 대거 등장하고 있으며, 이들이 가장 화려한 광고 축제인 슈퍼볼에 진입하려는 경향이 두드러지고 있다"라고 덧붙였다.[13]

'고객을 기분 좋게 하는' 접근법을 뒤집으면 '비고객을 기분 나쁘게 하는' 접근법이 된다. 마케터들이 브랜드의 가치를 강화하기 위해 비고객에게 고객이 아님을 강조하는 접근법이다. 현명한 브랜드는 증폭되는 비난과 분노, 그리고 헐뜯는 감정을 어떻게 마케팅의 승리로 바꿀 수 있는지를 깨우치고 있다. 그 유일한 비결은 쉽게 사과하지 않는 것이다.

자기 부족 우선주의

–

소비자와 청중 집단을 문화적 '부족部族'이라고 생각해보자. 각 부족에는 서로 겹치기도 하는 다수의 소집단, 즉 부족 내 부족이 들어 있다. 브랜드 홍보의 기본 채널로 자리 잡은 소셜미디어는 사람들을 주로 두 가지 부족, 즉 진보적인 부족과 전통적인 부족 중 어느 한쪽에 속하도록 몰아가는 경향이 있다. 이 두 가지가 나뉘는 지점은 멀리하기 마케팅의 결정적인 교차점으로 고객과 비고객을 구분할 때 적극적으로 활용할 수 있다.

브랜드도 이 두 가지 주요 부족 중 하나에 속한다. 스타벅스, 벤앤제리스, 파타고니아는 명확하게 그리고 의도적으로 진보적 가치에 속해 있다. 미국의 칙필레(2018년 6월 트위터의 CEO 잭 도시가 식사했다는 이유만으로 사과한 적이 있을 만큼 진보적인 부족이 피하는 닭고기 요리 전문 식당), 영국의 펍 체인 웨더스푼, 미국의 공예품 상점 하비로비는 그 반대편에서 전통주의를 당당하고 자랑스럽게 내세우고 있다.

브랜드들은 불화를 일으키는 특별한 쟁점에 개입하여 한 부족과 강력하게 소통하면서 다른 부족을 멀리하기도 한다. 물론 계속 변화하는 문화적 판단 기준에 따라 또는 상업적 이해를 좇아서 놀라울 정도로 민첩하게 태도를 바꾸기도 한다. 세계 최대의 광고주 P&G는 광고를 통해 '엄마들의 자랑스러운 후원자'(대부분 엄마들이 기저귀, 세제, 잡화 등을 구매한다는 논리에서 나온 광고 문구)라고 말한 지 몇 년 지나지 않아서 태도를 바꿔 "우리는 믿어요. 남성이 될 수 있는 최고"라는 자회사 질레트의 캠페인을 통해서 성 고정관념을 타파하자고 주장했다.

청바지 브랜드 리바이스도 반대편으로 소속을 옮겼다. 한때 총잡이 카우보이를 떠올리게 했던 리바이스는 2018년에 '우리 마을 총기 안전 지킴이Everytown for Gun Safety' 단체와 제휴한다고 발표했다. 리바이스의 CEO 칩 버그Chip Bergh는 "총기 규제에 대해 어느 한쪽으로 입장을 정리하면 다른 한편에서는 나쁘게 평가할 수 있지만, 그렇다고 더는 손 놓고 있을 수는 없다"고 말했다. 하지만 그는 정확히 누구에게서 나쁜 평가를 받는지는 밝히지 않았다.

퓨 리서치 센터 자료에 따르면 총기는 노년층이나 농촌 지역 거주자, 고졸 이하의 저학력층이 가장 많이 소유하고 있으며, 청년, 도시 거주자, 대졸 이상의 고학력층에는 인기가 없다고 한다.[14] 총기 보유율이 낮은 청년이나 도시 거주자, 고학력층은 리바이스가 디젤과 같은 경쟁 브랜드로부터 되찾고 싶은 구매 집단이기도 하다.[15] 버그는 리바이스가 1990년대 이후부터 젊은 층이 선호하는 브랜드에서 멀어졌다는 사실을 알고 있었다. 그는 리바이스의 CEO로서 이 같은 상황을 개선하기 위해서라면 총기 소유자가 속한 부족을 기꺼이 멀리할 수 있는 것이다.

'전미총기협회'에서는 리바이스가 이익을 위해 자기 협회 회원들을 따돌린다며 노골적으로 비난했다. "리바이스의 회계사는 한때 우리 모두가 사랑했던 브랜드의 평판이 떨어지더라도 스키니진을 팔기만 하면 그 피해를 충분히 상쇄할 수 있을 것이라고 판단을 내렸다고 추정할 수밖에 없다."[16]

브랜드들이 문화적 위기를 맞을 때마다 정의의 편에 서고자 하는 이유는 이론상으로 그렇게 해야 효과가 있기 때문이다. 마케팅 회사 스프라우트 소셜Sprout Social이 약 천 명의 미국 소비자를 대상으로 수행한 연구에 따르면 3분의 2가량은 자신이 소비하는 브랜드가 정치적으로 분명한 태도를 취하기를 원한다고 밝혔다.[17] 소비는 곧 자기표현 행위라는 주장을 떠올리게 하는 대목이다.[18] 우버가 뜻하지 않게 트럼프 대통령의 이민 정책 반대 시위를 방해했을 때 경쟁사인 리프트는 자신을 차별화하면서 '트럼프 정책에 굳건하게 저항하고 공동체의 가치를 위협하는 문제에 침묵하지 않겠다'고 약속했다.

나이키가 경찰의 인종차별에 대한 항의 표시로 국가 연주될 때 무릎을 꿇어 유명해진 미식축구 선수 콜린 캐퍼닉을 광고모델로 쓰겠다고 발표했을 때, 격분한 백인 우월주의자들은 나이키 상품을 파기하는 장면을 촬영해서 소셜미디어에 올렸다. 그들의 분노는 대단했다. 하지만 중요한 것은 나이키에 쏟아진 분노가 얼마나 컸는지가 아니라 나이키에 분노한 이들이 누구인가였다.

트럼프 대통령은 나이키 광고가 끔찍한 메시지를 전했다고 언급했으며,[19] 트럼프의 취임식 행사에서 공연했던 컨트리 음악 가수 존 리치는 자신의 음향 엔지니어가 양말에서 나이키 로고를 잘라내는 장면을 촬영하여 공개했다.[20] 켄터키 주 코울런 시의 시장 앤드류 스콧은 나이키와 "공식적으로 절교했다"라고 말했다.[21]

나이키 광고 캠페인의 슬로건은 '신념을 가져라. 설령 모든 것을 희생하더라도'였다. 나이키는 새로운 광고 캠페인을 통해 자신들이 포기해야 할 대상을 정확히 알고 있었다. 바로 트럼프 대통령 지지자들, 컨트리 음악 가수들과 보수주의자들이다. 나이키의 매출은 광고 캠페인을 시작한 그다음 주에 31퍼센트나 급등했다. 《타임》은 '분노 속에서도 캐퍼닉이 출연한 광고 이후 나이키 매출은 늘어났다'라고 기사를 내보냈지만, 정확히 표현하자면 '분노 속에서도'가 아니라 '분노 때문에'가 맞다.

브랜드는 확실한 기회를 놓쳐서는 안 된다. 또한 한쪽을 선택하면 반대편에게는 사과하지 말아야 한다. 하나의 부족과 멀어지고 그들에게 사과를 거부함으로써 자기편 부족에게 확실한 신호를 보낼 수 있다. '우리가 당신의 가치를 공유했다. 이제 우리가 적을 멀리하는 모습을 지켜보라.' 이 신호는 비싼 대가를 치르는 듯해도 실제로는 보기보다 비싸지 않다. 한 브랜드가 제품을 더 많이 구입할 수단도 능력도 소유하지 못한 부족을 소외시키려면 약간의 위험을 감수해야 한다. 파타고니아의 설립자 이본 쉬나드Yvon Chouinard는 그 누구보다 브랜드의 목적을 잘 이해하는 사람으로 다음과 같은 유명한 말을 남겼다. "당신이 만약 50퍼센트의 사람들을 화나게 할 수 없다면 충분히 노력하지 않은 것이다."[22] 물론 한 부족의 전체 구성원을 언제나 멀리할 필요는 없다는 점도 명심해야 한다.

실제 부족처럼 문화적 계층으로 구분되는 부족에도 연장자가 있다. 이들은 대부분 그 집단에 영향력을 발휘하며, 부족의 미덕과 열망의 대리인이 된다. 어떤 경우에는 출세 지향적인 문화적 우두머리들이 자원해서 한 부족에 붙어 다른 한쪽과 대치하기도 한다. 영국의 방송인 피어스 모건Piers Morgan이 그 좋은 사례다. 그는 정치적 올바름에 반대하는 전통적인 부족의 지지자로서 이른바 '눈송이 세대 snowflake generation'(극도로 예민하고 자기중심적인 젊은 계층 - 옮긴이)가 너무 예민하고 공격적이라고 틈만 나면 호되게 지적했다.

2019년 1월 모건은 트위터에서 영국의 제과점 체인 그렉스가 출시한 채식주의자를 위한 비건 소시지 롤에 대해 '정치적 올바름에 굶주린 광대' 같은 제품이라고 비난했다. 그의 의도와는 상관없이 그렉스 측에서는 모건의 트윗 글을 매우 반겼을 것이다. 모건이 트위터에서 그렉스의 비건 소시지를 언급함으로써 오히려 제품 출시가 널리 알려졌을 뿐만 아니라 모건을 싫어하는 사람들이 그렉스의 고객이 될 가능성이 높아졌기 때문이다. 그렉스는 모건의 비난에 "안녕하세요, 피어스. 기다리고 있었어요."라고 답했다.

물론 실제로 모건의 트윗 글을 기다렸을 가능성도 있다. 피어스 모건과 그렉스는 과거에 같은 PR 회사를 이용했기 때문이다.[23] 당연하게도 PR 대행사 테일러 헤링은 그 行爲가 기획됐다는 사실을 부인했다. 한편 간결하고 함축적인 그렉스의 응답은 2만 개 이상의 트윗과 14만 5천 개의 '좋아요'를 받았다. 그렉스가 출시한 비건 소시지는 순식간에 동났다. 모건은 나중에 그렉스가 자신에게 큰 수표 한 장을 빚졌다는 트윗을 농담처럼 올렸다.

2주 후 모건이 마케팅에 도움을 준 브랜드가 하나 더 늘었다. 이번에는 논란이 일었던 "우리는 믿어요. 남성이 될 수 있는 최고"라는 광고 캠페인의 주인공 질레트였다. 모건은 그 광고에 대해 "미덕 과시용 정치적 올바름의 헛소리"라고 언급하면서 평생 질레트를 사용해온 고객으로서 자기 입장을 고수하겠다고 다짐했다.

모건이 트위터로 보여준 발작적인 분노와는 별개로 그 광고는 이미 욕을 바가지로 먹었다. 광고가 나간 지 두 달도 채 안 돼서 유튜브에서 2,900만의 조회 수와 120만 개의 비공감을 받은 것이다. 질레트를 비난하는 사람들의 절대다수는 남성으로 수많은 남성을 고객에서 소외시킨 질레트의 결정이 상업적으로 최선이라고 말할 수는 없다. 하지만 당시 질레트의 남성용 면도기를 사는 사람들 중 절반이 여성이라는 점을 볼 때 일견 의미 있는 선택일 수도 있다. 경영 컨설팅 회사 칸타르에서는 다음과 같은 조사 결과를 발표했다.

'남성용' 면도기의 구매자를 살펴보면 50.5퍼센트가 남성이고 49.5퍼센트가 여성이다. (……) 그렇다고 해서 여성이 반드시 아들과 남편을 위해 남성용 면도기만을 구입한다는 뜻은 아니다. 여성 다섯 명 중 한

명(영국에서 18퍼센트, 미국에서 22퍼센트)은 여성용 면도기를 구입한다.[24]

광고 관련 잡지인 《캠페인》의 트렌드 에디터 니콜라 켐프는 질레트 캠페인의 긍정적인 면을 발견하고 '모건을 열 받게 하는 일은 효과적인 마케팅 전략'이라고 강조했다.[25] 그녀의 말처럼 브랜드들은 비고객을 소외시킴으로써 충성 고객의 호의와 브랜드 친밀감을 조성할 수 있지만, 그럴수록 비고객들의 분노를 더 많이 불러올 수 있음을 예상해야 한다.

[CHAPTER 21]

세련된 것이
나약한 것은 아니다

영국에서 가장 세련된 브랜드가 사과를 거부한 이유

저희가 5년 이상 판매해온 알로에 베라 화장지에 새겨진 무늬는
단연코 알로에 베라 잎 문양이며,
저희는 이를 공급업체와 함께 조사하고 확인했습니다.

– 2019년 1월 M&S

2018년 마크스앤드스펜서M&S는 여론조사 전문기관 유고브가 선정한 영국의 네 번째 도시형 패션 매장 브랜드로 2017년에는 영국 여성들에게 가장 인지도가 높은 브랜드로 선정되기도 했다.[1] 대다수의 영국 거주자는 M&S를 세련된 브랜드로 인식한다. 많은 사람이 할머니에게 드릴 크리스마스 선물을 살 때나 나들이용 물품들을 장만할 때 찾는 곳이다. 친환경 식자재를 사용하는 식당가에서 자신이 좋아하는 음식을 먹고 작은 모히토 캔을 마시는 여유를 즐기기 위해

M&S 매장을 찾는 사람들도 있다. 비평가들조차 M&S가 '영국 중산층 특유의 고상함을 확인할 수 있는 리트머스 시험지' 같은 브랜드라는 점을 인정한다.

그렇다고 해서 M&S 고유의 세련미를 나약함으로 착각해서는 안 된다. M&S는 겉보기와는 달리 비난에 대처할 때 꾸밈없이 시원하게 핵심만을 말하는 냉철한 구석이 있다. 2018년 11월 소셜미디어에서 불거진 작은 스캔들의 중심에 섰을 때 M&S는 평판 관리에서 가장 중요한 고려 사항이 무엇인지를 보여줬다.

사건의 내용은 다음과 같다. M&S 노팅엄 매장에서 한 쇼핑객이 평소 싫어하던 쇼윈도 디스플레이를 발견했다. 쇼윈도에는 주름 장식이 많은 헐렁한 반바지를 입은 여자 마네킹에서부터 정장을 입은 남자 마네킹까지, 여러 마네킹이 다양한 옷을 입고 늘어서 있었다. 그 쇼핑객은 그 디스플레이에 대해 남자와 여자가 너무나 대비돼 '구역질이 올라올' 정도이며, 특히 '성 고정관념 폐해의 정상화'에 역행하고 있다며 소셜미디어에 비난을 쏟아냈다.[2]

바이럴 뉴스 미디어들은 그 쇼핑객의 주장 중 가장 눈에 띄고 자극적인 대목을 열심히 기사로 정리하고는 주의 환기용 따옴표를 붙여서 반복 보도했다. 당시에는 미디어가 쉽게 이길 것 같았다. 그때까지 전개된 상황에 반사적 사과가 나올 만한 특징이 다 들어 있었기 때문이다. 나중에는 페미니즘 자선단체까지 그 대열에 참여하면서 M&S 매장의 쇼윈도 디스플레이를 승인한 사람이 누구인지 밝히라고 요구했다. 이쯤 되면 M&S는 납작 엎드려 사과하고 디스플레이를 바꿔야 하지 않을까? 보통은 다들 그렇게 대처했을 것이다.

M&S의 대처법을 살펴보기 전에 M&S가 선택할 수도 있었던 잘못된 대처 방안을 먼저 살펴봐야 한다. 소셜미디어 비난 꾼들에게는 뿌듯한 일이겠지만, 2018년은 여러 브랜드가 비난에 안절부절못하며 사과한 사례가 매우 많았던 해였다.

M&S 쇼윈도 디스플레이에 관한 논란이 불거지기 몇 주 전이었다. 호주 브리즈번에 있는 고급 호텔 소피텔 브리즈번은 남녀 한 쌍이 침대에서 아침 식사를 즐기는 장면이 나오는 광고 때문에 M&S와 마찬가지로 성 고정관념에 대한 논란에 휩싸였다. 광고 속 남성은 금융 전문지를 읽고 있었던 반면 여자는 패션 잡지를 읽고 있었다는 것이 문제가 됐다. 약간의 성차별 요소에도 큰 비난이 일었던 2018년의 기준으로 봐도 불편하지는 않은 광고였다. 하지만 호주의 일간지 《디 오스트레일리안》 부동산 담당 기자의 심기를 건드리기에는 충분했던 모양이다. 그 기자는 트위터에 이런 글을 올렸다. "안녕 소피텔 브리즈번, 거기 조식은 매우 맛있어 보이네요. 하지만 여자인 나도 《파이낸셜 리뷰》를 날마다 읽는다는 것을 알려주고 싶어요."

사실 그녀의 트윗이 많은 관심을 끌지는 못했다. 2019년 1월 기준으로 리트윗 128회, '좋아요'는 903회, 댓글은 약 400개에 불과했다. 그녀의 트윗 글에 공감한 사람도 있었지만, 대다수는 광고의 내용이 아니라 그녀의 비난을 문제 삼았다. 그렇지만 그것은 중요하지 않았다. 그 호텔 역시 M&S처럼 한 기자에 의해 모욕을 당했다는 것이 중요했다.

그 사실만으로도 뉴스 기사가 만들어졌다. 처음에는 호주 뉴사우스웨일스 주 리즈모어에서 발행되는 《노던 스타》만이 '여성을 화나게 한 호텔 광고'라는 제목으로 이를 보도했다. 이 사건은 소셜미디어와 한 지역 뉴스 아울렛에 한정된 사소한 실랑이로 그쳤어야 했다. 그런데 그때 소피텔 브리즈번은 소심한 조직이 비난받을 때 하는 행태를 보였다. 지금은 삭제된 트위터 계정에 다음과 같이 사과한 것이다. "고객님의 생각을 말씀해주셔서 감사합니다. 성 고정관념을 나타내려는 의도는 없었지만, 고객님이 그렇게 느끼실 수도 있다고 생각하며 이로 인해 조금이라도 불쾌하셨다면 사과드립니다."

소피텔 측은 사과했을 뿐 아니라 광고를 내렸으며, 다음과 같이 덧붙임으로써 비난거리를 찾아 소셜미디어를 헤매는 바이럴 뉴스 미디어와 비난 꾼들을 불러들였다. "그 광고에는 미래의 모습을 상상한 장면이 표현돼 있습니다. 추가로 토론하고 싶은 것이 있으면 언제라도 저희에게 DM을 보내주시기 바랍니다."

그 후 어떤 일이 벌어졌을까? 소피텔은 사과로 그 문제가 해결되기를 바랐겠지만, 그렇지 않았다. 소피텔의 사과 관련 보도는 전세계로 퍼졌다. 야후닷컴, 뉴스콥 오스트레일리아, 폭스뉴스, 《데일리 메일》, 《데일리 미러》 등 주요 미디어에서 먹잇감을 낚아채듯이 소피텔의 사과 글을 덥석 물었다. 사과하는 트윗 글 하나로 사소하게 시작된 문제가 전 세계적인 화젯거리가 된 것이다.[3~7]

사과 전에는 어떤 미디어도 《노던 스타》 기사에 관심을 갖지 않았다. 이 사실은 대단히 중요하다. 《노던 스타》에서 관련 내용을 보도했고 트위터에서 비난하는 글도 제법 있었지만, 소피텔이 걱정할 만한 상황이 아니었으며 사과할 만한 상황은 더더욱 아니었다. 실은 사과하는 것보다 사과하지 않기가 훨씬 쉽다. 대신 조직 내 소셜미디어 담당자들만이 미디어가 퍼붓는 무차별 공격과 소셜미디어가 쏟아내는 비난으로 강도 높은 스트레스를 받을 뿐이다.

대다수의 사과 보도는 한 마디로 당돌한 트위터 사용자들이 거대 기업과 대결하는 이야기였다. 하지만 실제로는 몇 안 되는 지역신문 기자들이 한 사원급 직원에게 아니면 그 광고와는 관계도 없는 한 신입 직원에게 사과를 요구한 것이 부풀려졌을 가능성이 크다. 소피텔 브리즈번은 트위터 계정을 전 세계 신문에 사과가 보도된 지 하루만인 10월 10일 폐쇄했다.

비난에 맞서서 조직을 방어하는 방법

–

그렇다면 사소한 온라인 비난에 대처하는 방법은 무엇일까? 이제 몇 주 전으로 빠르게 돌아가서 M&S 사건을 살펴보자. M&S는 사과해야 할 것 같은 유혹에 넘어가지 않았다. M&S 대변인은 숱한 비난에 대응하면서 감정에 휘둘린 다른 대변인들과는 달리 먼저 사실을 제시했다.

M&S는 특히 크리스마스 때 다른 매장보다 더 많은 형태, 크기, 스타일

의 언더웨어를 판매하고 있습니다. 저희는 크리스마스 시점에 꼭 입어야 할 다양한 의상을 선정하여 광범위한 캠페인을 벌이고 있었으며, 쇼윈도에서 보여드린 대로 M&S 정장을 말쑥하게 빼입은 데이비드 간디(영국 출신의 세계적인 패션모델 - 옮긴이)와 M&S 파자마를 잘 갖춰 입고 서로 끌어안고 있는 가족은 그중 하나의 조합일 뿐입니다.[8]

미디어의 떠들썩한 비난과 관심에도 아랑곳하지 않고, M&S는 이처럼 간단하게 사실을 설명함으로써 사과를 거절했다. 미디어가 그렇게 간절히 바라던 '죄송하다'라는 말을 사용하지 않은 것이다. 비난의 확실한 근거가 되어줄 사과의 표현을 듣지 못한 뉴스 아울렛은 막연한 주장에 기대어 비난하거나 또는 증거 없는 논란을 일으키거나 성차별 논쟁만을 보도했다.[9]

보통 이 정도 상황이 되면 소비자들은 습관적으로 브랜드가 당연히 사과할 것이라고 생각한다. 소비자들은 다음과 같은 시나리오를 예상했을 것이다. 누군가가 어떤 조직을 비난하면 미디어는 의도적으로 풍파를 일으키고, 조직이 사과하면 미디어는 더 큰 비난을 퍼붓고, 조직은 다시 사과하는 시나리오 말이다. 소피텔의 소셜미디어 담당자는 압박에 못 이겨 그 시나리오에 따랐지만, M&S 담당자는 그렇지 않았다.

시나리오를 따르지 않음으로써 M&S는 사과했다면 짊어져야 했을 무거운 부담에서 즉각 풀려났다. 더 잘하겠다느니, 반성하겠다느니, 사태를 바로잡겠다느니 하는 공허한 약속을 할 필요도 없었다.

M&S의 커뮤니케이션 팀과 현장 직원들은 사과와 함께 찾아오는 개인적인 신상 털기를 걱정할 이유도 없었다. 그저 늘 해오던 대로 일하면 됐다.

M&S는 문제가 된 매장 쇼윈도 디스플레이를 강하게 옹호하면서 이를 공격하는 미디어나 비난 꾼들에게 분명한 메시지를 보냈다. 만약 그 성명에서 자신을 비난하는 사람들에게 심리적으로 굴복하는 모습을 보였다면, 가령 서두에 '불쾌하게 해드릴 의도가 전혀 없었다'면서 안절부절못하는 낌새를 조금이라도 보였다면, 소피텔과 비슷한 결과를 맞이했을 것이다. 기자 출신으로 현재 커뮤니케이션 교육업체 미디어 퍼스트의 콘텐츠 에디터인 아담 피셔는 당시 소비자들의 기대를 실감 나게 표현했다.

> 소비자들은 M&S가 잘못에 대해 흔쾌히 사과하고, 문제를 심각하게 받아들이고 있으며, 이 사건을 계기로 교훈을 얻었다고 발표하기를 기대했다. 그리고 쇼윈도 디스플레이 디자이너가 좋지 못한 결과로 해고됐다는 발표 또한 기대했을 것이다.[10]

예상한 반응이 나오지 않았다고 해서 이를 응징할 방법은 없다. 바꿔 말하자면, 누구든 사과하지 않는 사람에게 할 수 있는 일은 별로 없다. 사과 요구의 표적이 된 조직이 비난을 인정하고 양보할 준비가 되어 있지 않으면 심지어 불매운동을 하겠다는 협박도 소용없다. 사소한 비난에 대처하는 본보기를 만든 M&S는 얼마 후 다시 한

번 이를 활용할 기회를 만났다.

2019년 1월 쇼윈도 디스플레이 논란이 불거진 지 8주가 막 지났을 무렵 M&S는 다시 논란의 중심에 떠올랐다. 누군가가 M&S의 3겹 알로에 베라 화장지에 새겨진 무늬가 '알라Allah'로 읽힐 수도 있다는 글을 한 소셜미디어 계정에 올린 것이다. 앞서 사례로 들었던 H&M의 양말 스캔들을 떠올려보자. 아무리 탈권위주의 시대라고 하지만 특정 종교에 불쾌감을 주면 큰 위험부담이 따른다. 이슬람교는 사실과 상관없이 옵틱스를 용납하지 않는다. 이슬람교뿐만 아니라 다른 종교인이나 종교를 믿지 않는 사람들도 종교 문제에 대해서는 심각하게 생각한다. 우리는 테스코가 2017년 크리스마스 때 굿 프라이데이 맥주 홍보 행사에서 얼마나 신속하게 사과했는지를 잊지 말아야 한다. 소형 브랜드들도 종교적인 불쾌감을 초래하면 발생할 수 있는 문제에 대해 인식하고 있다. 영국 매클즈필드에 있는 작은 맥주 양조장 '체셔 브루하우스'는 맥주 캔에 힌두교의 상징인 옴Ω 기호를 사용했다는 비난을 받자 포장을 바꾸고 영국 힌두협의회에 사과하기도 했다.

그렇지만 M&S는 H&M이나 '체셔 브루하우스'보다 상황이 더 나빴다. 화장지에 넣은 이미지가 심각한 종교적 불경죄를 저질렀다며 비난받았다. 그 제품을 즉시 철수시키라는 청원이 등장하자 6일 만에 5천 명 정도가 서명했다. 소셜미디어에는 M&S 불매운동 캠페인에 동참하라는 해시태그#boycottmarksandspencer가 들불처럼 번졌으며 비난에 관한 보도는 전 세계로 퍼졌다. 상황이 너무 커지자 M&S

는 광고에 대한 대대적인 비난에 어떻게든 대처해야 했다. 하지만 M&S는 사과하거나 제품을 철수하고 싶은 유혹을 끝내 이겨냈다.

M&S는 트위터에 올린 성명에서 이렇게 말했다. "저희가 5년 이상 판매해온 알로에 베라 화장지에 새겨진 무늬는 단연코 알로에 베라 잎 문양이며, 저희는 이를 공급업체와 함께 조사하고 확인했습니다." M&S의 성명은 매우 신중하고 단호하게 메시지를 전하고 있다. 한 발 뒤로 물러선 양보도, 불쾌하게 생각하셨다면 사과드린다는 입에 발린 뉘우침도, 앞으로 깊이 유념하겠다는 뻔지르르한 약속도 없다. 담백하게 사실만을 담아 '그것은 확실히 알로에 베라 잎 모양입니다. 그러니 이제 그만 하시기 바랍니다'라고 말할 뿐이다.

M&S는 공식 트위터에만 성명을 올리지 않고 자신을 비난하는 다른 트위터 계정들에도 한 단어도 바꾸지 않은 채 똑같은 내용의 성명을 여러 차례 올렸다. 내용을 바꾸지 않았다는 것도 흥미로운 사실 중 하나다. 보통 소셜미디어 담당자들은 사과 성명이 모범 답안을 그대로 복사한 것이라는 비난을 피하고자 의도적으로 처음 발표한 성명에서 단어들을 뒤섞거나 미묘하게 바꿔 추가 성명을 발표한다. 하지만 M&S는 그런 사소한 부분에는 신경 쓰지 않았다.

사실 신경을 쓰지 않는 것이 옳다. 알로에 베라 문양이 알라를 모욕하고 있다는 음모론을 믿고 논란을 일으키는 사람들은 진지하게 대우받을 가치가 없다. 무엇을 믿든지 그것은 그들의 자유다. 다만 그렇다고 해서 그들이 믿는 바가 사실과 다른데도 믿는다는 것만으로 사과받을 자격이 생긴다는 뜻은 아니다. 미디어는 M&S가 종교를 모욕하려는 의도로 화장지를 판매하지 않았다는 것을 알았고, M&S도 미디어가 이 사실을 알고 있다는 것을 알았다. 하지만 바이럴 뉴스 미디어는 사실을 알고 있다는 것과는 상관없이 사람들이 자신들의 기사를 클릭하도록 하는 데 혈안이 되어 있었고, 독자들의 관심을 끄는 자극적인 음모론을 더 좋아했다. 음모론이야말로 사람들의 흥미를 자극하는 그야말로 뉴스 아울렛에 안성맞춤인 기삿거리가 아닌가.

'커뮤니케이션 위기'의 재정립

–

M&S는 두 가지를 입증했다. 미디어 보도와 소셜미디어 비난이 반드시 평판 리스크로 이어지지는 않으며, 비난에 대한 대응이 반드시 사과를 뜻하지는 않는다는 사실이다. 제대로 대응하기만 하면 하찮은 비난으로 평판에 피해를 볼 가능성은 적다. 종교 문제와 같은 민감한 주제를 걸고넘어지더라도 마찬가지다.

커뮤니케이션 담당자는 소셜미디어 청중과 실제 고객의 차이를 이해해야 한다. 소셜미디어 공간은 실제 세상이 아니다. 소셜미디어는 실제 세상에서 브랜드의 평판에 아무런 영향을 미치지 않았을 사람들에게 부당한 신뢰와 권위를 부여한다. 소셜미디어에서 활동하는 익명의 비난 꾼들은 아무런 이유 없이 충동적으로 조직을 압박하고 사과를 강요해서 모욕을 주고 있다. 보트(특정 작업을 반복 수행하는 프로그램 - 옮긴이)와 자동화된 계정이 선동적인 내용과 분노를 빠르고 쉽게 퍼뜨린다는 연구 결과를 보면 그 익명의 비난 꾼은 실제 사람이 아닐 수도 있다.[11] 소셜미디어에 의해 평판이 좌우된다고 생각하며 분노 어린 비난을 순순히 받아들이는 브랜드들은 M&S처럼 대응할 수 없다. 그들은 소셜미디어에서 이루어지는 비난을 사과와 교환해야 문제가 해결된다는 그릇된 믿음을 지니고 있기 때문이다.

미디어의 부정적인 관심을 위기로 보고 어떻게든 대응해야 한다는 것도 또 하나의 그릇된 믿음이다. 물론 미디어의 부정적인 관심은 바람직하지 않지만, 그렇다고 반드시 재앙이 되는 것은 아니다. 프로테인 월드의 경우를 보라. 미디어가 '해변에 갈 몸매 준비' 캠페인에 대해 떠들썩하게 부정적인 관심을 보였지만, 프로테인 월드의 고객은 오히려 늘어났다. 매스미디어에 대한 신뢰도는 (개선되고 있다고는 하지만) 아직은 낮다. 갤럽은 미국인 중 미디어를 '어느 정도' 신뢰하거나 '대단히' 신뢰하는 사람이 절반도 안 된다고 추정했다.[12]

이제 조직들은 자신들에게 사과의 공급 측면에 개입할 능력이 있음을 깨달아야 한다. 그 능력이란 전혀 잘못이 없을 때는 세상이 무너져도 사과하지 않는 것이다. M&S는 행동의 기준이 있어서 정말 잘못했을 때는 언제든 사과할 것이다. 구체적인 결점에 대해 사과한 이력이 이를 증명한다. 이것은 사과할 만한 사안과 그렇지 않은 사안을 판단하는 균형감각을 지녀야 가능한 일이다. 사소한 문제에 대한 비난은 조직이 그것에 대처할 수 없을 때만 위기가 된다.

M&S는 지금껏 화장지나 쇼윈도 디스플레이와 관련해서 사과

하지 않았다는 이유로 고통을 겪지는 않았다. 소셜미디어의 여론도 긍정적이다. 주가 또한 그 두 가지 사건 이후에도 떨어지기는커녕 반등했다.[13] 물론 문제가 불거진 시점이 연말이었기 때문에 시장의 관심이 소셜미디어상 화제보다 크리스마스에 더 쏠려 있었다는 점을 고려해야겠지만 말이다. 어쨌든 소비자들은 여전히 M&S에서 쇼핑하고 있다.

불필요한 사과를 거부하는 일이 평판 상의 위기를 막는 가장 신속하고 효과적인 방법이라는 것은 형사사건에서도 확인된 사실이다. 사과하는 데는 비용이 들고, 조직은 불필요한 비용 지출을 피해야 한다. 이에 실패하면 직원들이 부담을 떠안게 되기 때문이다. 단순히 미디어에 잘못을 인정하는 기업으로 호평을 받기 위해 사과할 때 현장 직원들이 받는 부차적 피해는 간과되기 일쑤다. 스타벅스의 사례에서 이에 관한 교훈을 얻을 수 있다. 다른 브랜드들도 그 부분에 주의를 기울여야 할 것이다. '미안하다(죄송하다)'라고 말하는 것은 비난을 받아들인다는 뜻이다. 그리고 비난을 받아들이는 것은 조직에 있는 누군가는 책임을 져야 한다는 뜻이기도 하다. 비난에 전전긍긍하며 대비하지 못한 조직은 직원들에게 사과의 비용을 치르게 한다는 점을 잊지 말자.

멕시코풍 패스트푸드 체인점인 치폴레의 미네소타 주 세인트폴 지점의 한 직원은 기업의 사과가 결국에는 자신의 희생으로 이뤄진다는 사실을 경험으로 알게 됐다. 그 지점의 직원들은 흔히 '먹튀dine and dash'라고 부르는 수법을 사용해 무전취식할 것처럼 보인다는 이유로 고객의 주문을 거부한 적이 있다. 그 장면이 찍힌 동영상이 온라인에 공개됐을 때 치폴레 인사 담당자는 즉각 사과하고는 주문 거부에 가담한 직원 한 명을 해고했다. 그런데 그 직후 문제의 고객이 자신의 수법이 얼마나 절묘한지 소셜미디어에 떠벌림으로써 그 직원의 의심이 타당했다는 사실이 밝혀졌다. 치폴레 인사 담당자는 해고했던 직원을 재고용하면서 소셜미디어가 요구한다는 이유로 내팽개쳤던 그 직원을 향해 두 번째 사과문을 발표했다.

M&S의 사례에서 무엇을 배울 것인가?

‐

M&S는 기업 브랜드로서는 다소 독특한 커뮤니케이션 방식을 사용한다. 알맹이 없이 장황하게 미사여구를 늘어놓지 않고 곧장 사실로 접근함으로써 잘못 해석할 여지를 남기지 않는다. M&S는 위에서 소개한 두 가지 사례에서 모두 많은 기업 사과에서 흔히 나타나는 실수(일반론에 빠지는 등)를 저지르지 않고 비난을 조용히 묵살했다. 비난에 대처할 때 M&S처럼 일정한 기준에 따라 정해진 용어를 사용해 사실만을 전달할 수 있는 조직은 매우 드물다.

M&S는 벤앤제리스와 파타고니아와 비슷한 경영 철학이 있었다. 완벽하지는 않아도 사회적 목적에 관한 일종의 신임장(지속가능성에 솔선수범하는 자세, 윤리적인 공급사슬 구축, 오랫동안 유지된 고임금과 복지 혜택)을 보유한 이들은 여기에 미디어에 공개적으로 사과를 승인

받아야 한다는 요건을 적어둔 적 없다.

파타고니아의 유럽 마케팅 책임자 알렉스 웰러의 말처럼, 마케팅 전략의 일환으로 사회적 목적을 이용하는 조직은 파타고니아처럼 성공할 수 없다. 마케팅 목적을 우선시하는 조직은 대부분 관심에 굶주려 있고 사랑받기를 원하기 때문에 사소한 문제에도 부리나케 사과한 다음 직원들에게 이에 대한 비용을 아무 거리낌 없이 부담시킨다. 그러나 M&S 같은 기업은 확고한 소신이 있고 자신이 지지하거나 지지하지 않는 것이 무엇인지를 스스로 잘 알고 있기 때문에 비난을 받더라도 굳이 호의를 되찾기 위해 애쓰지 않는다. M&S는 비난에 대처할 능력도, 준비도 되어 있는 것이다.

CHAPTER 22

이제 사과 충동을 이겨낼 때

충동적인 사과 대신 문제에
지혜롭게 대응하는 방법

오늘날 사과는 그 진정성을 잃어버릴 위기에 처해 있다. 조직들은 갖가지 불안에 떨며 전전긍긍하고 있다. 모욕당할까 봐 두려워 실패에 대처할 용기를 가지지 못하고, (억울하게) 소송당할까 봐 두려워 사과해야 할 때도 사과하지 않으며, 소셜미디어상의 비난이 두려워 사과할 필요가 없는데도 울며 겨자 먹기로 사과한다. 이 모든 불안감으로 인해 사과의 가치는 점점 떨어지고 있고 위기 커뮤니케이션의 비용은 올라가고 있다.

소셜미디어가 브랜드 진정성의 새 시대를 열었다는 것은 잘못된 믿음이다. 소셜미디어는 소비자와 미디어의 음흉한 습성을 부추기면서 오히려 조직의 진정성 있는 소통을 어렵게 만든다. 진실성과 진정성이 모든 사람에게 가장 필요한 위기의 순간에는 특히 그렇다.

이 책은 위기 상황에 제대로 대응하지 못한 많은 조직(그리고 제대로 대응한 몇몇 조직)의 사례를 활용해서, 위기 시에 어떻게 소통하면 안 되는지를 보여주었다. 하지만 실패를 확인하는 것은 이 책의 역할 중 절반일 뿐이다. 고객에게 진정성을 담아 의미 있는 사과를 전하려면 이 책에서 언급한 실패에서 무엇을 배울 수 있을지, 모욕당하지 않고 존중받으며 책임감 있게 보상하는 방식으로 사과하려면 어떻게 해야 할지를 고민해야 할 것이다. 이제부터 이 책을 쓰는 과정에서 얻은 교훈을 정리해볼까 한다.

지키지 못할 약속은 하지 마라

—

한 기업이 표방한 사회문화적 가치는 (그리고 그 가치가 그 기업의 일상적인 업무와 일치하는지 아닌지는) 사과의 빈도와 진정성에 영향을 미치는 강력한 지표임이 입증됐다. 조직이 표방한 가치는 (구글의 '악해지지 말자don't be evil'와 같이) 구체적으로 드러나든, 아니면 광고나 마케팅이나 사회적 캠페인을 통해 상징적으로 드러나든, 그 조직의 활동에 대한 비현실적인 기대를 만들어내기에 십상이다.

그렇게 되면 조직은 불필요한 부담을 지게 된다. 조직은, 특히 소비자 대상의 브랜드를 소유한 조직은 달성할 가망이 없는 기준을 충족시키려다가 스스로 함정에 빠져 필요 이상으로 사과하게 된다. 펩시처럼 '전 세계를 향한 통합의 메시지'를 전한다고 주장하거나 혹은 도브처럼 '여성의 자긍심을 고양하고 여성의 잠재력을 최대한 발휘하도록 돕겠다'고 약속하거나 구글처럼 행위 규범이라며 밑도 끝도 없이 '악해지지 말자'라는 구호를 외치는 일은 소비자들에게 자신의 치부를 드러내는 짓이나 마찬가지다. 이미 살펴봤듯이 기업이 사회적 책임을 느낀다는 것은 좋은 태도지만, 그것이 마케팅 수법이라면 이야기가 다르다. 어떤 대의를 취했을 때는 구체적이고 확고한 헌신으로 그것을 뒷받침해야 한다.

파타고니아, 벤앤제리스, M&S 같은 브랜드의 경우에는 사회적 목적이 마케팅 수법이 아니라 비즈니스 모델의 일부로 진정성을 지니고 있다. 이들은 공식 사과를 거의 하지 않는다는 점과 비난에 대해 신중하게 대처하며 합리적으로 대응하는 능력이 뛰어나다는 점에서도 돋보인다. 바르게 행동하는 능력을 스스로 확신하고 사소한 일에 대해 미안하다는 말로 과잉 보상하지 않는다.

진정성도 없는 고상한 목적이나 사명을 마케팅 행위로 슬쩍 끼워 넣는 브랜드들이 상대적으로 더 나쁘게 보이는 이유는 (유력 언론에 비싼 돈을 들여 광고를 내고, 특수 계층이 선호하는 제품을 만들어 팔고, 개발도상국의 저임금 노동자에게 하청을 주는) 보통의 거대 조직이나 대기업과 똑같이 행동하기 때문이다. 비즈니스 행위를 하지 않을 수 없는 조직이 소비자들의 지나친 기대를 막고 실망을 줄이는 비결은 과잉 금지의 원칙을 지키는 일이다. 그렇다고 해서 창의성을 버리거나 이익을 포기하라는 말이 아니다. 소비자들의 기호와 훌륭해 보이는 이미지만을 쫓아서 도덕적 순수성의 기준을 지나치게 높게 설정하지 말라는 의미다.

조직들은 (구글의 표어처럼) 악해져서는 안 되겠지만, 정직하고 현실적인 자세로 사회적 목적을 일상적인 기업활동에 적용함으로써 소비자들이 현실적인 기대를 하도록 접근해야 한다. 가령 '직거래 금융상품을 제공'하거나 M&S처럼 '의상과 패션에서 가치와 스타일을 되살리는' 일은 기업의 정상적인 비즈니스 활동이다. 소비자들은 기업이 물건을 팔아 수익을 발생시켜야 한다는 사실을 충분히 이해한다. 이 불편해 보이는 진실을 깨닫는 것이, 아니 적어도 외면하지 않는 것이 소비자의 기대를 관리하는 첫 번째 단계다.

계획을 세워라

–

2014년 언메트릭이 수행한 연구에 따르면, 아메리칸항공은 전 세계에서 사과를 가장 많이 하는 항공사다. 적어도 2014년까지는 그랬다. 2014년 1월부터 4월까지 아메리칸항공은 소셜미디어를 통해 총 2만 3,353번의 공개 사과 글을 올렸다. 하루에 200번꼴이다. 당시 공식 대변인은 아메리칸항공이나 2012년 아메리칸항공과 합병한 US에어웨이에는 "사과 횟수의 제한을 명시한 규정이 없었다"라고 해명했다. 또한 "우리는 고객의 트윗 글을, 고객센터에 걸려오는 전화와 똑같이 취급한다"라는 말도 덧붙였다.[1] 비난에 대처하는 계획을 세우지 않았다는 것은 '죄송하다'는 말의 여부가 고객의 선택에 달려 있다는 의미다. 그것은 심지어 고객이 거짓으로 비난해도 조직이 사과할 수 있다는 뜻이다.

대다수 조직은 예상과 달리 일이 잘못되었을 때를 대비해 위기 커뮤니케이션 계획을 갖추고 있다. 하지만 일이 잘못되지 않았는데도 사람들이 화를 낼 때를 대비해 크고 작은 비난의 목소리에 대처하는 계획을 세우는 조직은 별로 없을 것이다. 비난은 위기가 아니다. 하지만 대응할 만한 계획이 없을 때는 사소한 비난도 위기처럼 느껴지게 된다. 부정적인 평가 때문에 계속해서 맹공을 받거나 억울하게 평판 상의 곤경에 처하기를 원하는 조직은 없다. 따라서 무계획은 경솔하고 근시안적인 판단으로 이어지며, 조직은 자신이 왜 비난을 받으며 그 비난이 과연 타당한지를 고려하지 않고, 비난의 파도를 막는데 급급하며 한바탕 소동을 벌인다.

페이퍼체이스는 《데일리 메일》에 광고를 실었다는 이유만으로 소셜미디어에서 비난을 받았을 때 사실상 아무런 계획 없이 위기 대응을 소셜미디어에 맡겼다. 《데일리 메일》의 주장에 따르면, 페이퍼체이스에 앞으로 《데일리 메일》과 제휴하지 말라고 '압력'을 가한 것은 고작 트윗 글 150개와 페이스북 댓글 250개에 불과했다고 한다.[2] 페이퍼체이스는 '조명 효과'라고 알려진 왜곡된 사고방식에 빠진 듯하다. 조명 효과에 빠지면 자신이 다른 사람들로부터 실제보다 훨씬 더 많은 관심을 받고 있다고 착각하기 마련이다. 아니면 잔뜩 겁을 집어먹고 우왕좌왕했는지도 모르겠다. 페이퍼체이스가 그랬듯이 사소한 비난에 굴복하여 소셜미디어 사용자들에게 사과의 주도권을 넘기는 순간 이미 결론은 정해져 있었다.

사과 대응 계획은 복잡할 필요 없다. 계획을 세우기 시작할 때 다음 세 가지 질문을 던지기만 하면 된다. 당신의 잘못인가? 만약 그렇다면 얼마나 미안해해야 하는가? 사태를 바로잡으려면 어떻게 하면 되는가?

1단계: 미안해해야 할 일인지 결정하라

–

당신의 잘못인가? 당신이 분명히 잘못했다면, 그 대답은 너무 쉽다. 누가 잘못했는지는 대체로 쉽게 드러나지만 분명하지 않을 때도 있다. 그때 '당신의 잘못인가?'라는 질문에 답하려면 정직한 자기반성의 시간을 가져야 한다. 자기반성을 통해 내부 정책을 살펴보고, 문제의 행위가 조직이 내세운 목표와 일치하는지, 아니면 모순되는지를 고심해야 한다. 소비자의 비난이 타당하다는 결론이 나올 수도 있다. 20년 전에 문제가 없었다고 지금도 문제가 없으리라는 법은 없다. 비난받을 때는 일단 그 내용을 들어봐야 한다. 중요한 것은 예상되는 행동 기준이 조직과 업계에 따라 다르다. 당신이 속한 업계가 구식 커뮤니케이션 규범을 버렸을 수도 있고, 그렇지 않았을 수도 있다. 프로테인 월드는 탄력 있고 햇볕에 잘 그을린 수영복 모델을 광고에 사용하고도 무사히 넘어갈 수 있었던 반면, 이노센트 스무디는 그럴 수 없었다.

미안해야 할 이유가 없다면 당신에게는 많은 선택권이 있다. 그

중에 사과한다는 선택지는 없다. 즉, 이유 없이 '죄송하다'고 말해서는 안 된다는 것이다. 아무런 잘못이 없는데도 사과하면 조직의 금융 자산에도 피해를 미친다는 2018년의 연구를 잊지 말아야 한다.[3]

그렇다면 사과하는 대신할 수 있는 일은 무엇인가? 입장을 명확히 하면 추가 비난의 가능성을 낮출 수 있다. 이슬람을 모욕한 화장지를 판다고 비난의 표적이 되었을 때 M&S는 바로 그렇게 대처했다. 사과하지 않고 비난에 대처한 영국의 빈민 구제 자선단체 코믹 릴리프Comic Relief 사례에서도 교훈을 얻을 수 있다. 2019년 3월, 영국의 하원의원 데이비드 래미David Lammy는 코믹 릴리프가 아프리카 국가들에 대해 왜곡된 견해를 가지고 있다며 비난한 바 있다. 이는 일견 타당해 보이는 비난이었지만, 그렇다고 해서 코믹 릴리프가 그나 다른 사람에게 사과해야 할 이유는 되지 못했다. 코믹 릴리프는 자신들이 그와 다른 관점을 가지고 있음을 분명히 밝히면서 자신들은 자선을 목적으로 아프리카 국가들에 관한 다큐멘터리를 제작한 것이니만큼 사과하지 않는다고 대응했다.

여기서 자신의 입장을 명확히 하려면 모호하게 표현하지 말아야 한다는 점을 알 수 있다. 또한 뉘우침을 암시하는 표현을 피해야 한다. 참고로 '아무런 잘못이 없다'는 말만큼은 하지 않아야 한다. 왜냐하면 그 말은 누군가의 기분을 상하게 하기 마련이고, 그렇게 되면 아무런 잘못이 없다고 말해서 미안하다고 사과해야 하기 때문이다. 벤앤제리스처럼 사과하지 않고도 여유롭게 대처할 수도 있다. '고객님의 피드백에 감사드립니다. 저희는 앞으로 고객님의 의견을 참고

할 계획이지만, 새로운 결정, 광고, 가격정책 등을 모두 검토한 다음에 (……)' 하는 식으로 말이다. 아무런 대응을 하지 않을 수도 있다. 위기 대응 커뮤니케이션에서는 아무 말을 하지 않음으로써 많은 말을 할 수 있다.

게다가 아무 말도 하지 않는 것은 비난 꾼을 달래려고 애쓰는 것보다 훨씬 낫다. 비즈니스를 바꿀 계획이 전혀 없다면 특히 그렇다. 조직이 잘못하지 않았으나 잘못한 듯이 행동했을 때 위기 커뮤니케이션에서 가장 비싸고 가장 치욕적인 대가를 치러야 할 것이다. 양말로 곤욕을 치른 H&M이 가장 좋은 사례다. "고객 여러분이 불평하셨기 때문에 저희는 해당 품목을 회수하기로 결정했습니다"라고 하지 않았던가? 더구나 제품 회수에는 큰 비용이 든다.

이와는 달리 2007년 모범적인 사과를 보여준 제트블루는 10년 후 '우리 잘못인가?'라는 질문에 대해서도 모범적인 대응 자세를 보였다. 2017년 7월, 제트블루는 승무원과 다른 승객을 다그치며 위협하는 행동으로 항공기에서 쫓겨난 일가족 다섯 명에게 사과를 거부했다. 이 일이 뉴스의 헤드라인을 장식했을 때 제트블루도 여느 항공사들처럼 눈 딱 감고 한번 사과하고 나서 털어내고 싶은 유혹을 느꼈을 것이다. 그러나 그들은 직원들의 행동을 지지함으로써 진실성을 보여줬다. 제트블루의 대변인은 《데일리 메일》을 통해 그 가족의 탑승을 막아야 한다는 데 전 임직원의 생각이 일치했다고 말했다. "저희는 그 고객들의 행동에 따른 제트블루의 여행 제한 조치가 정당했는지 여부를 조사하고 있으며, 담당 승무원들이 이 불행한 사고를 전

문성 있게 대처한 것에 대해 감사했습니다."⁴

용감한 발언이었다. 그 가족의 어머니가 자신들을 항공기에서 쫓아낸 승무원들을 줄곧 촬영한 동영상이 소셜미디어에 퍼졌으나 여론은 제트블루 편이었다. 항공 무역 관련 주간지 《에어라인 위클리》의 세스 캐플란은 당시 CBS 뉴스에 나와 이렇게 말했다. "소셜미디어가 사람들과 기업이 교류하는 방식을 바꿨습니다. 아시다시피 항공사들은 그 어떤 것에 대해서도 무조건 사과해야 하는 처지가 된 것 같습니다."⁵ 하지만 제트블루는 예외임이 입증됐다면서 이렇게 덧붙였다. "고객이 언제나 옳지는 않습니다."

2단계: 얼마나 미안해해야 할지 결정하라

–

일단 조직이 잘못했다고 판단했다면, 얼마나 미안해해야 할지 결정해야 한다. 이는 생각만큼 쉽지 않다. 뉘우침은 하나의 스펙트럼을 이룰 만큼 그 정도가 워낙 다양하기 때문이다. 에어비앤비는 숙박업체의 기물이 파손되는 '비극'적인 사고로 업무가 '마비'됐다는 기이하고 과장된 주장을 통해 속죄를 과장하면 앞으로 사과할 때 신뢰를 얻을 수 없다는 사실을 알려줬다. 에어비앤비는 사소한 일에도 과장되고 강한 표현을 사용해온 탓에 훨씬 더 심각한 문제를 마주했을 때, 그보다 더 강하고 적절한 사과의 표현을 찾지 못했다. 그렇기 때문에 균형감 있고 쉬운 말로 하는 약속이 중요한 것이다. 과장하지도, 에둘러 표현하지도, 책임을 떠넘기지도 말아야 한다.

3단계: 사태를 어떻게 수습할 것인지 결정하라

—

'사태를 바로잡으려면 어떻게 해야 하는가?'는 아주 중요한 문제다. 회복의 길에 들어서는 첫걸음이기 때문이다. 당신이 가장 먼저 가장 분명하게 해야 할 일은 죄송하다고 말하는 것이다. 사과를 전한다거나 유감을 표명한다고 에둘러 표현하지 말고 죄송하다고 직접적으로 말하라. 이 책에 어째서 그래야 하는지에 관한 많은 사례가 있으니 참조하기 바란다. 그렇다면 어떻게 해야 그 말을 제대로 전달할 수 있을 것인가? 우리가 살펴본 가장 훌륭하고 진정한 사과의 공통 요소는 간결함, 명쾌함, 쉬운 말이다.

가능하면 짧게 표현하는 것이 좋다. 누구에게 무엇 때문에 사과하는지를 분명히 해야 한다. 피해자나 희생자를 문제의 중심에 두고 그들이 어떤 경험을 했는지에 집중하라. 실패를 인정하고 그들이 받은 충격을 알고 있음을 표현해야 한다. 얼버무리거나 피하지 말고, 책임을 전가하지 말고, 자신의 장점을 내세워 문제의 초점을 흐리려 하거나 물타기용으로 정상 참작 요인을 늘어놓으려는 유혹을 이겨내야 한다. 벤저민 프랭클린의 "변명하느라 사과를 망치지 마라"라는 명쾌한 조언을 기억해야 한다. 그리고 쉽게 표현하라. 쉬운 말은 필수다. 전문적인 단어, 애매한 문장, 화려한 문법도 자제하는 것이 좋다. '~(이)라면'이나 '그러나', '아마도'는 절대로 사용해서는 안된다.

얼마만큼 실패했는지 정확히 파악한 후 단어 선택에 신중해야한다. 그만한 잘못이 아닌데도 "대단히 죄송합니다"라고 말하지 마라. 그 말은 실제로 대단한 잘못을 저질렀을 때만 써야 한다. 그리고 에어비앤비처럼 필요 이상으로 강한 뉘우침을 표현한 조직이 어떻게 실패했고, 어떤 대가를 치렀는지 지금까지 충분히 살펴보았으므로, 앞으로 벌어질 사태를 감안해서 최상급의 표현은 자제하는 것이 좋다. 그래도 사람들은 당신이 의미하는 바를 이해할 것이다.

전달 방법도 고려하라. 공개적으로 전달해야 할 사과도 있지만, 개인적으로 전달할 사과도 있다. 진지한 표정으로 사과하라. 연구에 따르면, 미소를 지으며 사과하는 사람의 사과는 받아들여지기 힘들며, 투자자 신뢰도가 떨어질 가능성이 커진다고 한다.[6]

이제 사과의 가장 중요한 부분을 말할 차례다. 소비자들은 당신이 사태를 바로잡기 위해 무엇을 하는지를 보며 당신이 얼마나 미안해하는지를 가늠한다. 제너럴모터스[GM]는 2014년 점화 스위치 스캔들 이후 CEO인 메리 바라의 지휘하에 조직문화 향상에 착수했는데, 이로 인해 고객들은 그 회사가 개선하기 위해 노력하고 있다는 사실만큼은 알게 됐다. 앞에서 살펴본 존슨앤드존슨도 마찬가지다. 이들은 '사태를 바로잡은' 사례를 연구할 때 더할 나위 없이 좋은 소재다.

지금 판매되고 있는 타이레놀 병의 3중 봉합 기술은 제조사인 존슨앤드존슨과 전 CEO인 제임스 버크[James Burke]의 훌륭한 위기관리의 결과로 탄생한 포장이다. 사용하기가 조금 번거롭긴 하지만, 그 포장이 많은 생명을 안전하게 지켰다고 말할 수도 있다. 그 이야기를 하기 위해서는 약 40년 전으로 거슬러 올라가야 한다. 1982년 시카고에서 7명이 청산가리가 주입된 타이레놀 캡슐을 복용한 다음 사망한 사건이 발생했다. 그 사건으로 인해, 미국 최초로 자동차가 아닌 제품에 대한 대규모 리콜 사태가 벌어졌다. 당시 CEO였던 제임스 버크의 지휘 아래 존슨앤드존슨은 현대 위기관리의 청사진을 만들었다. 그 당시 문화적 충격과 비즈니스상의 충격은 실로 어마어마했다. 그 사건으로 미국 전역에 극심한 공포가 퍼졌으며, 그 후로도 수년간 모방 사건이 이어졌다. 2018년《시카고》는 그 사건이 미국 내에서 일어난 최초의 테러 사건일 수도 있다고 주장했다.[7]

제임스 버크는 수사관들이 사망 사건에 타이레놀이 연관되어 있다는 보고를 받고 나서 타이레놀 제품에 독극물이 들어 있을 가능성이 있다며 즉각 미국 전역에서 판매 중이던 약 3천만 개의 타이레놀 병을 전량 회수했다. 당시 시카고 지역 밖에서는 오염된 타이레놀 캡슐이 발견되지 않았지만, 버크는 전혀 망설이지 않았다. 그 다음에 그는 존슨앤드존슨 고문 변호사들의 만류에도 아랑곳하지 않고, 미국 주요 언론사의 뉴스에 출연했다.[8]

그는 TV 생방송에 나가 청중들의 질문에 대답하면서 전 국민에게 소지하고 있는 타이레놀 캡슐을 폐기하라고 말했다. 그리고 타이레놀 캡슐을 가지고 오면 누구에게든 타이레놀 정제를 무상으로 교환해주겠다고 약속했다. 정제 형태의 의약품은 캡슐과 같은 방법으로 독극물을 주입하기가 불가능하므로 보다 안전하다고 볼 수 있다. 교환 시 영수증도 요구하지 않았다.

미국 연방 수사국FBI이 독극물 사건을 수사하는 동안 존슨앤드 존슨은 타이레놀이 같은 범죄 수법에 다시는 악용되지 않도록 막는 강력한 조치를 마련하기 위해 분주하게 움직였다. 존슨앤드존슨이 새로운 변조 방지 포장 방식을 내놓기까지 두 달이 걸렸다. 버크는 TV에 출연하여 차분한 태도로 변조를 막는 새로운 포장 방식을 소개하면서 '존슨앤드존슨이 합리적으로 고안할 수 있는 최선의 보호책'이라고 설명했다. 한편 FBI 수사관들은 타이레놀 캡슐이 존슨앤드존슨에서 제조하여 판매된 이후에 독극물이 주입됐음을 확인하면서 존슨앤드존슨의 법적책임을 사실상 벗겨줬다. 독극물 주입은 엄청난 범죄행위였지만, 타이레놀은 범죄자들에 의해 무기로 사용됐을 뿐이었다.

제임스 버크는 타이레놀 독극물 사건이 일어나자 지속적인 위기관리를 위해 1943년 자신의 전임자가 작성한 문서를 다시 꺼내 보고는, 그 내용의 골조를 살려 기업의 신조를 작성했다. 버크는《세상을 변화시킨 리더들의 힘Lasting Leadership》이라는 책에 실린 인터뷰에서 존슨앤드존슨이 세운 신조에 기업의 의무와 우선순위가 어떻게 담겨 있는지를 소개했다. 고객, 직원, 공동체, 주주 순서였다.[9] 버크는 이 신조가 없었다면 존슨앤드존슨이 무려 1억 달러를 들여 타이레놀 3천만 병을 회수할 수 없었을 것이라고 말했다.

버크는 '죄송하다'는 말을 사용한 적이 없다. 그럴 필요가 없었다. 그는 소비자를 보호하는 동시에 적절한 보상을 제공하는 단호한 행동으로 가장 강력한 사과를 보여줬다. 그 결과 2003년 버크는 윤리 중심 경영에 대한 공헌으로 '대통령 자유 훈장'을 받는 영예를 누렸다. 한 다큐멘터리에서 그는 당시를 떠올리며 이렇게 말했다. "많은 분이 나를 믿어줬지만, 알고 보면 내가 해온 일은 믿기 어려울 정도로 단순했습니다. 내가 할 수 있는 일이 그것뿐이었으니까요."[10]

여유를 가져라

–

2007년 고객 권리장전을 발표한 제트블루의 사과 모델과 존슨앤드존슨의 타이레놀 위기 대응 모델이 성공할 수 있었던 가장 큰 이유는 여유를 가지고 올바른 행동의 경로를 파악하고 나서 이를 꾸준히 실천했기 때문이다. 현대 기업이나 조직들이 그 성공을 따라 할 수 없었던 이유는 여유를 가지지 못했기 때문이다. 소셜미디어와 바이럴 뉴스는 순간을 포착하는 능력에 생사가 달려 있어서 언제나 즉각적인 반응을 요구한다. 사과를 미친 듯이 요구하는 분노 자본주의의 장단에 맞춰 조직들은 비난에 대처하는 듯이 보이기 위해 다급하게 무엇인가를 해야 한다는 강박에 시달린다. 그 과정은 필연적으로 사과로 이어진다.

　제트블루는 소비자 신뢰를 회복할 계획을 세우고, 이를 제대로 시행하기 위해 모든 노력을 기울였다. 이제는 유명해진 유튜브 사과가 올라온 것은 운영상의 위기가 시작된 지 닷새 후였다. 존슨앤드존슨이 완전한 대응 방침을 낼 때까지는 수개월이 걸렸다. 오늘날 만연한 주문형 뉘우침의 경제에서는 너무 긴 시간일지도 모른다. 제트블루는 시간에 쫓겨 반사적으로 사과할 필요가 없다고 판단해 그러지 않았다. 존슨앤드존슨도 자신에게 의지하는 고객의 생명이 달린 중요한 문제였기 때문에 서둘러 대응하지 않았다.

오늘날과 같은 초연결사회에서는 실시간으로 대응하지 않으면 안 된다는 기분이 들지도 모른다. 하지만 조직들은 불필요한 비용 지출을 부추기는 모든 유혹에 맞서야 한다. 그렇다고 해서 비난을 무시하거나 늑장을 부려서는 안 되고, 반성에 필요한 적절한 여유를 가지고 적절한 대응 계획을 세워 실행해야 한다. 반발적이고 충동적인 사과에는 진정성이 담겨 있지 않다. 소비자의 불쾌감이 내부 정책과 기준에 영향을 미치도록 내버려 두는 것 또한 훌륭한 위기 커뮤니케이션 전략이 아니다. 소비자들은 조직들이 더 잘하겠다며 다급하게 내놓은 황당한 약속을 지키기를 기대하게 될 것이다. 만약 당신이 '여유 있는 위기관리'의 이점을 조금 더 확인하고 싶다면 〈빨리하기보다 늦어도 더 잘하기: 시기 선택이 사과의 효율성에 미치는 영향〉이라는 2005년에 발표된 연구가 있으니 그 결과를 참고하기 바란다.[11]

《실험 사회심리학 저널》에 실린 그 연구에 따르면, 여유를 가지고 대응할 때 실제로 사과와 사과를 받는 사람에게 미치는 효과가 높아진다고 한다. 느긋하게 사과할수록 결과에 만족할 가능성이 더 크다는 것이다. 반사적으로 하는 사과는 아무런 호응을 얻지 못할 공산이 크다. 또한 이 연구에 따르면 사과하기에 가장 좋은 시점은 사과해야 할 사람이 반성의 시간을 분명히 가졌으나 다른 사람들이 잊었다는 기분이 들 만큼 오래 끌지 않았을 때라고 한다. 이 시점에 사과하면 효과가 극대화될 가능성이 가장 크다는 것이다.

반사적으로 사과하지 않고 약간의 뜸을 들여 사과하는 행위에 어떤 가치가 있을지를 좀 더 확실하게 알기 위해서는 이제부터 소개할 한 유명 인사가 지금까지의 경솔한 태도를 버리고 신중하고 진심을 담아 여유 있고 차분하게 사과를 하면 어떤 일이 벌어질지 상상해보자. 그는 바로 미국 대통령 도널드 트럼프다.

자신이 트럼프에게 사과를 받아야 한다고 생각하는 사람은 매우 많을 것이다. 그런데 트럼프가 다음 기자회견이나 인터뷰에서 이렇게 말한다고 상상해보라. "힐러리 클린턴에 관한 저의 발언을 다시 생각해보니, 그녀에게 사과해야 한다는 생각이 들었습니다. 제 발언은 잘못되었으며 앞으로는 단어를 더 신중하게 선택하겠다고 약속드립니다." 트럼프가 갑자기 왜 이러는지 알기 위해 사람들은 고민에 고민을 거듭할 것이다. 또는 그에게 무슨 일이 있었느냐고 묻는 사람이 있을지도 모른다. 심지어 누가 진짜 도널드 트럼프를 납치한 것은 아닌지 의심하는 사람도 있을지 모른다. 2010년 발표된 실수할 조짐이 보이는 사과에 관한 연구에 따르면, 트럼프가 사과한다는 상상이 실현되면 그의 인기는 훨씬 더 높아질 것이라고 한다. 만약이지만 이런 일이 실제로 일어난다면, 사람들이 그를 바라보는 관점을 달리하게 될지도 모른다.

부담스러운 사과의 이면

–

지금까지 이 책은 커뮤니케이션 전문가들을 비판했고 그들의 실수를 널리 알렸다. 그리고 사과와 관련된 브랜드와 조직 커뮤니케이션의 갖가지 나쁜 습성을 살펴봤다. 사과를 요구하는 소비자의 감정적인 분노 앞에서 커뮤니케이션 전문가들은 대개 꾸중을 듣는 어린아이처럼 고분고분해지지만, 최근 주목할 만한 또 다른 흐름도 생겨나고 있다.

2019년 4월 트위터 사용자들은 칼스버그의 공식 트위터 계정에서 몇몇 이상한 트윗 글을 발견하고 주목하기 시작했다. 칼스버그는 자사 제품에 관한 비판적이고 비우호적인 트윗 글을 장려하고 있었다. 소비자들은 이것이 실수라고 생각했고, 또는 무능하거나 회사에 불만을 품은 직원의 소행이겠거니 여겼다. 사실은 전혀 그렇지 않았다. 이것은 마케팅 캠페인의 일환이었다. 칼스버그는 2주 후 라거 제품의 제조법을 바꾸고 있다고 발표했다. 제품 출시 캠페인에는 직원이 등장해서 칼스버그를 향한 심술궂은 트윗 글을 읽었다. 비우호적이고 때로는 솔직히 불쾌하기까지 한 트윗은 수상했지만 이상하게 통쾌하기도 했다. 기업과 조직들은 소비자가 일상적으로 던지는 식의 혹평을 언제부터 진지하게 받아들이게 됐을까?

조직의 소셜미디어 계정을 향한 분노는 그냥 사라지지 않는다. 누군가는 읽게 되어 있다. 대부분의 경우 그 누군가는 '사회적 경청'(소셜미디어에서 정보를 추출하여 브랜드 또는 기업의 인기를 계산하는 방법 - 옮긴이)과 감성 분석(어떤 주제에 대한 주관적 인상, 감점, 태도, 개인의 의견 등을 텍스트로부터 뽑아내는 분석법 - 옮긴이)의 도구를 통해 이를 분석한 후 조직이 사람들에게 어떻게 인식되고 있는지 정리하여 임원에게 보고한다. 이러한 분노, 혐오감, 비난 등을 수집하고 분석하는 것이 바로 그 누군가의 업무이며, 그런 자료가 더 많을수록 대답할 질문도 더 많아진다.

대다수 기업이나 조직의 소셜미디어 계정 뒤에는 소비자들이 쏟아내는 비난을 듣는 것이 업무의 일환인 실무자가 있다. 2019년 3월 도미노피자의 CFO가 브렉시트를 반대한다는 표시 몇 개를 자신의 개인 트위터 계정에 올렸더니 성난 소비자들이 도미노의 공식 계정으로 몰려가 분통을 터뜨렸다. 도미노피자의 소셜미디어 계정을 담당하는 불쌍한 실무자는 그날 똑같은 응답을 셀 수 없이 복사해 붙이면서, 도미노 직원이라면 누구든 각자 자신의 의견이 있을 수 있으며 그것이 반드시 회사의 의견을 대표하지는 않는다고 해명했다.

이날 도미노피자 트위터로 몰려간 사람들은 트위터를 통해 실무자에게 분노를 터뜨리면, 세계 최대 피자 판매업체의 영국지부 CFO를 혼낼 수 있다고 믿었을까? 아니면 보여주기식으로 분노하면서 기분을 풀어보자는 계획이었을까? 어느 쪽이든 브렉시트 반대 표시로 뜨거운 분노를 접한 사람은 CFO가 아니라, 어쩌면 CFO를 한 번도 만나본 적도 없는 실무자였다.

매뉴얼대로 수백 번쯤 사과하고 쏟아지는 분노의 댓글들을 처리하느라 허우적대면서 소비자의 불평에 대응하는 사람이, 정책을 수립하거나 광고를 승인하거나 그 불평과 관련된 제품을 고안한 사람과 동일 인물일 가능성은 거의 없다. 소셜미디어의 최전선에서 소비자들의 분노를 받아내는 실무자의 고통과 스트레스가 얼마나 클지 상상할 수 있겠는가? 모든 조직의 사과 뒤에는 한 사람, 혹은 몇 사람으로 구성된 하나의 팀이 자신의 업무를 처리하려고 애쓴다는 사실을 소비자는 물론 바이럴 뉴스 미디어, 소셜미디어 업체, 커뮤니케이션 산업에서 일하는 모든 사람이 기억했으면 한다.

들어가며

1 Office for National Statistics (2019) Let's get married. OK – when?, www.ons.gov.uk/visualisations/marriages/marriages/index.html (archived at https://perma.cc/LL3J-X93D)

2 Office for National Statistics (2019) Let's get married. OK – when?, www.ons.gov.uk/visualisations/marriages/marriages/index.html (archived at https://perma.cc/LL3J-X93D)

3 Marketwatch (2019) Moss Bros. Group plc, www.marketwatch.com/investing/stock/mosb/financials (archived at https://perma.cc/C2ZQ-PNM3)

4 Grabmeier, J (2016) The 6 elements of an effective apology, according to science, Ohio State University, 12 April, news.osu.edu/the-6-elements-of-an-effective-apology-according-to-science/ (archived at https://perma.cc/DTA3-E9BT)

5 Martin, B (2018) How psychologically entitled shoppers respond to service recovery apologies, *Emerald Insight* , www.emeraldinsight.com/doi/abs/10.1108/EJM-02-2017-0165 (archived at https://perma.cc/B7HV-EZA4)

CHAPTER 1 사과할 사람과 받을 사람이 분명 있다

1 Kollewe, J (2018) Qatar Airways CEO apologises for suggesting a woman could not do his job, *Guardian* , www.theguardian.com/business/2018/jun/06/qatar-airways-ceo-apologises-for-suggesting-a-woman-could-not-do-his-job (archived at https://perma.cc/498V-MZVF)

2 Groden, C (2015) Volkswagen CEO issues video apology for emissions cheating scandal, *Fortune* , http://fortune.com/2015/09/22/volkswagen-apology-emissions-cheating/ (archived at https://perma.cc/JG8L-QN45)

3 Suleman, K (2015) Top of the month: Alton Towers delivers sensitive response to roller-coaster crash, *PR Week* , 13 July, www.prweek.com/article/1355671/top-month-alton-towers-delivers-sensitive-responseroller-coaster-crash (archived at https://perma.cc/Z79Y-9L9G)

4 Levin, S (2018) Google gender pay gap: women advance suit that could affect 8,300 workers, *Guardian* , www.theguardian.com/technology/2018/oct/26/google-gender-pay-gap-women-class-actionlawsuit(archived at https://perma.cc/RHG6-CJB3)

5 Conger, K, Wakabayashi, D and Benner, K (2018) Google faces internal backlash over handling of sexual harassment, *New York Times* , www.nytimes.com/2018/10/31/technology/google-sexual-harassmentwalkout.html (archived at https://perma.cc/FM4U-5GJE)

6 Bergen, M and Carr, A (2018) Where in the world is Larry Page?, Bloomberg News, www.bloomberg.com/news/features/2018-09-13/larry-page-is-a-no-show-with-google-under-a-harsh-spotlight (archived at https://perma.cc/AV6C-GTH9)

7 Rosoff, M (2018) Larry Page's silence speaks volumes as Alphabet faces one ethical crisis after another, CNBC, 21 May, www.cnbc.com/2018/05/21/alphabet-leadership-vacuum-where-is-larry-page.html(archived at https://perma.cc/N5QF-CVV5)

8 Kessler, A (2018) Where in the world is Larry Page? *Wall Street Journal* , 31 December, www.wsj.com/articles/where-in-the-world-islarry-page-11546199677 (archived at https://perma.cc/3DY9-HUNW)

9 US Senate (2018) Select Committee on Intelligence Hearing [video], www.intelligence.senate.gov/hearings/open-hearing-foreign-influenceoperations%E2%80%99-use-social-media-platforms-companywitnesses(archived at https://perma.cc/6XGG-VD7R)

10 Bergen, M and Carr, A (2018) Where in the world is Larry Page?, Bloomberg News, www.bloomberg.com/news/features/2018-09-13/larry-page-is-a-no-show-with-google-under-a-harsh-spotlight (archived at https://perma.cc/AV6C-GTH9)

11 Wei, H and Ran, Y (2017) Male versus female: How the gender of apologizers influences consumer forgiveness, *Journal of Business Ethics* , 21 January, /link. springer.com/article/10.1007/s10551-017-3440-7

12 Meyersohn, N (2018) Facebook's stock drops after Zuckerberg apologizes, CNN, 22 March, money.cnn.com/2018/03/22/news/companies/facebook-stock/index.html (archived at https://perma.cc/B4MY-4MBK)

13 Miller, R (2018) An aquarium apologized for calling its sea otter 'thicc', *USA Today* , https://eu.usatoday.com/story/news/nation/2018/12/20/abby-thicc-sea-otter-monterey-bay-aquariumapology/2376653002/ (archived at https://perma.cc/FGE5-2JPC)

14 Siegel, ST (2019) New York reporter gets fake news shirt removed from Bloomingdale's mannequin, *Adweek* , www.adweek.com/tvspy/new-york-reporter-gets-fake-news-shirt-removed-frombloomingdales-mannequin/212409 (archived at https://perma.cc/2TBZ-375W)

15 Chung, F (2017) America's 'most hated start-up' apologises for trying to put corner stores out of business, News.com.au, www.news.com.au/finance/small-business/americas-most-hated-startup-apologises-fortrying-to-put-corner-stores-out-of-business/news-story/d17089b043853c2ce0d6b5fe9819d8df (archived at https://perma.cc/6YYT-K7JL)

16 Google search results (2019) 'Bodega startup most hated', www.google.com/search?e i=fdWlXKexMdHDxgP1saj4CA&q=bodega+startup+%22most-hated%22&oq=bodega+ startup+%22most-hated%22&gs_l=psy-ab.3..33i299l3.28301.30326..30884...0.0..0.100.1 88.1j1......0....1..gws-wiz.......0i71.HQBH4_d_Dro (archived at https://perma.cc/T7VG-HN42)

17 McDonald, P (2017) So, about our name…, Bodega [blog], 13 September, blog. bodega.ai/so-about-our-name-aa5bff63a92d (archived at https://perma.cc/V63A-UWT9)

18 De Silva, M (2019) Five things Tesla CEO Elon Musk can still safely tweet about, Quartz, https://qz.com/1606410/five-things-tesla-ceoelon-musk-can-still-safely-tweet-about/ (archived at https://perma.cc/DS3V-LCYE)

19 Peterson, H (2015) Whole Foods CEOs admit to overcharging customers, Business

Insider, www.businessinsider.com/whole-foodsceos-admit-to-overcharging-customers-2015-7?r=US&IR=T (archived at https://perma.cc/A755-Y33M)

20 Shane, D (2019) Volkswagen CEO apologizes after appearing to reference Nazi slogan, CNN, 15 March, edition.cnn.com/2019/03/15/business/herbert-diess-volkswagen-ceo-nazi-slogan/index.html (archived at https://perma.cc/45SP-YJ73)

21 Shane, D (2019) Volkswagen CEO apologizes after appearing to reference Nazi slogan, CNN, 15 March, edition.cnn.com/2019/03/15/business/herbert-diess-volkswagen-ceo-nazi-slogan/index.html (archived at https://perma.cc/45SP-YJ73)

22 McCann, E (2017) United's apologies: A timeline, *New York Times* , www.nytimes.com/2017/04/14/business/united-airlines-passengerdoctor.html (archived at https://perma.cc/N47E-XT53)

23 Ostrower, J (2013) United say flight 3411 wasn't overbooked. It just had no open seats left, CNN Business, https://money.cnn.com/2017/04/13/news/companies/united-3411-overbooked/index.html (archived at https://perma.cc/6JCX-AJ5Y)

CHAPTER 2 사과에는 이유가 있다

1 Winch, G (2013) The five ingredients of an effective apology, *Psychology Today* , 21 November, www.psychologytoday.com/us/blog/the-squeaky-wheel/201311/the-five-ingredients-effectiveapology (archived at https://perma.cc/7GLG-BS9U)

2 Goodwin, C and Ross, I (1992) Consumer responses to service failures: Influence of procedural and interactional fairness perceptions, *The Journal of Business Research* , September, www.researchgate.net/publication/222277919 (archived at https://perma.cc/76UV-9E65)

3 Shakespeare, Stephan (2018) Topshop's brand perception metrics fall following Green accusations, YouGov, 31 October, yougov.co.uk/topics/consumer/articles-reports/2018/10/31/topshops-brandperception-metrics-fall-following-g (archived at https://perma.cc/5643-GAG4)

4 Shakespeare, Stephan (2018) Topshop's brand perception metrics fall following Green accusations, YouGov, 31 October, yougov.co.uk/topics/consumer/articles-reports/2018/10/31/topshops-brandperception-metrics-fall-following-g (archived at https://perma.cc/5643-GAG4)

5 Shakespeare, Stephan (2018) Topshop's brand perception metrics fall following Green accusations, YouGov, 31 October, yougov.co.uk/topics/consumer/articles-reports/2018/10/31/topshops-brandperception-metrics-fall-following-g (archived at https://perma.cc/5643-GAG4)

6 Burgess, S (2018) Topshop apologises and donates £25,000 to charity after removing feminist stall, Sky News, https://news.sky.com/story/topshop-apologies-and-donates-25-000-to-charity-after-removingfeminist-stall-11518592 (archived at https://perma.cc/HH3Z-UQ54)

7 Cardy, P (2015) Alton Towers Smiler operator who theme park blamed for crash horror is sacked, www.mirror.co.uk/news/uk-news/altontowers-smiler-operator-who-6920989 (archived at https://perma.cc/LHY6-Y95Z)

8 Cockburn, H (2018) Police urge people to stop calling them about KFC chicken shortage, *Independent* , www.independent.co.uk/news/uk/home-news/police-urge-stop-calling-kfc-chicken-shortage-dhltower-hamlets-a8220321.html (archived at https://perma.cc/N96U-PKAV)

9 Kiefer, B (2018) Colonel Sanders makes a bold comeback in KFC's first campaign after chicken crisis, *Campaign* , www.campaignlive.co.uk/article/colonel-sanders-makes-bold-comeback-kfcs-first-campaignchicken-crisis/1465900 (archived at https://perma.cc/VB45-Y7C3)

10 Associated Press (1997) Hugo Boss acknowledges link to Nazi regime, *New York Times* , archive, www.nytimes.com/1997/08/15/business/hugo-boss-acknowledges-link-to-nazi-regime.html (archived at https://perma.cc/PBQ3-FDW4)

11 United States Holocaust Memorial Museum (nd) Holocaust Encyclopedia, The 'People's Car' and the Nazi State, https://encyclopedia.ushmm.org/content/en/article/volkswagen-1 (archived at https://perma.cc/N2H6-9RLJ)

12 Tesco (2019) Twitter, 1 February, https://twitter.com/Tesco/status/1091294129034801153 (archived at https://perma.cc/U482-MFUS)

13 Halperin, B, Ho, B, List, JA and Muir, I (2018) Toward an understanding of the economics of apologies: evidence from a largescale natural field experiment, September, s3.amazonaws.com/fieldexperiments-papers2/papers/00644.pdf (archived at https://perma.cc/G5MN-JDEN)

14 Singh, J (2018) Frontline problem-solving effectiveness: A dynamic analysis of verbal and nonverbal cues, *Journal of Marketing Research* , April, https://journals.sagepub.

com/doi/10.1509/jmr.15.0243 (archived at https://perma.cc/YV9N-XGSM)

15 Wei, H and Ran, Y (2017) Male versus female: How the gender of apologizers influences consumer forgiveness, *Journal of Business Ethics* , 21 January, /link. springer.com/article/10.1007/s10551-017-3440-7

16 *Harvard Business Review* (2018) 'Sorry' is not enough, January, https://hbr. org/2018/01/sorry-is-not-enough (archived at https://perma.cc/9G46-YVA8)

17 Care, A (2019) The truth about Build-a-Bear 'pay your age' event rumours, *Nottingham Post* , www.nottinghampost.com/whats-on/shopping/truth-build-bear-pay-your-2700366 (archived at https://perma.cc/FCG8-FM4U)

18 Google Finance (nd) Build-a-Bear Workshop Inc, www.google.com/search?tbm=fi n&q=NYSE:+BBW&stick=H4sIAAAAAAAAONgecRoyi3w8sc9YSmdSWtOXmNU4-IKzsgvd80rySypFJLgYoOy-KR4uLj0c_UNzKuyCyoKeRaxcvpFBrtaKTg5hQMAy7mteEYA AAA&biw=1440&bih=717#scso=_Y8ioXMnRCbWq1fAP2NCKsA42:0(archived at https:// perma.cc/CPT6-ANS9)

19 Nix, E (2017) Tuskegee Experiment: The infamous syphilis study, A&E Television Networks, www.history.com/news/the-infamous-40-yeartuskegee-study (archived at https://perma.cc/W2B3-YQNX)

20 Katz, RV, Kegeles, SS, Kressin, NR, Green, BL, James, SA, Wang, MQ, Russell, SL and Claudio, C (2008) Awareness of the Tuskegee syphilis study and the US presidential apology and their influence on minority participation in biomedical research, *American Journal of Public Health* , www.ncbi.nlm.nih.gov/pmc/articles/PMC2377291/ (archived at https://perma.cc/R9G5-FWPT)

21 Harvey, T (2018) Too little, too late? The effects of historical intergroup apologies, University of New England, https://blog.une.edu.au/socialpsychology/2018/01/11/too-little-too-late-the-effects-ofhistorical-intergroup-apologies/ (archived at https://perma. cc/SAW6-EXXC)

22 Corkery, M (2016) Wells Fargo fined $185 million for fraudulently opening accounts, *New York Times* , www.nytimes.com/2016/09/09/business/dealbook/wells-fargo-fined-for-years-of-harm-to-customers.html (archived at https://perma.cc/P5LP-BQVQ)

23 Byrne, C (2002) Mirror says sorry to Bing, *Guardian* , www.theguardian.com/ media/2002/oct/22/pressandpublishing.privacy (archived at https://perma.cc/2BLM-D99G)

24 BBC News (2002) Bing proclaims victory over Mirror, 22 October, news.bbc.co.uk/1/
hi/entertainment/2353203.stm (archived at https://perma.cc/7PPG-MGQY)

25 Isidore, C (2015) Death toll for GM ignition switch: 124, CNN Business, https://money.
cnn.com/2015/12/10/news/companies/gm-recall-ignition-switch-death-toll/index.html
(archived at https://perma.cc/D2ZH-CG22)

26 McClean, P (2016) Merlin fined £5m for Alton Towers rollercoaster crash, *Financial
Times* , 27 September, www.ft.com/content/967773ce-84a2-11e6-a29c-6e7d9515ad15
(archived at https://perma.cc/HS3G-63VX)

27 ten Brinke and Adams, GS (2015) Saving face? When emotion displays during public
apologies mitigate damage to organizational performance, *Organizational Behavior
and Human Decision Processes* , 1 June, citeseerx.ist.psu.edu/viewdoc/download?doi
=10.1.1.706.2307&rep=rep1&type=pdf (archived at https://perma.cc/9LY5-GL9M)

28 Statista (nd) Attendance at Alton Towers theme park in the United Kingdom (UK)
from 2009 to 2017* (in millions), www.statista.com/statistics/641549/attendance-at-
alton-towers-uk-theme-park/ (archived at https://perma.cc/EF86-F82Y)

29 Statista (nd) Alton Towers rollercoaster crash: influence on theme park visitors in the
UK 2017, www.statista.com/statistics/688605/altontowers-rollercoaster-crash-influence-
in-the-united-kingdom-uk/ (archived at https://perma.cc/7UAR-PRPL)280

30 Pugh, G (2015) Sack Kay Burley after awful interviewing of Alton Towers CEO
Nick Varney, Change.org, www.change.org/p/sky-newssack-kay-burley-after-awful-
interviewing-of-alton-towers-ceo-nickvarney (archived at https://perma.cc/93CU-
AKW9)

31 Ho, B and Liu, E (2010) Does sorry work? The impact of apology laws on medical
malpractice, Johnson School Research Paper Series No. 04-2011, https://papers.ssrn.
com/sol3/papers.cfm?abstract_id=1744225 (archived at https://perma.cc/FGK3-X6C9)

32 Balsomini, P and Pileri, G (2018) Autostrade vows to rebuild bridge; stops short of
apology, Reuters, https://uk.reuters.com/article/uk-italymotorway-collapse/autostrade-
vows-to-rebuild-bridge-stops-short-ofapology-idUKKBN1L3071?il=0 (archived at
https://perma.cc/4THA-2KQX)

CHAPTER 3 '미안하다'의 의미가 업계마다 다른 이유

1 McDermott, J (2014) Should brands apologize so much in social media?, Digiday UK, 16 April, digiday.com/marketing/brands-apologysocial-media/ (archived at https://perma.cc/4QY5-YQDZ)

2 Taylor, J (2011) UK banks fund deadly cluster bomb industry, *Independent* , www.independent.co.uk/news/uk/home-news/uk-banksfund-deadly-cluster-bomb-industry-2338168.html (archived at https://perma.cc/T2VK-EYLV)

3 BBC News (2008) Current account debate in numbers, http://news.bbc.co.uk/1/hi/business/7509375.stm (archived at https://perma.cc/EP2F-R3NP)

4 Burns, J (2017) Uber apologizes in email to ex-riders: former staffer calls it 'all optics', *Forbes* , www.forbes.com/sites/janetwburns/2017/06/17/uber-apologizes-in-email-to-ex-riders-formerstaffer-calls-it-all-optics/#649c989c6265 (archived at https://perma.cc/56YJ-8GWP)

5 Isaac, M (2017) *New York Times* , www.nytimes.com/2017/02/19/business/uber-sexual-harassment-investigation.html (archived at https://perma.cc/6KHV-K5QK)

6 Quackenbush, C (2018) Uber is under federal investigation for gender discrimination, reports say, *Time* , http://time.com/5340575/uberfederal-investigation-gender-discrimination/ (archived at https://perma.cc/5A9E-JQBN)

7 Isaac, M (2017) Uber founder Travis Kalanick resigns as CEO, *New York Times* , www.nytimes.com/2017/06/21/technology/uber-ceotravis-kalanick.html (archived at https://perma.cc/X7RQ-C66L)

CHAPTER 4 그 사과는 왜 외면당했나

1 Heid, J (2009) Herb Kelleher made JetBlue's founder cry, *D Magazine* , www.dmagazine.com/frontburner/2009/09/herb-kelleher-madejetblues-founder-cry/ (archived at https://perma.cc/98S8-FFXJ)

2 Rifkin, G (2019) Herb Kelleher, whose Southwest Airlines reshaped the industry, dies at 87, *New York Times* , 3 January, www.nytimes.com/2019/01/03/obituaries/herb-kelleher-whose-southwest-airlinesreshaped-the-industry-dies-at-87.html (archived at https://perma.cc/3D9T-CGEA)

3 Rifkin, G (2019) Herb Kelleher, whose Southwest Airlines reshaped the industry, dies at 87, *New York Times* , 3 January, www.nytimes.com/2019/01/03/obituaries/herb-kelleher-whose-southwest-airlinesreshaped-the-industry-dies-at-87.html (archived at https://perma.cc/3D9T-CGEA)

4 Carville, P and Begala, J (2002) *Buck Up, Suck Up... and Come Back When You Foul Up: 12 winning secrets from the war room* , Simon & Schuster, New York

5 McDermott, J (2014) Should brands apologize so much in social media, Digiday UK, https://digiday.com/marketing/brands-apologysocial-media/ (archived at https://perma.cc/7GAQ-EH2E)

6 Eblin Group (2009) Jet Blue Founder's advice for leaders: Have your cry and keep going [blog], https://eblingroup.com/blog/jet-bluefounders-advice-for-leaders-have-your-cry-and-keep-going/ (archived at https://perma.cc/9XDS-TRBC)

7 Oldest.org (2005) First backflip on YouTube [video], www.oldest.org/entertainment/videos-on-youtube/ (archived at https://perma.cc/62VZ-2QZS)

8 Gianatasio, D (2013) JetBlue knows how to communicate with customers in social, and when to shut up, *Adweek* , 9 September, www.adweek.com/brand-marketing/jetblue-knows-how-communicatecustomers-social-and-when-shut-152246/ (archived at https://perma.cc/W73W-WTEN)

9 Weiss, T (2007) JetBlue's Survival School, *Forbes* , 20 February, forbes.com/2007/02/20/neeleman-jet-blue-lead-cx_tw_0220jetblueceo.html#11388bcf6195

10 Gianatasio, D (2013) JetBlue knows how to communicate with customers in social, and when to shut up, *Adweek* , 9 September, www.adweek.com/brand-marketing/jetblue-knows-how-communicatecustomers-social-and-when-shut-152246/ (archived at https://perma.cc/W73W-WTEN)

11 Gianatasio, D (2013) JetBlue knows how to communicate with customers in social, and when to shut up, *Adweek* , 9 September, www.adweek.com/brand-marketing/jetblue-knows-how-communicatecustomers-social-and-when-shut-152246/ (archived at https://perma.cc/W73W-WTEN)

CHAPTER 5 모두가 미안해하면 아무도 미안해하지 않는다

1 Geddes, L (2016) Why do the British say sorry so much?, BBC, 24 February, www.bbc.

com/future/story/20160223-why-do-the-britishsay-sorry-so-much (archived at https://perma.cc/8GA8-CNQZ)

2 Google (2018) Google Books Ngram Viewer [online tool], books.google.com/ngrams (archived at https://perma.cc/LBR8-7RAN)

3 Mental Health Today (2017) People were happier in 1957 than today, according to research, www.mentalhealthtoday.co.uk/people-werehappier-in-1957-than-today-according-to-research (archived at https://perma.cc/5BHS-6B69)

4 Faull, J (2016) Tesco claims customer trust at a four year high as resurgence continues, The Drum 05 October, www.thedrum.com/news/2016/10/05/tesco-claims-customer-trust-four-year-highresurgence-continues (archived at https://perma.cc/MU8Z-VXBY)

5 Kokalitcheva, K (2016) Twitter encourages more businesses to interact with upset customers, Fortune, http://fortune.com/2016/10/05/twitter-customer-service-study/ (archived at https://perma.cc/GL2NHQV2)

6 Carr, D (2014) Risks abound as reporters play in traffic, *New York Times*, 23 March, www.nytimes.com/2014/03/24/business/media/risks-abound-as-reporters-play-in-traffic.html (archived at https://perma.cc/SC7P-W3WW)

7 Sanders, S (2017) Upworthy was one of the hottest sites ever. You won't believe what happened next, National Public Radio, 20 June, www.npr.org/sections/alltechconsidered/2017/06/20/533529538/upworthy-was-one-of-the-hottest-sites-ever-you-wont-believe-whathappened-next?t=1535384358722 (archived at https://perma.cc/7NCK-DT8C)

8 Barakat, C (2014) Viral content on social media: Headline tips by Upworthy, *Adweek*, 14 January, www.adweek.com/digital/viralcontent-social-media-headline-tips-upworthy/ (archived at https://perma.cc/475T-YEG5)

9 Abad-Santos, A (2015) 2015: A year of fake outrage and backlash that made us feel better, Vox.com, 23 December, www.vox.com/2015/12/23/10659910/2015-outrage (archived at https://perma.cc/3W2H-BQYB)

10 Barakat, C (2014) Viral content on social media: Headline tips by Upworthy, *Adweek*, 14 January, www.adweek.com/digital/viralcontent-social-media-headline-tips-upworthy/ (archived at https://perma.cc/475T-YEG5)

11 Upworthy, (2018) Why advertise with Upworthy? www.upworthy.com/advertise (archived at https://perma.cc/UF9U-X6PQ)

12 Upworthy, (2018) Why advertise with Upworthy? www.upworthy.com/advertise (archived at https://perma.cc/UF9U-X6PQ)

13 Anonymous (2017) I write viral news for a living. What it's like will shock you, Wired, www.wired.co.uk/article/viral-news-psychologyhuman-nature (archived at https://perma.cc/XA5E-VTUW)

14 Anonymous (2017) I write viral news for a living. What it's like will shock you, Wired, www.wired.co.uk/article/viral-news-psychologyhuman-nature (archived at https://perma.cc/XA5E-VTUW)

15 Oxford Living Dictionaries (2018) www.lexico.com/en/definition/call_someone_out (archived at https://perma.cc/55JB-6X72)

16 Spary, S, (2018) This Mum has called out Clarks over the difference in its shoes for girls and boys, Buzzfeed, 9 August, www.buzzfeed.com/saraspary (archived at https://perma.cc/V68V-F9LZ)

17 Watts, S (2017) I'm the woman who called out United and I'm sick of sexism, *Time* , 27 March, http://time.com/4714476/united-leggingsban-shannon-watts-why-it-was-sexist/ (archived at https://perma.cc/DXV3-BG6W)

18 Kannenberg, L (2018) How to restore brand credibility after having screwed up publicly, The Next Web, 4 March, thenextweb.com/contributors/2018/03/04/restoring-brand-credibility-in-the-face-of-callout-culture/ (archived at https://perma.cc/ZNM2-FVWT)

19 Kannenberg, L (2018) How to restore brand credibility after having screwed up publicly, The Next Web, 4 March, thenextweb.com/contributors/2018/03/04/restoring-brand-credibility-in-the-face-of-callout-culture/ (archived at https://perma.cc/ZNM2-FVWT)

20 Benjamin, K (2019) Lush ditches UK social media accounts, *Campaign* , 10 April, www.campaignlive.co.uk/article/lush-ditches-uksocial-media-accounts/1581564 (archived at https://perma.cc/64R5-Q7KS)

21 BBC News (2018) Weatherspoon pub chain shuts its social media accounts, www.bbc.co.uk/news/business-43781281 (archived at https://perma.cc/C2GG-VB2R)

22 Shaer, M (2014) What emotion goes viral the fastest? *The Smithsonian* , www.smithsonianmag.com/science-nature/what-emotion-goes-viralfastest-180950182/ (archived at https://perma.cc/5LAW-FNRE)

23 Stadd, A (2014) Anger spreads faster than any other emotion on Twitter, *Adweek*, www.adweek.com/digital/anger-twitter/ (archived at https://perma.cc/EB5B-TNX4)

24 Kannenberg, L (2018) How to restore brand credibility after having screwed up publicly, The Next Web, 4 March, thenextweb.com/contributors/2018/03/04/restoring-brand-credibility-in-the-face-of-callout-culture/ (archived at https://perma.cc/ZNM2-FVWT)

25 Panahi, R (2018) Why companies shouldn't be spooked by online bullies, *The Herald Sun*, 16 September, www.heraldsun.com.au/news/opinion/rita-panahi/why-companies-shouldnt-be-spooked-by-onlinebullies/news-story/df8bafa4e1cea22916d79cc785355ba3 (archived at https://perma.cc/8L5J-JXML)

CHAPTER 6 전문가들은 미안하다는 말 없이 어떻게 사과하는가

1 Reuters, (2018) Plane skids off Turkish runway and plunges towards sea, Reuters, 4 January, www.reuters.com/article/us-turkey-airplane/plane-skids-off-turkish-runway-and-plunges-towards-seaidUSKBN1F30C1(archived at https://perma.cc/N2P8-4VDU)

2 Czarnecki, S (2017) Timeline of a crisis: How Equifax botched its breach, *PR Week*, 27 November, www.prweek.com/article/1450723/timeline-crisis-equifax-botched-its-breach (archived at https://perma.cc/964F-ND4Y)

3 Equifax (2017) Equifax announces cybersecurity incident involving consumer information, Cision PR Newswire, www.prnewswire.com/news-releases/equifax-announces-cybersecurity-incident-involvingconsumer-information-300515960.html (archived at https://perma.cc/4TQ4-X75G)

4 Equifax (2017) Equifax announces cybersecurity incident involving consumer information, 7 September, https://investor.equifax.com/news-and-events/news/2017/09-07-2017-213000628 (archived at https://perma.cc/2QRD-T7Y6)

5 Equifax (2017) Equifax announces cybersecurity incident involving consumer information, 7 September, https://investor.equifax.com/news-and-events/news/2017/09-07-2017-213000628 (archived at https://perma.cc/2QRD-T7Y6)

6 Merriam-Webster (2018) Re-accommodate, www.merriam-webster.com/dictionary/reaccommodate (archived at https://perma.cc/NT97-2GSY)

7 Thomas, L (2017) United CEO says airline had to 're-accommodate' passenger, and the

reaction was wild, CNBC News, www.cnbc.com/2017/04/10/united-ceo-says-airline-had-to-re-accommodatepassenger-and-twitter-is-having-a-riot.html (archived at https://perma.cc/KAN4-36FP)

8 Thomas, L (2017) Video surfaces of man being dragged from overbooked United flight', CNBC News, 10 April, www.cnbc.com/2017/04/10/video-surfaces-of-man-being-dragged-fromoverbooked-united-flight.html (archived at https://perma.cc/NVA7-BSVR)

9 Macias, M (2017) It may be time for United to 're-accommodate' CEO Oscar Munoz, CNBC Business News, 11 April, www.cnbc.com/2017/04/11/it-may-be-time-for-united-to-re-accommodate-ceooscar-munoz-commentary.html (archived at https://perma.cc/8B9AB3Z2)

10 Urban Dictionary (2017) Re-accommodate, www.urbandictionary.com/define.php?term=re-accommodate (archived at https://perma.cc/3T43-YC7H)

11 Thune, J, Nelson, W, Blunt, R and Cantwell, M (2017), United States Senate Committee on Commerce, Science and Transportation, letter to Chicago Department of Aviation, 7 April, www.commerce.senate.gov/public/_cache/files/04f5c270-f404-4351-95cb-fb17b3277d25/4A395B3AA6B66FCC0CD081434C4D9312.cst-to-united-and-o-hare.pdf (archived at https://perma.cc/VTH9-C8WT)

12 Wikipedia (2017) United Express Flight 3411 incident, en.wikipedia.org/wiki/United_Express_Flight_3411_incident (archived at https://perma.cc/G9SS-3DM8)

13 Blakinger, K (2017) #arkema spox says: 'It's misleading to say it was an explosion. It was an overpressurizatiom that was followed by a fire', Twitter, 31 August, https://twitter.com/keribla/status/903241791264215040?lang=en (archived at https://perma.cc/PU5F-Z8D8)

14 Platoff, E (2018) As lawsuits over Texas chemical disaster add up, advocates blame Arkema and rules regulating it, *Texas Tribune* , 30 March, www.texastribune.org/2018/03/30/arkema-disaster-harveyregulations-texas-crosby/ (archived at https://perma.cc/TF46-ZL2R)

15 Taggart, J (2017) The Energy 202: Trump wants more infrastructure. So Interior aims to speed up environmental reviews, *Washington Post* , 8 September, www.washingtonpost.com/news/powerpost (archived at https://perma.cc/GJ8U-RWGS)

16 Taggart, J (2017) The Energy 202: Trump wants more infrastructure. So Interior aims to speed up environmental reviews, *Washington Post* , 8 September, www.

washingtonpost.com/news/powerpost (archived at https://perma.cc/GJ8U-RWGS)

CHAPTER 7 슈뢰딩거식 사과

1   Mendleson, R (2014) Hair drug tests: A mother's anguish over losing her girls, *The Star* , 8 December, www.thestar.com/news/gta/2014/12/08/hair_drug_tests_a_ mothers_anguish_over_losing_her_girls.html (archived at https://perma.cc/E5D9-P3ZC)

2   Mendleson, R (2017) Lawyers spar over whether class-action into Motherisk drug-testing scandal should go ahead, *The Star* , 12 October, www.thestar.com/news/ gta/2017/10/12/lawyers-spar-over-whetherclass-action-into-motherisk-drug-testing-scandal-should-go-ahead.html (archived at https://perma.cc/8UE3-NX92)

3   Lorrigio, P (2018) Discredited Motherisk hair-testing program harmed vulnerable families: report, *The Canadian Press* , 26 February, www.theglobeandmail.com/news/ national/discredited-motherisk-hairtesting-program-harmed-vulnerable-families-report/ article38111582/(archived at https://perma.cc/Y22Q-GZMV)

4   Butler, S (2018) Co-op to be investigated over its treatment of suppliers, *Guardian* , 8 March, www.theguardian.com/business/2018/mar/08/co-op-investigated-treatment-suppliers-groceries-codeadjudicator (archived at https://perma.cc/RCQ9-4GFA)

5   Shank, M and Bedat, M (2016) How Beyoncé's 'Ivy Park' label should solve sweatshop scandal: switch suppliers, Huffington Post, 26 May, www.huffingtonpost.com/michael-shank/how-beyonces-ivy-parklab_b_10143234.html/ (archived at https://perma.cc/JG4K-YQA4)

6   Shank, M and Bedat, M (2016) How Beyoncé's 'Ivy Park' label should solve sweatshop scandal: switch suppliers, Huffington Post, 26 May, www.huffingtonpost.com/ (archived at https://perma.cc/HG43-ELLD

7   Equifax (2017) Equifax announces cybersecurity incident involving consumer information, 7 September, https://investor.equifax.com/news-and-events/ news/2017/09-07-2017-213000628 (archived at https://perma.cc/2QRD-T7Y6)

8   McCrank, J and Finkle, J (2018) Equifax breach could be most costly in corporate history, Reuters, 2 March, www.reuters.com/article/us-equifax-cyber/equifax-breach-could-be-most-costly-in-corporatehistory-idUSKCN1GE257 (archived at https://perma.cc/YJY3-HB6B)

9 Statt, N (2016) Samsung runs full-page apology ads over Galaxy Note 7 recall, The Verge, 7 November, www.theverge.com/2016/11/7/13558442/samsung-galaxy-note-7-recall-apology-ad (archived at https://perma.cc/Q9FZ-XDJQ)

10 Tyler, J (2016) KFC in Birmingham found to be covered in mice droppings, dirt, grime and grease, *Birmingham Mail* , 4 August, www.birminghammail.co.uk/news/midlands-news/kfc-birminghamfound-covered-mice-11706232 (archived at https://perma.cc/NBH3-6AEK)

11 Gilbert, J (2018) Firefighters tackle blaze after double decker bus bursts into flames near quiet Scottish village, *Mirror* , 21 August, www.mirror.co.uk/news/uk-news/firefighters-tackle-blaze-afterdouble-13113610 (archived at https://perma.cc/X2DC-AGC5)

12 Tiwari, P (2018) 'We are committed to protecting women's health... we are deeply sorry' – CervicalCheck issue apology, *Irish Independent* , 6 May, www.independent.ie/irish-news/health/we-are-committed-toprotecting-womens-health-we-are-deeply-sorry-cervicalcheck-issueapology-36878635.html (archived at https://perma.cc/Q7LC-CERX)

13 Orwell, G (1946) *Politics and the English Language* , www.orwell.ru/library/essays/politics/english/e_polit (archived at https://perma.cc/BZE4-4FTE)

14 *The Economist* (2011) Johnson [blog], Hating on hating on the passive voice, *The Economist* , 23 February, www.economist.com/johnson/2011/02/23/hating-on-hating-on-the-passive-voice (archived at https://perma.cc/Y3XH-UHZZ)

15 Zimmer, B (2018) The passives of PricewaterhouseCoopers, Language Log, 27 February, http://languagelog.ldc.upenn.edu (archived at https://perma.cc/QD9A-9W5Q)

16 Johnston Publishing (2018) Portsmouth couple outraged after train lighting grille falls on them – and company offers them a fiver in compensation, *The News* , 9 April, www.portsmouth.co.uk/news/traffic-and-travel/portsmouth-couple-outraged-after-train-lightinggrille-falls-on-them-and-company-offers-them-a-fiver-incompensation-1-8596150 (archived at https://perma.cc/KB6W-7B4B)

17 Newsquest (2018) Mum claims children were treated like 'second class citizens' as one has arm trapped in bus door and other denied disability access, *The Mail* , 20 August, www.nwemail.co.uk/news/barrow/16587604.mum-claims-children-were-treated-like-second-classcitizens-as-one-has-arm-trapped-in-bus-door-and-other-denieddisabilityaccess/(archived at https://perma.cc/5NX8-GHEP)

CHAPTER 8 위기에 피로감을 느낄 때 사과는 위험해진다

1 Ronson, J (2015) *So You've Been Publicly Shamed* , Picador, London

2 Ronson, J (2015) *So You've Been Publicly Shamed* , Picador, London

3 Zahavi, A and Zahavi, A (1999) *The Handicap Principle: A missing piece of Darwin's puzzle* , Oxford University Press, Oxford

4 Wills, E (2018) H&M pulls range of socks over pattern that resembles Arabic word for Allah, *Evening Standard* , www.standard.co.uk/news/world/hm-pulls-range-of-socks-over-pattern-that-resembles-arabic-wordfor-allah-a3753386.html (archived at https://perma.cc/CCJ7-F52X)

5 *Guardian* (2018) Gap sorry for selling T-shirt with 'incorrect' map of China, 15 May, www.theguardian.com/world/2018/may/15/gap-sorryt-shirt-map-china (archived at https://perma.cc/FA55-SP4J)

6 Murphy, C (2018) Topman explains why controversial '96' T-shirt was released and 'apologise unreservedly', *Liverpool Echo* , www.liverpoolecho.co.uk/news/liverpool-news/topman-explains-controversial-96-shirt-14419024 (archived at https://perma.cc/WS9S-PGL5)

7 Woolcock, N (2018) Racism row over all white shortlist in Next mothers' contest, *The Times* , www.thetimes.co.uk/article/racism-rowover-all-white-shortlist-in-next-mothers-contest-vn2v0kgb5 (archived at https://perma.cc/7MEQ-5ANH)

8 Petter, O (2018) Boohoo accused of sexism after offering women discounts for feeling 'second best' during world cup, *Independent* , www.independent.co.uk/life-style/fashion/boohoo-world-cup-sexismwomen-discount-offers-online-fashion-shopping-a8422481.html (archived at https://perma.cc/NYC5-JPDJ)

9 Kerr, C (2018) H&M pulls socks from stores in row over 'Allah pattern', *Express* , www.express.co.uk/news/uk/911494/h-and-m-socks-allah-pulled-shelves-controversy-squigglestopped-recalled (archived at https://perma.cc/4ZGS-4CJ5)

10 Abdulrazaq, T (2018) Twitter, 3 February, https://twitter.com/thewarjournal/status/959926885240201216 (archived at https://perma.cc/NW32-2EM8)

11 Arrington, M (2011) Airbnb offers unconditional apology, and $50,000 insurance guarantee, TechCrunch, 1 August, https://techcrunch.com/2011/08/01/airbnb-offers-unconditionalapology-and-50000-insurance-guarantee/ (archived at https://perma.cc/WSQ5-N9XJ)

12 Hannam, K (2017) Airbnb hosts in Australia charged with raping and murdering their guest, *Fortune* , 30 October, https://fortune.com/2017/10/30/airbnb-murder-melbourne/ (archived at https://perma.cc/BC6J-7NKB)

13 Moore, C (2018) General Election 2010: Gordon Brown was undone by the media, not Gillian Duffy, *Telegraph* , 3 May, telegraph.co.uk/news/election-2010/7671436/General-Election-2010-Gordon-Brownwas-undone-by-the-media-not-Gillian-Duffy.html (archived at https://perma.cc/2RR8-9LQF)

14 O'Reilly, G (2010) PR professionals criticise Gordon Brown's apology following 'bigot' slur, *PR Week* , 28 April, www.prweek.com/article/999931/pr-professionals-criticise-gordon-browns-apologyfollowing-bigot-slur (archived at https://perma.cc/FP67-CTQG)

15 Zatat, N (2018) Canadian prime minister Justin Trudeau called out a woman for being racist – and this is why he's not apologising, Indy100, 21 August, www.indy100.com/article/justin-trudeau-racistwoman-canada-illegal-immigrant-comment-8501546 (archived at https://perma.cc/M29K-MRNP)

16 Jones, N (2006) Brownites v Blairites – the full story, BBC, 7 September, https://news.bbc.co.uk/1/hi/uk_politics/5323960.stm (archived at https://perma.cc/S9ZJ-6XMG)

CHAPTER 9 CEO들은 어떻게 사과를 망치는가

1 Ibrahim, Y (1998) British Petroleum is buying Amoco in $48.2 billion deal, *New York Times* , www.nytimes.com/1998/08/12/business/british-petroleum-is-buying-amoco-in-48.2-billion-deal.html (archived at https://perma.cc/2KHP-WBF2)

2 Reuters (2010) BP CEO apologizes for 'thoughtless' oil spill comment, www.reuters.com/article/us-oil-spill-bp-apology/bp-ceo-apologizes-forthoughtless-oil-spill-comment-idUSTRE6515NQ20100602 (archived at https://perma.cc/TDN3-LTGF)

3 *Telegraph* (2011) Ten largest oil spills in history, www.telegraph.co.uk/news/worldnews/australiaandthepacific/newzealand/8812598/10-largest-oil-spills-in-history.html (archived at https://perma.cc/SL42-4M95)

4   Beam, C (2010) Oil Slick: how BP is handling is PR disaster, Slate, https://slate.com/news-and-politics/2010/05/what-p-r-experts-think-ofbp-s-response-to-the-oil-spill.html?via=gdpr-consent (archived at https://perma.cc/HJ7D-TE7X)

5   Seitz-Wald, A (2010) Trying to shirk responsibility for spill, BP CEO predicts 'lots of illegitimate' lawsuits because 'this is America', Think Progress, https://thinkprogress.org/trying-to-shirk-responsibility-forspill-bp-ceo-predicts-lots-of-illegitimate-lawsuits-because-thiscb78e8a39f71/(archived at https://perma.cc/FR55-VZGF)

6   Lyons, LE (2011) 'I'd like my life back': Corporate personhood and the BP oil disaster, University of Hawaii Press, www.jstor.org/stable/23541181?seq=1#page_scan_tab_contents (archived at https://perma.cc/RE65-52B8)

7   Reuters (2010) BP CEO apologizes for 'thoughtless' oil spill comment, www.reuters.com/article/us-oil-spill-bp-apology/bp-ceo-apologizes-forthoughtless-oil-spill-comment-idUSTRE6515NQ20100602 (archived at https://perma.cc/TDN3-LTGF)

8   BBC News (2010) BP boss Tony Hayward's gaffes, 20 June, www.bbc.com/news/10360084 (archived at https://perma.cc/5N3VX7EY) 9   Chance, D, Cicon, J and Ferris, SP (2015) Honesty can keep companies' stock prices up during hard times, University of Missouri-Columbia, 26 May, www.sciencedaily.com/releases/2015/05/150526132359.htm (archived at https://perma.cc/D275-W4HW)

10 Tiedens, LZ (2001) Anger and advancement versus sadness and subjugation: The effect of negative emotion expressions on social status conferral, *Journal of Personality and Social Psychology*, May, web.mit.edu/curhan/www/docs/Articles/15341_Readings/Affect/Tiedens.pdf (archived at https://perma.cc/XV6T-EMTQ)

CHAPTER 10 세계적 기업이 한 세 번의 사과

1   De Cremer, D, Pillutla, MM and Folmer, CR (2010) How important is an apology to you?: Forecasting errors in evaluating the value of apologies, *Psychological Science*, 1 December, journals.sagepub.com/doi/abs/10.1177/0956797610391101 (archived at https://perma.cc/F3XD-DRZF)

2   Zuckerberg, M (2018) Hard questions: update on Cambridge Analytica, Facebook, https://newsroom.fb.com/news/2018/03/hard-questions-cambridge-analytica/ (archived at https://perma.cc/822A-2ELR)

3   Zuckerberg, M (2010) From Facebook, answering privacy concerns with new settings, *Washington Post* , 24 May, www.washingtonpost.com/wp-dyn/content/article/2010/05/23/AR2010052303828.html (archived at https://perma.cc/S77N-K76G)

4   Meyersohn, N (2018) Facebook's stock drops after Zuckerberg apologizes, CNN News, https://money.cnn.com/2018/03/22/news/companies/facebook-stock/index.html (archived at https://perma.cc/QWA6-6WU5)

5   McKenzie, S (2018) Facebook's Mark Zuckerberg says sorry in full-page newspaper ads, CNN World, https://edition.cnn.com/2018/03/25/europe/facebook-zuckerberg-cambridge-analytica-sorry-ads-newspapersintl/index.html (archived at https://perma.cc/J7QP-Y5SB)

6   Meyersohn, N (2018) Facebook's stock drops after Zuckerberg apologizes, CNN News, https://money.cnn.com/2018/03/22/news/companies/facebook-stock/index.html (archived at https://perma.cc/QWA6-6WU5)

7   Meyersohn, N (2018) Facebook's stock drops after Zuckerberg apologizes, CNN News, https://money.cnn.com/2018/03/22/news/companies/facebook-stock/index.html (archived at https://perma.cc/QWA6-6WU5)

8   Volz, D and Ingram, D (2018) Facebook's Zuckerberg unscathed by congressional grilling, stock rises, Reuters, 11 April, www.reuters.com/article/us-facebook-privacy-zuckerberg/facebooks-zuckerbergunscathed-by-congressional-grilling-stock-rises-idUSKBN1HI1CJ (archived at https://perma.cc/QK43-53HF)

9   United (2017) United Airlines CEO Oscar Munoz named *PR Week* 's 'Communicator of the Year', United Airlines Newsroom Resources, 17 March, https://hub.united.com/united–ceo-communicator-ofyear-2567373427.html (archived at https://perma.cc/HW99-UUEX)

10   United (2017) United Airlines CEO Oscar Munoz named *PR Week* 's 'Communicator of the Year', United Airlines Newsroom Resources, 17 March, https://hub.united.com/united–ceo-communicator-ofyear-2567373427.html (archived at https://perma.cc/HW99-UUEX)

11   *PR Week* (2017) United Airlines CEO Oscar Munoz named PRWeek US Communicator of the Year, *PR Week* , 9 March, www.prweek.com/article/1426909/united-airlines-ceo-oscar-munoz-named-prweek-uscommunicator-year (archived at https://perma.cc/C9AJ-L3FM)

12   McCann, E (2017) United's apologies: A timeline, *New York Times* , www.nytimes.

com/2017/04/14/business/united-airlines-passengerdoctor.html (archived at https://
perma.cc/N47E-XT53)

13 Shen, L (2017) United Airlines stock drops $1.4 billion after passengerremoval
    controversy, *Fortune* , http://fortune.com/2017/04/11/unitedairlines-stock-drop/
    (archived at https://perma.cc/XN4Y-YJ8B)

14 Fickensher, L (2018) Papa John's founder admits to deal with woman accusing him
    of sexual harassment, *New York Post* , https://nypost.com/2018/10/01/papa-johns-
    founder-admits-to-deals-with-womenaccusing-him-of-sexual-harassment/ (archived at
    https://perma.cc/P78Z-Q9UW)

15 Wolfson, A (2013) 'Papa John' makes no apology for wealth, Obamacare remarks,
    USA Today , https://eu.usatoday.com/story/money/business/2013/01/14/pizza-papa-
    john-schnatter/1566364/ (archived at https://perma.cc/PQM2-Y6K4)

16 Kirsch, N (2018) John Schnatter sues Papa John's, backtracks admission to use of
    racial slur, *Forbes* , www.forbes.com/sites/noahkirsch/2018/07/26/john-schnatter-
    sues-papa-johns-calls-reportsover-his-use-of-n-word-false/#3adeb2471b74 (archived at
    https://perma.cc/W55X-HE2X)

17 Moye, David (2018) Papa John's CEO attempts damage control but not an apology,
    Huffington Post, 14 July, www.huffingtonpost.co.uk/entry/papa-johns-damage-
    control_n_5b49237de4b0bc69a78749ea (archived at https://perma.cc/8YFA-WW53)

CHAPTER 11 사과를 강요하는 사회

1 Lebow, RN (2018) My innocent joke about lingerie and an insidious culture of
   censorship: Leading academic says trouble caused by a one-liner he cracked in a lift
   left him reeling, *Daily Mail* , www.dailymail.co.uk/news/article-5738391/PROFESSOR-
   RICHARD-NEDLEBOW-innocent-joke-lingerie-insidious-culture-censorship.html
   (archived at https://perma.cc/R4RF-VM3E)

2 Sky News (2018) Academic refuses to apologise for 'lame' lingerie joke, https://news.
   sky.com/story/academic-refuses-to-apologise-forlame-lingerie-joke-11368097 (archived
   at https://perma.cc/VF6JPQAJ)

3 Marcus, R (2018) She called his elevator joke offensive. He called her complaint
   'frivolous.' Who's right? *Washington Post* , www.washingtonpost.com/opinions/
   she-called-his-elevator-joke-offensivehe-called-her-complaint-frivolous-whos-

right/2018/05/03/43ba4084-4ee1-11e8-af46-b1d6dc0d9bfe_story.html?utm_term=.
a9a400b8232a (archived at https://perma.cc/H86L-RPVU)

4 Marcus, R (2018) She called his elevator joke offensive. He called her complaint
'frivolous'. Who's right? *Washington Post* , www.washingtonpost.com/opinions/
she-called-his-elevator-joke-offensivehe-called-her-complaint-frivolous-whos-
right/2018/05/03/43ba4084-4ee1-11e8-af46-b1d6dc0d9bfe_story.html?utm_term=.
a9a400b8232a (archived at https://perma.cc/H86L-RPVU)

5 Friedersdorf, C (2018) Is 'ladies lingerie' a harmless joke or harassment? *The Atlantic* ,
www.theatlantic.com/politics/archive/2018/05/is-this-old-lingerie-joke-harmless-
orharassment/559760/ (archived at https://perma.cc/UWM9-DC24)

6 Parke, C (2018) Male professor faces sanction for elevator joke, calls it 'chilling
example of political correctness', Fox News, www.foxnews.com/us/male-professor-
faces-sanction-for-elevator-joke-calls-it-chillingexample-of-political-correctness
(archived at https://perma.cc/BRM4-7PKP)

7 Mangan, K (2018) Dispute over 'lingerie' comment persists, as society rejects
professor's appeal, *Chronicle of Higher Education* , www.chronicle.com/article/
Dispute-Over-Lingerie-/245094 (archived at https://perma.cc/87F9-3BVS)

8 YouGov (2018) Should obesity be treated as a disease? Plus, family at weddings,
and ladies lingerie joke results [survey results] https://yougov.co.uk/opi/
surveys/results?utm_source=Twitter&utm_medium=daily_questions&utm_
campaign=question_3#/survey/88d60672-5822-11e8-9add-95bf9f28ce1a/
question/238c315d-5823-11e8-8c47-fb7f8d9b865b/age (archived at https://perma.cc/
YAC5-R68D)

9 Smith, CE, Anderson, D and Strassberger, A (2018) Say you're sorry: Children
distinguish between willingly given and coerced expressions of remorse, Wayne State
University Press, April, www.jstor.org/stable/10.13110/merrpalmquar1982.64.2.0275?se
q=1#page_scan_tab_contents (archived at https://perma.cc/L8UM-SLPJ)

10 Sky News (2018) Academic refuses to apologise for 'lame' lingerie joke, https://news.
sky.com/story/academic-refuses-to-apologise-forlame-lingerie-joke-11368097 (archived
at https://perma.cc/VF6JPQAJ)

11 Francescani, C (2019) A court-ordered apology to a 10-year-old leaves his family
furious, ABC News, 19 January, abcnews.go.com/US/court-ordered-apology-10-year-
leaves-family-furious/story?id=60483458 (archived at https://perma.cc/C8D3-T55R)

12 Francescani, C (2019) A court-ordered apology to a 10-year-old leaves his family furious, ABC News, 19 January, abcnews.go.com/US/court-ordered-apology-10-year-leaves-family-furious/story?id=60483458 (archived at https://perma.cc/C8D3-T55R)

13 Kuchler, H (2018) Facebook forced to apologise again over abuse posts, *Financial Times* , 18 July, www.ft.com/content/dd8b7daa-8a18-11e8-b18d-0181731a0340 (archived at https://perma.cc/2UVXAMG2)

14 Peterson, H (2018) Twitter CEO Jack Dorsey forced to apologise for eating Chick-fil-A during Pride Month, Business Insider, 12 June, www.businessinsider.com.au/twitter-ceo-apology-chick-fil-a-gay-pridemonth-2018-6 (archived at https://perma.cc/S63K-S78S)

15 Kids with Food Allergies (2018) Letter to the makers of the Peter Rabbit movie: Jokes about food allergies can put people in danger, https://community. kidswithfoodallergies.org/blog/letter-to-the-makersof-the-peter-rabbit-movie-jokes-about-food-allergies-can-put-peoplein-danger?fbclid=IwAR1V5S6sD725somBAJnFQlVE aeOBJa5MTpTz70R5yiaLN-Ap01xj5O-PB20 (archived at https://perma.cc/R2VQ-E46Q)

16 Kids with Food Allergies (2016) 15 easy ways to make a difference and raise food allergy awareness, 22 April, community.kidswithfoodallergies.org/blog/15-easy-ways-to-make-a-differenceand-raise-food-allergy-awareness (archived at https://perma.cc/ U99C-4F27)

17 Bieler, S (2016) Psoriasis on the silver screen: The one place where your spots disappear, National Psoriasis Foundation, www.psoriasis.org/blog/psoriasis-silver-screen (archived at https://perma.cc/J8QF-8ZY4)

18 Fortin, J (2018) Sony apologizes for Peter Rabbit movie allergy scene, *New York Times* , www.nytimes.com/2018/02/12/arts/peter-rabbitfood-allergy.html (archived at https://perma.cc/D7YG-AV3C)

19 Mendelson, S (2018) Sony should not have to apologize for the 'Peter Rabbit' controversy, *Forbes* , 12 February, www.forbes.com/sites/scottmendelson/2018/02/12/sony-should-not-have-to-apologize-forthe-peter-rabbit-controversy/ (archived at https://perma.cc/FD86-6GK7)

20 Levine, DM (2012) Banking the least trusted industry in America: Report, Huffington Post, www.huffingtonpost.co.uk/2012/03/16/financial-industry-trust_n_1353564.html (archived at https://perma.cc/S4SJ-VSGG)

21   Thomas-Mason, L (2016) Furious Newcastle United fan throws season ticket at Steve McClaren, *Metro* , https://metro.co.uk/2016/03/05/furiousnewcastle-united-fan-throws-season-ticket-at-stevemcclaren-5735384/ (archived at https://perma.cc/3LRP-H8ZD)

22   Office of National Statistics (2018) Median gross weekly earnings by place of work, Great Britain, April 2015, www.ons.gov.uk/visualisations/nesscontent/dvc126/ (archived at https://perma.cc/QU6X-G2DC)

23   Newcastle United FC (2015) Season tickets on general sale, www.nufc.co.uk/news/ archive/season-tickets-on-general-sale (archived at https://perma.cc/2WUV-5UVY)

24   Conghaile, PO (2018) 'Someone else will take their seat' – Ryanair responds to backlash as free 10kg cabin bag era ends, *Irish Independent* , www.independent.ie/ life/travel/someone-else-will-taketheir-seat-ryanair-responds-to-backlash-as-free-10kg-cabin-bag-eraends-37248759.html (archived at https://perma.cc/TL8S-A69R)

CHAPTER 12 누군가의 강아지를 죽였다

1   Whipple, T (2017) Dogs take the lead when it comes to winning human empathy, *The Times* , www.thetimes.co.uk/article/dogs-take-thelead-when-it-comes-to-winning-human-empathy-7598cmck2 (archived at https://perma.cc/7ATQ-J4M6)

2   Hirtzer, M (2018) United CEO acknowledges airline's mistake in puppy's death, Reuters, www.reuters.com/article/us-ual-dog-munoz/united-ceo-acknowledges-airlines-mistake-in-puppys-deathidUSKBN1GX30L (archived at https://perma.cc/4UZL-R3MH)

3   Levin J, Arluke, A and Irvine, L (2017) Are people more disturbed by dog or human suffering? *Society and Animals* , 25 (1), https://brill.com/abstract/journals/soan/25/1/article-p1_1.xml (archived at https://perma.cc/AQQ6-CPBL)

4   Associated Press (2018) United CEO on puppy death: 'We got it wrong', AP News, 21 March, www.apnews.com/a96ac49d20b24fe0922ec7f91e08f30f (archived at https:// perma.cc/4F3E-FA2H)

5   Associated Press (2018) United CEO on puppy death: 'We got it wrong' [video], 21 March, www.youtube.com/watch?v=ZmreLErb-yY (archived at https://perma.cc/M34T-9UQE)

6 Zuckerberg, M (2010) From Facebook, answering privacy concerns with new settings, *Washington Post* , 24 May, www.washingtonpost.com/wp-dyn/content/article/2010/05/23/AR2010052303828.html (archived at https://perma.cc/S77N-K76G)

7 Zuckerberg, M (2010) From Facebook, answering privacy concerns with new settings, *Washington Post* , 24 May, www.washingtonpost.com/wp-dyn/content/article/2010/05/23/AR2010052303828.html (archived at https://perma.cc/S77N-K76G)

8 Tufecki, Z (2018) Why Zuckerberg's 14-year apology tour hasn't fixed Facebook, Wired, www.wired.com/story/why-zuckerberg-14-yearapology-tour-hasnt-fixed-facebook/

9 Glenza, J (2015) Bud Light sorry for 'removing no from your vocabulary for the night' label, *Guardian* , www.theguardian.com/business/2015/apr/29/bud-light-slogan-no-means-no (archived at https://perma.cc/4C3E-93YW)

10 Wattles, J (2017) Dove apologizes for ad: We 'missed the mark' representing black women, CNN Business, https://money.cnn.com/2017/10/08/news/companies/dove-apology-racist-ad/index.html (archived at https://perma.cc/A2L9-7BAV)

11 Callahan, C (2019) Jameela Jamil called out Avon for body-shaming cellulite ads, *Today* , www.today.com/series/love-your-body/jameelajamil-called-avon-out-their-cellulite-ads-t147276 (archived at https://perma.cc/U9P6-B2V2)

12 Zatat, N (2018) Heineken admits it 'missed the mark' with 'terribly racist' advert, Indy100, 26 March, www.indy100.com/article/heinekenracist-advert-apology-light-beer-missed-mark-twitter-marketingcampaign-8273791 (archived at https://perma.cc/MY63-HMD8)

13 Statista (nd) Revenue of Anheuser-Busch InBev (AB InBev) worldwide from 2005 to 2018 (in million U.S. dollars), www.statista.com/statistics/269112/revenue-of-anheuser-busch-inbev-worldwide/(archived at https://perma.cc/PLZ9-3RCS)

14 Unilever (2018) Unilever full year 2017 results, www.unilever.com/Images/ir-q4-results-presentation_tcm244-515320_en.pdf (archived at https://perma.cc/YF82-UD58)

15 Statista (nd) Spending on marketing data in the United States from 2016 to 2018 (in million U.S. dollars), www.statista.com/statistics/818881/usa-marketing-data-spend/ (archived at https://perma.cc/F3F7-4SBC)

16 PepsiCo (2018) PepsiCo 2017 Annual Report, www.pepsico.com/docs/album/annual-reports/pepsico-inc-2017-annual-report.pdf (archived at https://perma.cc/5ML6-B4HF)

17 Hospitality Ireland (2018) Heineken posts 5% increase in revenue in 2017, www. hospitalityireland.com/heineken-posts-5-increaserevenue-2017/55745 (archived at https://perma.cc/CG5K-52M6) – (converted from Euro)

18 Cision PR Newswire (2018) Avon reports fourth-quarter and full-year 2017 results, PR Newswire, www.prnewswire.com/news-releases/avon-reports-fourth-quarter-and-full-year-2017-results-300599156.html (archived at https://perma.cc/66ZF-6XCP)

19 TripAdvisor (2015) Sometimes mistakes happen... will likely give it another try but... [guest review], www.tripadvisor.co.uk/ShowUserReviews-g1015443-d7894598-r274700617-Cerveceria_Los_Arbolitos-Olvera_Province_of_Cadiz_Andalucia.html (archived at https://perma.cc/5BTR-C82X)

20 Wright, R (2018) Saudi Arabia's investigation of Jamal Khashoggi's murder is a tragic farce, *The New Yorker*, www.newyorker.com/news/news-desk/saudi-arabias-investigation-of-jamal-khashoggis-murder-isa-tragic-farce (archived at https://perma. cc/9NG3-2FDG)

21 Wright, R (2018) Saudi Arabia's investigation of Jamal Khashoggi's murder is a tragic farce, *The New Yorker*, www.newyorker.com/news/news-desk/saudi-arabias-investigation-of-jamal-khashoggis-murder-isa-tragic-farce (archived at https://perma. cc/9NG3-2FDG)

22 *Express* (2013) Bank's head in apology to US regulator, *Express*, www.express. co.uk/finance/city/386060/Bank-s-head-in-apology-to-USregulator (archived at https:// perma.cc/9UXW-2UP3)

CHAPTER 13 셀프 사과

1 Schau, HJ and Gilly, MC (2003)We are what we post? Selfpresentation in personal web space, Oxford University Press, 1 December, www.jstor.org/stable/10.1086/378616?seq =1#metadata_info_tab_contents (archived at https://perma.cc/7PJ7-RFKH)

2 Sharp, B (2011) The flawed Stengel study of business growth, 30 December, byronsharp.wordpress.com/2011/12/30/flawed-stengel-study/(archived at https:// perma.cc/2Y7L-SEV9)

3 McCarthy, J (2018) Richard Shotton on brand purpose: 'marketers have fallen out of love with marketing', The Drum, 22 November, www.thedrum.com/news/2018/11/22/ richard-shotton-brand-purposemarketers-have-fallen-out-love-with-marketing (archived at https://perma.cc/67WK-USEW)

4 Craik, L (2017) How beauty giant Dove went from empowering to patronizing, *Guardian* , www.theguardian.com/fashion/2017/may/15/beauty-giant-dove-body-shaped-bottles-repair-damage (archived at https://perma.cc/NK5H-M5W9)

5 Chumsky, S (2015) Why Dove's 'Choose Beautiful' campaign sparked a backlash, *Fortune* , http://fortune.com/2015/04/15/why-doves-choosebeautiful-campaign-sparked-a-backlash/ (archived at https://perma.cc/KX24-NPWC)

6 Phelvin, P and Wallop, H (2008) Innocent Smoothies accused over environmental marketing, *Telegraph* , 01 August, www.telegraph.co.uk/news/2484148/Innocent-Smoothies-accused-over-environmentalmarketing.html (archived at https://perma.cc/FC4B-ETK3)

7 Rogers, C (2018) Patagonia on why brands 'can't reverse into purpose' through marketing, *Marketing Week* , 18 July, www.marketingweek.com/2018/07/18/patagonia-you-cant-reverse-into-values-throughmarketing/(archived at https://perma.cc/6PRF-9Y2W)

8 Winer, S (2018) Ben & Jerry's anti-Trump flavor gives Israelis brain freeze, *The Times of Israel* , 1 December, www.timesofisrael.com/ben-jerrys-anti-trump-flavor-gives-israelis-brain-freeze/ (archived at https://perma.cc/UC8D-GTWE)

9 Barnes, T (2017) UCL forced to apologise for 'dreaming of a white campus' tweet, 14 December, *Independent* , www.independent.co.uk/news/education/education-news/ucl-white-campus-tweet-christmasapologise-snow-racism-lawn-university-college-london-a8110746.html (archived at https://perma.cc/ER5U-JMWA)

10 Barnes, T (2017) UCL forced to apologise for 'dreaming of a white campus' tweet, 14 December, *Independent* , www.independent.co.uk/news/education/education-news/ucl-white-campus-tweet-christmasapologise-snow-racism-lawn-university-college-london-a8110746.html (archived at https://perma.cc/ER5U-JMWA)

11 Kemp, N (2018) Zoopla apologises for #Metoo ad blunder, *Campaign* , 1 February, campaignlive.co.uk (archived at https://perma.cc/BRS2-BKRJ)

12 Greenfield, P (2017) Paperchase apologises for Daily Mail promotion after online backlash, 20 November, *Guardian* , www.independent.co.uk/news www.theguardian.com/media/2017/nov/20/paperchaseapologises-for-daily-mail-promotion-after-online-backlash

13 Monllos, K (2017) Lessons Learned From the 5 Biggest Brand Fails of 2017: Uber, Pepsi, *Adweek* , www.adweek.com/brand-marketing/lessons-learned-from-the-5-biggest-brand-fails-of-2017-uber-pepsidove-and-more/ (archived at https://perma.cc/3C2W-GCWD)

14 Franck, J (2017) 'Clearly we missed the mark': Pepsi just pulled this controversial ad, Business Insider, www.businessinsider.com/pepsipulled-controversial-ad-kendall-jenner-2017-4?r=US&IR=T (archived at https://perma.cc/85S7-XW8A)

CHAPTER 14 상대방이 그렇게 생각할 줄 미처 모르고

1 Rousseau, J-J (1903) *The Confessions of Jean Jacques Rousseau* , Aldus Society, London

2 Bensinger, K and Vartabedian, R (2009) Report reveals details on San Diego crach that led to recall, *Seattle Times* , www.seattletimes.com/nation-world/report-reveals-details-on-san-diego-crash-that-led-torecall/(archived at https://perma.cc/2HQA-DF8C)

3 Ross, B (2010) Toyota CEO apologizes to his customers: 'I Am Deeply Sorry', ABC News, https://abcnews.go.com/Blotter/toyota-ceo-apologizesdeeply/story?id=9700622 (archived at https://perma.cc/HZY2-VTBN)

4 BBC News (2010) MPs told to repay £1.1m expenses, http://news.bbc.co.uk/1/hi/uk_politics/8496729.stm (archived at https://perma.cc/G7XZ-SLG6)

5 *Guardian* (2009) 'Humiliated' Tory MP Peter Viggers quits over duck island expense claim, *Guardian* , www.theguardian.com/politics/2009/may/23/mps-expenses-conservatives (archived at https://perma.cc/CY4M-4PEQ)

6 Allen, N (2009) MPs' expenses: Sir Peter Viggers claimed for £1,600 floating duck island, *Telegraph* , www.telegraph.co.uk/news/newstopics/mps-expenses/5357568/MPs-expenses-Sir-Peter-Viggers-claimed-for-1600-floating-duck-island.html (archived at https://perma.cc/E8AHHMHX)

7 Nikkhah, R (2009) MPs' expenses: Sir Peter Viggers' ducks rejected their floating island, *Telegraph* , www.telegraph.co.uk/news/newstopics/mps-expenses/5375613/MPs-expenses-Sir-Peter-Viggers-ducks-rejectedtheir-floating-island.html (archived at https://perma.cc/W34E-3WKC)

8 *The Star* (2011) 'Free Libya 'gets a lifeline', *Toronto* Star, 19 March, www.thestar.com/opinion/editorials/2011/03/19/free_libyagets_a_lifeline.html (archived at https://

perma.cc/YQB6-SVUC)

9 Maxwell, K (2011) Buzzword: Optics, The MacMillan Dictionary, 18 March, www. macmillandictionary.com/ (archived at https://perma.cc/4ACB-933G)

10 Maxwell, K (2011) Buzzword: Optics, The MacMillan Dictionary, 18 March, www. macmillandictionary.com/us/buzzword/entries/optics.html (archived at https://perma. cc/C4EX-UY3P)

11 Sky News (2011) Topman Withdraws 'Offensive' T-Shirts, https://news.sky.com/story/ topman-withdraws-offensive-t-shirts-10485908 (archived at https://perma.cc/7V3L-Q44X)

12 Webb, S (2014) Topman forced to apologise after selling jacket with SS symbol on chest, *Daily Mail* , www.dailymail.co.uk/news/article-2603624/Topman-forced-apologise-selling-jacket-SS-symbolchest.html (archived at https://perma.cc/UA3S-GDP8)

13 Nsubuga, J (2018) Topman under fire after releasing 'insulting Hillsborough disaster t-shirt', *Metro* , https://metro.co.uk/2018/03/16/topman-fire-releasing-insulting-hillsborough-disaster-t-shirt-7391737/(archived at https://perma.cc/B92A-29HP)?

14 Sharman, J (2018) Topman stops selling red '96' T-shirt after fury from Liverpool fans and Hillsborough survivors, *Independent* , www.independent.co.uk/news/uk/home-news/topman-liverpool-fc-fanshillsborough-disaster-karma-tshirt-anger-a8258686.html (archived at https://perma.cc/LUK2-29SJ)

15 Powell, T (2018) Topman 96 shirt: red top which 'inadvertently mocks Hillsborough disaster' with 'what goes around comes around' slogan is slammed, *Evening Standard* , www.standard.co.uk/news/uk/liverpoolfans-slam-red-topman-shirt-which-inadvertently-mocks-hillsboroughdisaster-a3791371.html (archived at https://perma.cc/ M75F-DSEN)

16 Weaver, M (2018) Topman withdraws T-shirt from sale after Hillsborough row, *Guardian* , www.theguardian.com/uk-news/2018/mar/16/topman-withdraws-t-shirt-from-sale-after-hillsborough-row (archived at https://perma.cc/7969-95WP)

CHAPTER 15 왜 현장 직원이 대가를 치르는가

1 Johnson, K (2018) Starbucks CEO: Reprehensible outcome in Philadelphia incident,

Starbucks.com, https://stories.starbucks.com/press/2018/starbucks-ceo-reprehensible-outcome-in-philadelphiaincident/(archived at https://perma.cc/CZD6-7NXX)

2 Fletcher, C and Patton, L (2018) Starbucks' training shutdown could cost it $16.7 million in lost sales, *AdAge* , 18 April, adage.com/article/cmo-strategy/starbucks-training-shutdown-cost-16-7-million/313191 (archived at https://perma.cc/7VQR-JZA8)

3 Sharpe, B (2018) Hotep Jesus talks Starbucks prank on FOX News with Laura Ingraham [video], YouTube, www.youtube.com/watch?v=_uom5-aTvCY (archived at https://perma.cc/DXY7-EB29)

4 Hyken, S (2018) Starbucks gets an A in crisis management, *Forbes* , 10 May, www.forbes.com/sites/shephyken/2018/05/10/starbucks-getsan-a-in-crisis-management/#13cdac457998 (archived at https://perma.cc/6CB6-5VZY)

5 Doubek, J (2018) Starbucks: No purchase needed to use the restroom, NPR, www.npr.org/sections/thetwo-way/2018/05/11/610337214/starbucks-will-give-people-the-key-to-restroom-regardlessof-purchase-ceo-says (archived at https://perma.cc/MTG4-FQB8)

CHAPTER 16 **50억 달러짜리 사과**

1 Smith, A (2010) BP's television ad blitz, CNN Money, https://money.cnn.com/2010/06/03/news/companies/bp_hayward_ad/index.htm (archived at https://perma.cc/4LNB-PHE6)

2 YouGov (2010) Omnibus poll, Huffington Post, https://big.assets.huffingtonpost.com/toplines_oilspill_0312132013.pdf (archived at https://perma.cc/TG79-JRMH)

3 Bourdon, W (2018) 4 lessons of what not to do when you mess up, learned from Uber's apology Tour, *Adweek* , www.adweek.com/creativity/4-lessons-of-what-not-to-do-when-you-mess-up-learnedfrom-ubers-apology-tour/ (archived at https://perma.cc/8LTU-UCYW)

4 Alpha (2018) Do people find corporate apology advertisements to be effective?, Alpha, 21 June, platform.alphahq.com/report/19d29022e8c624c5801283393a63d805 (archived at https://perma.cc/2CTV-T5AL)

5 Katz, AJ (2018) Here's How Much It Costs to Advertise in This Year's NBA Finals, *Adweek* , www.adweek.com/tv-video/heres-how-much-itcosts-to-advertise-in-thisyears-nba-finals/ (archived at https://perma.cc/4GT2-EZ3A)

6 Bennett College (2019) The Papa John's Foundation donates $500,000 to Bennett College, Bennett College website, 14 January, www.bennett.edu/news/the-papa-johns-foundation-donates-500000-to-bennettcollege/(archived at https://perma.cc/CS2S-2ZZS)

7 MSN News (2018) Scarlett Curtis Explains The TopShop/'Feminist's Don't Wear Pink' Controversy, www.msn.com/en-us/lifestyle/lifestylebuzz/scarlett-curtis-explains-the-topshop-feminists-dont-wear-pinkcontroversy/vi-BBO7eR0 (archived at https://perma.cc/V3KA-KVG3)

8 Heffer, G (2018) HMRC spends £10,000 on flowers to say 'sorry' for tax mistakes, Sky News, 31 November, news.sky.com/story/amp/hmrc-spends-10000-on-flowers-to-say-sorry-for-tax-mistakes-11540764)

9 Wall, M (2018) Aer Lingus apologises to staff over 'stealing' claim, *The Irish Times*, www.irishtimes.com/news/ireland/irish-news/aer-lingusapologises-to-staff-over-stealing-claim-1.3723656 (archived at https://perma.cc/JU92-WK4Q)

10 Kim, T (2018) Elon Musk makes the 'most valuable apology of all time' on Tesla's earnings call, CNBC, 2 August, www.cnbc.com/2018/08/02/wall-street-says-elon-musks-contrition-on-tesla-callcould-be-most-v.html (archived at https://perma.cc/G9QJ-UY64)

11 Kim, T (2018) Elon Musk makes the 'most valuable apology of all time' on Tesla's earnings call, CNBC, 2 August, www.cnbc.com/2018/08/02/wall-street-says-elon-musks-contrition-on-tesla-callcould-be-most-v.html (archived at https://perma.cc/G9QJ-UY64)

12 Lieberman, D (2011) Netflix CEO Reed Hastings' apology fails to stop stock slide, Deadline, https://deadline.com/2011/09/netflix-ceo-reedhastings-apology-fails-to-stop-stock-slide-173487/ (archived at https://perma.cc/M2QM-AJXC)

13 Meyersohn, N (2018) Facebook's stock drops after Zuckerberg apologizes, CNN, 22 March, https://money.cnn.com/2018/03/22/news/companies/facebook-stock/index.html (archived at https://perma.cc/QWA6-6WU5)

14 Balakrishnan, A (2017) Scandals may have knocked $10 billion off Uber's value, a report says, CNBC, www.cnbc.com/2017/04/25/uber-stock-price-drops-amid-sexism-investigation-greyballing-andapple-run-in--the-information.html (archived at https://perma.cc/RE32-HYG3)

15 Kotasova, I (2017) United loses $250 million of its market value, CNN Money, https://money.cnn.com/2017/04/11/investing/united-airlinesstock-passenger-flight-video/ (archived at https://perma.cc/UZ4B-N6XE)

16 Racine, MD, Wilson, C and Wynes, M (2018)The Value of Apology: How do corporate apologies moderate the stock market reaction to non-financial corporate crises? *Journal of Business Ethics* , October, www.researchgate.net/publication/328411361_The_Value_of_Apology_How_do_Corporate_Apologies_Moderate_the_Stock_Market_Reaction_to_Non-Financial_Corporate_Crises (archived at https://perma.cc/5PCR-Y68L)

17 Reid, W (2018) Dissecting the anatomy of two corporate apologies, University of Virginia, https://news.virginia.edu/content/dissectinganatomy-two-corporate-apologies (archived at https://perma.cc/22VWLPRN)

18 Mulholland, R (2013) Croat group says it will drop suit against Bob Dylan if he apologises for 'race slur', *Telegraph* , 3 December, www.telegraph.co.uk/news/worldnews/europe/france/10491697/Croat-group-says-it-will-drop-suit-against-Bob-Dylan-if-he-apologisesfor-race-slur.html (archived at https://perma.cc/W2CG-K3LK)

19 McMichael, BJ, Van Horn, R and Viscusi, WK (2018) Sorry is never enough: How state apology laws fail to reduce medical malpractice liability risk, 6 February, Stanford Law Review, Forthcoming, https://ssrn.com/abstract=2883693 (archived at https://perma.cc/9S2J-RQBK)

20 Morton, H (2018) Medical Professional Apologies Statutes, National Conference of State Legislatures, www.ncsl.org/research/financialservices-and-commerce/medical-professional-apologies-statutes.aspx (archived at https://perma.cc/6F74-7TRD)

21 McMichael, BJ, Van Horn, R and Viscusi, WK (2018) Sorry is never enough: How state apology laws fail to reduce medical malpractice liability risk, 6 February, Stanford Law Review, Forthcoming, https://ssrn.com/abstract=2883693 (archived at https://perma.cc/9S2J-RQBK)

22 Duff-Brown, B (2018) In patient injury cases, revealing facts, offering apology does not lead to increase in lawsuits, Stanford Medicine News Centre, 2 October, med.stanford.edu/news/all-news/2017/10/inpatient-injury-cases-offering-apology-does-not-lead-to-lawsuitincrease.html (archived at https://perma.cc/4JD6-C45K)

23 Ho, B and Liu, E (2019) Does sorry work? The impact of apology laws on medical malpractice, Johnson School Research Paper Series, December, https://papers.ssrn.

com/sol3/papers.cfm?abstract_id=1744225 (archived at https://perma.cc/FGK3-X6C9)

CHAPTER 17 경쟁자의 사과로 얻는 이득

1   Klein, E (2017) Lyft spent years preparing for Uber's cultural crisis, Vox.com, 21 July, www.vox.com/technology/2017/6/21/15845380/uber-kalanick-resignation-lyft (archived at https://perma.cc/K3NM-8ZKK)

2   Halperin, B, Ho, B, List, JA and Muir, I (2018) Toward an understanding of the economics of apologies: evidence from a largescale natural field experiment, September, s3.amazonaws.com/fieldexperiments-papers2/papers/00644.pdf (archived at https://perma.cc/G5MN-JDEN)

3   Richards, K (2014) Confirmed: companies have been editing Wikipedia pages to make themselves look better, Business Insider, 11 June, www.businessinsider.com/pr-agencies-agree-to-stop-wikipedia-edits-2014-6?r=US&IR=T (archived at https://perma.cc/WS62-RYZN)

4   Yu, S (2014)'How firms are using 'black PR' to tear down their rivals, South China Morning Post, 3 January, www.scmp.com/business/china-business/article/1396461/how-firms-are-using-black-pr-teardown-their-rivals (archived at https://perma.cc/NC2S-C2NU)

5   Cox, J (2018) Scammers threaten to review bomb a travel company unless it pays ransom, Motherboard, 28 August, www.vice.com/en_us/article/8xbpdb/scammers-review-bomb-twitter-bots-instagram-fakereviews-cheapair-std-company (archived at https://perma.cc/YTM9-7SVA)

6   Association of National Advertisers (2018) Advertisers love influencer marketing: ANA Study, www.ana.net/content/show/id/48437 (archived at https://perma.cc/L8DA-5XBL)

7   Shamsian, J (2018) Beauty brands are reportedly paying $85,000 to influencers who trash their competitors on YouTube, Insider, 30 August, www.thisisinsider.com/brands-reportedly-paying-influencersto-criticize-makeup-competitors-2018-8 (archived at https://perma.cc/5MU5-DKZY)

8   Wischhover, C (2018) The shady world of beauty influencers and the brands that pay them, explained, Vox.com, www.vox.com/2018/8/31/17801182/beauty-influencers-pay-negative-reviews (archived at https://perma.cc/X32X-LEET)

9 Shamsian, J (2018) Beauty brands are reportedly paying $85,000 to influencers who trash their competitors on YouTube, Insider, 30 August, www.thisisinsider.com/ brands-reportedly-paying-influencersto-criticize-makeup-competitors-2018-8 (archived at https://perma.cc/5MU5-DKZY)

10 Prant, D (2018) We wore what is in hot water over allegedly copying jewelry designs, Fashionista, 27 May, https://fashionista.com/2018/05/danielle-bernstein-we-wore-what-jewelry-copy-diet-prada-allegations (archived at https://perma.cc/ZLZ4-PNV9)

11 Tashjian, R (2018) Can we ever really #cancel Dolce & Gabbana? Garage, 26 November, https://garage.vice.com/en_us/article/d3by7q/dolce-gabbana-diet-prada-cancel (archived at https://perma.cc/BJM7-KXDF)

12 Harrison, K (2018) Want to try influencer marketing? Be careful, *Forbes* , 22 May, www.forbes.com/sites/kateharrison/2018/05/22/want-to-try-influencer-marketing-be-careful/#2aceac4b4a8b (archived at https://perma.cc/MPU8-GP6F)

13 Lorenz, T (2018) Rising Instagram stars are posting fake sponsored content, *The Atlantic* , 18 December, www.theatlantic.com/technology/archive/2018/12/influencers-are-faking-brand-deals/578401/ (archived at https://perma.cc/5W9U-LUA4)

14 Haynes, M (2014) Negative SEO: Should you be worried? If attacked, what should you do? Moz.com, https://moz.com/blog/preparing-for-negative-seo (archived at https://perma.cc/Q73D-KA9D)

15 Holiday, R (2012) *Trust Me, I'm Lying: Confessions of a media manipulator* , Penguin, London

CHAPTER 18 사과를 강탈당한 슈퍼마켓과 하원의원

1 BBC (1998) Japanese Premier apologises to prisoners of war, BBC, 14 January, news. bbc.co.uk/1/hi/47293.stm (archived at https://perma.cc/P5MF-2NWE)

2 Smith, J (1998) Not so much an apology, more a tabloid PR stunt stunt, *Independent* , 18 January, www.independent.co.uk/voices/not-so-much-an-apology-more-a-tabloid-pr-stunt-stunt-1139299.html (archived at https://perma.cc/Y8V6-N6VV)

3 Mitchell, D (2012) I'm sorry but this constant demand for public apologies really offends me, Guardian, 25 March, www.theguardian.com/commentisfree/2012/mar/25/public-apologies-gingrich-de-niro (archived at https://perma.cc/U6DA-UW9M)

4 BBC News (2016) Gillian Duffy: 'I don't want to be a European', www.bbc.co.uk/news/av/uk-politics-eu-referendum-36373649/gillian-duffy-i-don-t-want-to-be-a-european (archived at https://perma.cc/LB99-HWDF)

5 Elliott, C (2009) Pushy bloggers to travel industry: Be nice, CNN, http://edition.cnn.com/2009/TRAVEL/traveltips/03/23/blogging.travel.complaints/

6 Johnson, J (2018) Waitrose to rename 'sexist' sandwich after protest by feminist campaigner, *The Telegraph* , www.telegraph.co.uk/news/2018/10/17/waitrose-rename-sexist-sandwich-protest-feministcampaigner/(archived at https://perma.cc/742A-5JSH)

7 Young, S (2018) Waitrose renames 'sexist' gentlemen's roll after complaints, *Independent* , www.independent.co.uk/life-style/waitrosegentlemans-roll-sexist-sandwich-kleenex-mansize-nametwitter-a8589466.html (archived at https://perma.cc/EBX4-E9J2)

8 Barnett, H (2018) Waitrose to change sandwich's name after it's branded 'sexist', *Express* , www.express.co.uk/news/uk/1033343/waitrose-sandwich-sexist-heston-blumenthal-causer-sandwich (archived at https://perma.cc/3F6C-H5XA)

9 Bartiromo, M (2018) British supermarket Waitrose changing name of 'Gentleman's' sandwich after controversy, Fox News, www.foxnews.com/food-drink/british-supermarket-waitrose-changing-gentlemanssandwich-after-controversy (archived at https://perma.cc/XHJ5-K4Y4)

10 Aldersley, M (2018) Waitrose is forced to rename 'sexist' sandwich, *Daily Mail* , www.dailymail.co.uk/news/article-6287773/Waitroseforced-rename-sexist-sandwich-known-Gentlemans-Roll.html (archived at https://perma.cc/AG7U-RDBN)

11 Young, S (2018) Waitrose renames 'sexist' gentlemen's roll after complaints, *Independent* , www.independent.co.uk/life-style/waitrosegentlemans-roll-sexist-sandwich-kleenex-mansize-nametwitter-a8589466.html (archived at https://perma.cc/EBX4-E9J2)

12 Griffiths, J (2018) Blum-ing ridiculous: Waitrose has been called out over a 'sexist' SANDWICH... and forced to change its name, *The Sun*, www.thesun.co.uk/fabulous/food/7537736/waitrose-sexist-sandwichchange-name/ (archived at https://perma.cc/EL6N-7PC2)

13 Johnson, J (2018) Waitrose to rename 'sexist' sandwich after protest by feminist campaigner, *Telegraph* , www.telegraph.co.uk/news/2018/10/17/waitrose-rename-sexist-sandwich-protest-feministcampaigner/ (archived at https://perma.cc/742A-5JSH)

14 Nazir, S (2019) Waitrose apologises & pulls 'racist' Easter ducklings from sale, *Retail Gazette* , www.retailgazette.co.uk/blog/2019/04/waitrose-apologises-pulls-racist-easter-ducklings-from-sale/ (archived at https://perma.cc/H9XZ-VCB9)

15 Racine, MD, Wilson, C and Wynes, M (2018) The value of apology: How do corporate apologies moderate the stock market reaction to non-financial corporate crises? *Journal of Business Ethics* , October, www.researchgate.net/publication/328411361_ The_Value_of_Apology_How_do_Corporate_Apologies_Moderate_the_Stock_Market_ Reaction_to_Non-Financial_Corporate_Crises (archived at https://perma.cc/5PCR-Y68L)

16 Waterson, J (2018) Waitrose magazine editor quits after joke about killing vegans, *Guardian* , www.theguardian.com/business/2018/oct/31/waitrose-magazine-editor-william-sitwell-steps-down-over-emailmocking-vegans (archived at https://perma.cc/WE8T-3HWZ)

CHAPTER 19 대신 사과해드립니다

1 Siegel, T (2018) Never have to say you're sorry: Meet Japan's apology artist, *Tokyo Weekender* , 20 November, www.tokyoweekender.com/2018/11/never-say-youre-sorry-meet-japans-apology-artist/(archived at https://perma.cc/F2MZ-M5ZT)

2 Greenslade, R (2009) Evening Standard launches ad campaign to say sorry to Londoners, *Guardian* , 4 May, www.theguardian.com/media/greenslade/2009/may/04/london-evening-standard-alexander-lebedev (archived at https://perma.cc/XCQ6-NXA4)

3 Mueller, J-W (2010) Has Germany really come to terms with its past?, *Guardian* , 21 October, www.theguardian.com/commentisfree/2010/oct/21/has-germany-come-to-terms-past (archived at https://perma.cc/R3J3-JSAN)

4 Fastenburg, D (2010) American Slavery and Jim Crow, *Time,* http://content.time.com/time/specials/packages/article/0,28804, 1997272_1997273_1997278,00.html (archived at https://perma.cc/28NZ-D63T)

5 Turtle Island Native Network (2007) Community members said No!, Monthly News Brief, http://webcache.googleusercontent.com/search?q=cache:H6Z8fa2qlGgJ:www.turtleisland.org/discussion/viewtopic.php%3Ff%3D23%26t%3D5305+&cd=2&hl=en&ct=clnk&gl=us (archived at https://perma.cc/23ER-PXWX)

6   McKenna, M (1997) Different Perspectives on Black Armband History, Parliament of Australia, Politics and Public Administration Group, www.aph.gov.au/ About_Parliament/Parliamentary_Departments/Parliamentary_Library/pubs/rp/ RP9798/98RP05 (archived at https://perma.cc/F85A-U3ET)

7   Mark, M (2016) Justin Trudeau apologizes for getting physical with lawmakers in a chaotic House of Commons exchange, Business Insider, www.businessinsider.com/ justin-trudeau-physical-altercation-house-ofcommons-2016-5?r=US&IR=T (archived at https://perma.cc/YAG9-TRXS)

8   Besner, L (2018) Sorry not sorry: is Canada apologising too much?, *Guardian* , 16 May, www.theguardian.com/commentisfree/2018/may/16/canada-justin-trudeau-apologising-too-much (archived at https://perma.cc/Z6X3-RSJG)

9   Hargie, O, Stapleton, K and Tourish, D (2010) Interpretations of CEO public apologies for the banking crisis: Attributions of blame and avoidance of responsibility, School of Communication, University of Ulster, 15 June, citeseerx.ist.psu.edu/viewdoc/download ?doi=10.1.1.883.4802&rep=rep1&type=pdf (archived at https://perma.cc/6DHX-VX9C)

10   Minder, R and Malkin, E (2019) Mexican call for conquest apology ruffles feathers in Spain. And Mexico, *New York Times* , 27 March, www.nytimes.com/2019/03/27/ world/americas/mexico-spain-apology.html (archived at https://perma.cc/PY9H-69JG)

11   Connolly, K (2019) Extreme-right wing of Germany's AfD placed under surveillance, *Guardian* , www.theguardian.com/world/2019/jan/15/extreme-right-wing-germany-afd-under-surveillance (archived at https://perma.cc/5VMR-HUQU)

12   Nayar, PK (2016) Contrition chic and the politics of public apology, The Wire, 10 May, https://thewire.in/history/contrition-chic-or-thepolitics-of-public-apology (archived at https://perma.cc/LJ56-JSPW)

13   Luh, A and Black, I (2016) Erdog˘an has apologised for downing of Russian jet, Kremlin says, *Guardian* , www.theguardian.com/world/2016/jun/27/kremlin-says-erdogan-apologises-russian-jet-turkish (archived at https://perma.cc/TF85-KVJP)

CHAPTER 20 사과 없이 얻은 예상 밖의 수익

1   Wheaton, O (2015) 'Yes. We are beach body ready': New advert pokes fun at Protein World poster, *Metro* , https://metro.co.uk/2015/04/30/yes-we-are-beach-body-ready-dove-pokes-fun-at-world-protein-posterwith-new-advert-5175375/ (archived at https://

perma.cc/833S-95E4)

2   Change.org (2015) Apologise for and amend the irresponsible marketing of your new
    bra range 'body', www.change.org/p/victoriassecret-apologise-for-your-damaging-
    perfect-body-campaigniamperfect (archived at https://perma.cc/UF26-C6LA)

3   Fenton, S (2015) Topshop pulls 'ridiculously skinny' mannequins after being shamed
    by customer on Facebook, *Independent* , www.independent.co.uk/life-style/
    fashion/news/topshop-pulls-ridiculouslyskinny-mannequins-after-being-shamed-by-
    customer-10420421.html (archived at https://perma.cc/57Y8-9842)

4   ASA (2015) ASA adjudication on Protein World Ltd, Advertising Standards Association,
    www.asa.org.uk/rulings/protein-worldltd-a15-300099.html (archived at https://perma.
    cc/MVF2-Y844)

5   Wignall, L (2015) 'Beach ready?' posters 'adapted' by campaigners, BBC Newsbeat, 24
    April, https://bbc.co.uk/newsbeat/article/32398162/beach-ready-posters-adapted-by-
    campaigners (archived at https://perma.cc/KA89-7SYF)

6   Meehan, N (2015) Recently social media's been buzzing with the Protein World
    advertising campaign story, Brandwatch, www.brandwatch.com/blog/guide-
    demonstrating-the-value-of-pr-just-got-awhole-lot-easier/ (archived at https://perma.
    cc/ARB3-Y872)

7   Smith, A (2015) Why Protein World is reaping the rewards from its 'genuine integrity',
    Campaign , 28 April, www.campaignlive.co.uk/article/why-protein-world-reaping-
    rewards-its-genuineintegrity/1344885 (archived at https://perma.cc/T8NK-79XU)

8   Innermedia (2015) Protein World: Brand strategies that sell, www.innermedia.co.uk/
    protein-world-brand-strategies-that-sell/(archived at https://perma.cc/MZX9-CRDA)

9   Al-Othman, H (2015) Brick Lane Coffee shop comes under fire for 'Sorry, No Poor
    People' sign after Shoreditch anti-gentrification protests, *Evening Standard* , www.
    standard.co.uk/news/london/brick-lane-coffee-shop-comes-under-fire-for-sorry-no-
    poor-peoplesign-a3086976.html (archived at https://perma.cc/DV54-4AAX)

10 McCarthy, J (2018) Poundland's naughty elf campaign returns: 'it will be the ASA's
    worst nightmare', The Drum, www.thedrum.com/news/2018/11/01/poundlands-
    naughty-elf-campaign-returns-it-willbe-the-asa-s-worst-nightmare (archived at https://
    perma.cc/H2Q7-GLRR)

11 Buck, K (2018) Poundland being investigated over X-rated adverts which saw an elf

'teabagging' Barbie, *Metro* , 3 January, metro.co.uk (archived at https://perma.cc/NT9N-88S5)

12 Smith, A (2015) Why Protein World is reaping the rewards from its 'genuine integrity', *Campaign* , 28 April, www.campaignlive.co.uk/article/why-protein-world-reaping-rewards-its-genuineintegrity/1344885 (archived at https://perma.cc/T8NK-79XU)

13 Oster, E (2019) Why brands spend $5 million (or more) on a Super Bowl ad to support a cause, *Adweek* , 28 January, www.adweek.com/brand-marketing/why-cause-related-super-bowl-ads-are-here-to-stay/(archived at https://perma.cc/C6NF-FG9K)

14 Parker, K, Horowitz, JM, Igielnik, R, Oliphant, JB and Brown, A (2017) The demographics of gun ownership, Pew Research Center, www.pewsocialtrends.org/2017/06/22/the-demographics-of-gunownership/(archived at https://perma.cc/3P39-Z4NC)

15 Bain, M (2018) After losing a generation of American jeans-wearers, Levi's is recapturing its cool, Quartzy, 17 May, qz.com/quartzy/1271588/after-losing-a-generation-of-american-jeans-wearers-levis-is-recapturing-its-cool/ (archived at https://perma.cc/Z8GYWKFB)

16 NRA-ILA (2018) (2018) Levi's teams with billionaire Michael Bloomberg to attack gun rights, National Rifle Association Institute for Legislative Action, 7 September, www.nraila.org/articles/20180907/levi-s-teams-with-billionaire-michael-bloomberg-to-attack-gun-rights (archived at https://perma.cc/7LLD-5GMV)

17 Oster, E (2018) Majority of consumers want brands to take a stand on social and political issues, according to new study, *Adweek* , 12 January, www.adweek.com/brand-marketing/majority-of-consumerswant-brands-to-take-a-stand-on-social-and-political-issues-accordingto-new-study/ (archived at https://perma.cc/747P-TJN9)

18 Schau, HJ and Gilly, MC (2003)We are what we post? Selfpresentation in personal web space, Oxford University Press, 1 December, www.jstor.org/stable/10.1086/378616?seq=1#metadata_info_tab_contents (archived at https://perma.cc/7PJ7-RFKH)

19 Reyes, L (2018) President Trump: Nike's Colin Kaepernick ad sends 'terrible message', *USA Today* , https://eu.usatoday.com/story/sports/nfl/2018/09/04/nike-colin-kaepernick-president-donald-trumpprotest/1196111002/ (archived at https://perma.cc/955A-NX8F)

20 Hudak, J (2018) Big & Rich's John Rich blasts Nike over Colin Kaepernick ad, *Rolling*

Stone , www.rollingstone.com/music/musiccountry/big-richs-john-rich-blasts-nike-over-colin-kaepernickad-718648/ (archived at https://perma.cc/6RC9-BVCL)

21 BBC (2018) Colin Kaepernick: Nike suffers #justburnit backlash over advertising campaign, BBC Sport, www.bbc.co.uk/sport/americanfootball/45407340 (archived at https://perma.cc/Z983-NZ6D)

22 Casey, S (2007) Patagonia: Blueprint for green business, *Fortune* , http://archive. fortune.com/magazines/fortune/fortune_archive/2007/04/02/8403423/index.htm (archived at https://perma.cc/K46D-EYZK)

23 Bergman, S (2019) Piers Morgan almost vomits after tasting Greggs' vegan sausage roll on Good Morning Britain, *Independent* , www.independent.co.uk/life-style/piers-morgan-greggs-vegan-sausageroll-good-morning-britain-snowflakes-a8716071.html (archived at https://perma.cc/9SHH-JGVW)

24 Ostler, J (2019) Gillette me get this ad right, Kantar Insights, 29 January, uk.kantar. com/business/brands/2019/gillette-me-get-this-adright/(archived at https://perma. cc/2H3T-DNLN)

25 Kemp, N (2019) Pissing off Piers Morgan is a valid marketing strategy for Gillette, *Campaign* , 15 January, www.campaignlive.co.uk/article/pissing-off-piers-morgan-valid-marketing-strategy-gillette/1522940 (archived at https://perma.cc/AYG5-XPCE)

CHAPTER 21 세련된 것이 나약한 것은 아니다

1 YouGov (2017) Marks and Spencer is the top brand among women, https://yougov. co.uk/topics/consumer/articles-reports/2017/03/03/marks-and-spencer-top-brand-women (archived at https://perma.cc/495M-7K58)

2 Weaver, M (2018) Marks & Spencer accused of sexism over 'fancy knickers' display, *Guardian* , 12 November, www.theguardian.com/business/2018/nov/21/marks-and-spencer-in-sexism-row-over-fancyknickers-display (archived at https://perma. cc/6RJZ-J722)

3 Yahoo Finance (2018) Hotel forced to apologise for 'sexist' ad of couple enjoying breakfast in bed, https://finance.yahoo.com/news/hotel-forced-apologise-sexist-ad-couple-enjoying-breakfastbed-2-085623770.html (archived at https://perma.cc/RY3Q-7X8L)

4   Sullivan, R (2018) He's reading the AFR, she's reading a Chanel book: Why women are angry about Sofitel hotel ad, News.com.au, www.news.com.au/lifestyle/relationships/ dating/hes-reading-afr-shes-readinga-chanel-book-why-women-are-pissed-off-about-sofitel-hotel-ad/news-story/6629cbabae416ef71f525fc8040f5c0e (archived at https:// perma.cc/HA6H-7AH9)

5   Griffiths, J (2018) Hotel's 'misguided' ad of couple eating breakfast in bed pulled for angering women, *The Sun* , www.foxnews.com/travel/hotel-australia-brisbane-breakfast-bed-ad (archived at https://perma.cc/M2EQ-6PCX)

6   Margan, M and Lackey, B (2018) Turns out this ad ISN'T sexist! *Daily Mail Australia* , www.dailymail.co.uk/news/article-6254945/Sofitel-Brisbane-advert-ISNT-sexist-Daily-Mail-Australia-poll-reveals.html (archived at https://perma.cc/V57C-83JF)

7   *Daily Mirror* (2018) Hotel forced to take down sexist advert, www.mirror.co.uk/ news/world-news/hotel-forced-take-downsexist-13388057 (archived at https://perma. cc/7JRJ-LDFV)

8   Jarram, M (2018) Model pokes fun at M&S window display accused of being sexist, *Nottingham Post* , 21 November, www.nottinghampost.com/news/local-news/model-pokes-fun-ms-window-2245282 (archived at https://perma.cc/QA7N-8GLV)

9   Weaver, M (2018) Marks & Spencer accused of sexism over 'fancy knickers' display, *Guardian* , 12 November, www.theguardian.com/business/2018/nov/21/marks-and-spencer-in-sexism-row-over-fancyknickers-display (archived at https://perma. cc/6RJZ-J722)

10 Fischer, S (2018) Trust in the media is starting to make a comeback, Axios, 18 December, www.axios.com/trust-in-american-media-stilllow-but-improving-bf7842ca-9ddb-4334-a865-6e98f5334db2.html (archived at https://perma.cc/4YS8-9TKW)

11 Massimo, S, Ferrara, E and De Domenico, M (2018) Bots increase exposure to negative and inflammatory content in online social systems, Proceedings of the National Academy of Sciences of the United States of America, www.pnas.org/ content/115/49/12435 (archived at https://perma.cc/SF9H-P7Q9)

12 Fischer, S (2018) Trust in the media is starting to make a comeback, Axios, 18 December, www.axios.com/trust-in-american-media-stilllow-but-improving-bf7842ca-9ddb-4334-a865-6e98f5334db2.html (archived at https://perma.cc/4YS8-9TKW)

13 Google Finance (nd) Marks and Spencer share price trend, www.google.com/search?e i=mdpQXPeAF7Oo1fAPj4ad0A0&q=marks+and+spencer+share+price+trend&oq=mark s+and+spencer+share+price+tr&gs_l=psy-ab.3.1.35i39j0i22i30l2.6421.7100..8787...0.0..0 .200.459.4j0j1......0....1..gws-wiz.......0i71.QqkebRuwXv4 (archived at https://perma.cc/ X5UV-6LRP)

CHAPTER 22 이제 사과 충동을 이겨낼 때

1 McDermott, J (2014) Should brands apologize so much in social media?, Digiday UK, 16 April, digiday.com/marketing/brands-apologysocial-media/ (archived at https:// perma.cc/4QY5-YQDZ)

2 Mayhew, F (2017) Daily Mail blames small group of hard left corbynistas for Paperchase ban on promotions in paper, *Press Gazette* , www.pressgazette.co.uk/ daily-mail-blames-small-group-of-hard-leftcorbynistas-for-paperchase-ban-on-promotions-in-paper/ (archived at https://perma.cc/XW8U-EM47)

3 Racine, MD, Wilson, C and Wynes, M (2018)The value of apology: How do corporate apologies moderate the stock market reaction to non-financial corporate crises? *Journal of Business Ethics* , October, www.researchgate.net/publication/328411361_ The_Value_of_Apology_How_do_Corporate_Apologies_Moderate_the_Stock_Market_ Reaction_to_Non-Financial_Corporate_Crises (archived at https://perma.cc/5PCR-Y68L)

4 Finn, J (2017) Family of five is kicked off a JetBlue flight and banned from the airline after a heated row with a manager because their agitated daughter, one, kicked the seat in front of her, *Daily Mail* , 19 July, www.dailymail.co.uk/news/article-4709046/ Family-five-kickedbanned-JetBlue-without-reason.html (archived at https://perma.cc/ M9WR-3WYB)

5 CBS News (2017) JetBlue refuses to apologize for removing family of five from flight, CBS, www.cbsnews.com/news/jetblue-refuses-toapologize-for-removing-family-of-five-from-flight/ (archived at https://perma.cc/H8WY-L9ED)

6 ten Brinke, L and Adams, GS () Saving face? When emotion displays during public

apologies mitigate damage to organizational performance, *Organizational Behavior and Human Decision Processes* , 1 June, citeseerx.ist.psu.edu/viewdoc/download?doi =10.1.1.706.2307&rep=rep1&type=pdf

7 *Chicago* (2012) Chicago Tylenol murders: The first domestic terror incident, *Chicago* , www.chicagomag.com/Chicago-Magazine/October-2012/Chicago-Tylenol-Murders-An-Oral-History/index.php?cparticle=5&siarticle=4&requiressl=true (archived at https://perma.cc/ HMK6-ABMK)

8 YouTube (nd) James Burke [video] https://youtu.be/N2MSmOqcQb4?t=495 (archived at https://perma.cc/M7YN-89BS)

9 Pandya, M, Shell, R, Warner, S, Junnarkar, S and Brown, J (2004) *Nightly business report presents Lasting Leadership: What you can learn from the Top 25 business people of our times* , Wharton, Philadelphia, PA

10 YouTube (2011) James Burke [video] www.youtube.com/watch?v=N2MSmOqcQb4 (archived at https://perma.cc/L49L-2Y6E)

11 Frantz, CM and Bennigson, C (2005) Better late than early: The influence of timing on apology effectiveness, *Journal of Experimental Social Psychology* , March, www.researchgate.net/publication/222331911_Better_Late_Than_Early_The_Influence_of_Timing_on_Apology_Effectiveness (archived at https://perma.cc/S8XP-ZGWY)

옮긴이 **엄창호**

연세대학교 경제학과를 졸업하고 동 대학원에서 문학석사 학위를, 홍익대학교 대학원에서 문학박사 학위를 받았다. 광고대행사와 공공기관에서 근무했다. 현재 한양대학교 문화콘텐츠학과 겸임교수이며, 번역가로 활동하고 있다. 옮긴 책으로 《유튜버들》, 《애착의 대상》, 《마케팅 기호학》, 《소비자본 주의를 넘어서》, 《프리 이노베이션》, 《그레이트 컨버전스》가 있다.

사죄 없는 사과사회
조직의 운명을 바꾸는 진짜 사과와 거짓 사과

초판 1쇄 발행 2020년 8월 17일

지은이 숀 오마라 · 케리 쿠퍼
옮긴이 엄창호
펴낸이 성의현
펴낸곳 미래의창

편집주간 김성옥
책임편집 한미리 · 정보라
디자인 공미향
마케팅 연상희 · 황현욱 · 김지훈 · 이보경

등록 제10-1962호(2000년 5월 3일)
주소 서울시 마포구 잔다리로 62-1 미래의창빌딩(서교동 376-15, 5층)
전화 02-338-5175 **팩스** 02-338-5140
ISBN 978-89-5989-669-1 03320

이 도서의 국립중앙도서관 출판예정도서목록(CIP)은 서지정보유통지원시스템 홈페이지(http://seoji.nl.go.kr)와 국가자료공동목록시스템(http://www.nl.go.kr/kolisnet)에서 이용하실 수 있습니다.(CIP제어번호: CIP2020028269)

미래의창은 여러분의 소중한 원고를 기다리고 있습니다. 원고 투고는 미래의창 블로그와 이메일을 이용해주세요. 책을 통해 여러분의 소중한 생각을 많은 사람들과 나누시기 바랍니다.
블로그 miraebookjoa.blog.me **이메일** mbookjoa@naver.com